MARABOUT SAVOIRS

Afin de vous informer de toutes ses publications, **marabout** édite des catalogues régulièrement mis à jour. Vous pouvez les obtenir gracieusement auprès de votre libraire habituel.

Christian ROMAIN

TEXTES EXPLIQUÉS

12 poèmes de Victor Hugo

analysés et commentés

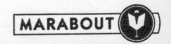

© 1994, **Marabout**, Alleur (Belgique).

Toute reproduction d'un extrait quelconque de ce livre par quelque procédé que ce soit, et notamment par photocopie ou microfilm, est interdite sans autorisation écrite de l'éditeur.

INTRODUCTION

Cet ouvrage propose l'analyse de douze textes parmi les plus célèbres de Victor Hugo. C'est un outil de travail et de découverte, destiné aussi bien aux étudiants des lycées et universités qu'à ceux qui souhaiteraient approfondir leur connaissance du poète.

Plusieurs considérations, d'ordre à la fois pratique et pédagogique, ont guidé le choix des poèmes.

D'abord, nous avons voulu étudier des textes fréquemment proposés dans les examens et les concours, soit à l'écrit, soit à l'oral. Aussi avons-nous privilégié quelques «grands classiques», comme *«Demain, dès l'aube...»* ou «Saison des semailles, le soir».

En second lieu, nous n'avons pas voulu faire de «découpage», préférant étudier des textes dans leur totalité. Les poèmes commentés dans ce livre sont donc, à une exception près, des œuvres intégrales.

En troisième lieu enfin, nous avons souhaité que notre sélection donne une vision assez complète du talent de Victor Hugo.

La première partie du livre donne sur Victor Hugo les précisions biographiques utiles à l'approche de son œuvre, ainsi que divers aperçus sur son style et son influence.

La seconde partie contient les douze analyses proprement

dites. Celles-ci sont groupées par ordre chronologique de parution, depuis les textes de jeunesse jusqu'aux œuvres tardives. Un plan détaillé de commentaire est systématiquement proposé. Chaque analyse est précédée d'informations sur le contexte dans lequel le poème a été publié. Enfin, une partie intitulée « Œuvres voisines », suggère, pour chaque texte, des pistes permettant de prolonger la réflexion.

SOMMAIRE

Introduction 5
Sommaire 7

Première partie
INTRODUCTION À VICTOR HUGO

---

1. Biographie 11
2. Le style de Victor Hugo 30
3. La révolution Hugo 42
4. Victor Hugo, le précurseur 46

Seconde partie
12 EXPLICATIONS

---

1. Les premiers recueils 55
   « Clair de lune » 57
   « Extase » 78

«Soleils couchants» 96
«Oceano nox» 115

2. La maturité et l'exil 145
   «Vieille chanson du jeune temps» 147
   «Demain, dès l'aube... » 167
   «Mors» 189
   «Chanson» 212
   «Sonnez, sonnez toujours... » 231

3. Derniers recueils 257
   «Saison des semailles, le soir» 259
   «Jeunes gens, prenez garde... » 277
   «Géométrie! algèbre!... » 297

Index des procédés de style 317

Quelques précisions

Les titres des ouvrages sont indiqués en italiques sans guillemets : *Les Contemplations*, *Les Châtiments*... Les titres des poèmes sont entre guillemets : «Mors», «Oceano nox»... Lorsqu'un poème n'a pas de titre, il est désigné par le début de son premier vers (appelé *incipit*) en italiques et entre guillemets : *«Demain, dès l'aube... »*, *«Sonnez, sonnez toujours... »*

Lorsque dans un commentaire, un terme apparaît en gras (**anaphore, rejet**...), cela indique qu'il a fait l'objet d'une explication particulière. Il faut alors se reporter à l'index en fin d'ouvrage pour trouver la page où figure cette explication.

PREMIÈRE PARTIE

INTRODUCTION À VICTOR HUGO

1. Biographie.
2. Le style de Victor Hugo.
3. La révolution Hugo.
4. Victor Hugo, le précurseur.

BIOGRAPHIE DE VICTOR HUGO

VIE ET ŒUVRE DE VICTOR HUGO

CONTEXTE HISTORIQUE

1802-1815 : une enfance mouvementée

26 février 1802   Naissance à Besançon (Doubs) de Victor-Marie Hugo, troisième fils (deux frères : Abel et Eugène) du commandant Léopold Hugo, militaire de carrière, et de sa femme, née Sophie Trébuchet. L'enfant est assez chétif, de santé fragile...
Au cours des mois suivants, Sophie Hugo reste à Paris tandis que les enfants suivent leur père dans ses différentes affectations à Marseille, à Bastia, à l'île d'Elbe...

Février 1804   Victor Hugo a deux ans. Il s'installe à Paris avec sa mère et ses frères tandis que le père reste en Corse où il a été muté. Le couple

Depuis 1799, la France est dirigée par un Consulat. En juillet 1802, Bonaparte organise un plébiscite qui le fait Premier Consul à vie. L'Italie est soumise, le Piémont rattaché à la France, la guerre déclarée avec l'Angleterre.
Sur le plan intérieur, le Concordat met les catholiques conservateurs du côté de Bonaparte. La répression politique est très ferme.

21 mars 1804   Enlèvement et exécution du duc d'Enghien, destinés à frapper l'opposition royaliste.

s'entend assez mal. Le général Lahorie, parrain de Victor Hugo et adversaire de Bonaparte, est recherché par la police. Il se réfugie en juin chez la mère du poète, dont il est l'amant.

25 juin 1804 Exécution de Georges Cadoudal et de ses complices après une tentative d'assassinat de Bonaparte.

2 décembre 1804 Sacre de Napoléon Ier.

1805 Guerre contre la 3e coalition (Angleterre, Autriche, Russie, Prusse). Le 21 octobre, défaite navale à Trafalgar. Le 2 décembre, victoire d'Austerlitz,, qui met fin à la coalition contre l'Empire.
Napoléon impose sa famille à la tête des pays européens conquis (Hollande, Suède, royaume de Naples...). Blocus continental contre l'Angleterre. En 1808, soulèvement de Madrid et début de la guerre d'Espagne. En 1809, annexion des États pontificaux et emprisonnement du Pape Pie VII.

1809-1810 Tandis que Léopold Hugo poursuit sa carrière en Italie, puis en Espagne, Sophie Hugo et ses enfants s'installent à Paris, aux Feuillantines.
Lahorie fréquente régulièrement la propriété et devient le « grand ami » des enfants. Le 30 décembre 1810, il est arrêté. En Espagne, Léopold Hugo est fait général et comte.

Mars 1811 - mars 1812
Sophie Hugo et ses enfants rejoignent Léopold en Espagne. Victor, âgé de dix ans, en rapportera des impressions inoubliables. La mésentente entre les parents Hugo s'accroît. La mère retourne aux Feuillantines avec Eugène et Victor. Un prêtre, le père Larivière, fait travailler les enfants. Sophie Hugo participe de loin aux conspirations de Lahorie. En octobre 1812, Lahorie est arrêté et fusillé avec le général Malet.

Juillet 1812 Début de la campagne de Russie. Moscou est prise en septembre, mais détruite par le feu elle doit être évacuée. Le 10 octobre, début de la retraite de Russie.
Le 23 octobre, à Paris, l'ex-général Malet tente de rétablir la république par un coup d'État, en faisant croire à la mort de Napoléon en Russie. Capturé, il sera fusillé.

1814-1815 Séparation des parents Hugo. Léopold, en tant qu'ancien officier de Napoléon, connaît des difficultés, d'autant qu'il s'est rallié à l'Empereur au moment des Cent-Jours.

Les enfants Hugo sont confiés à leur mère, puis à leur tante. Victor, âgé de treize ans, manifeste des opinions royalistes.

Avril 1814 Le Sénat proclame la déchéance de Napoléon, qui abdique et part pour l'île d'Elbe. Louis XVIII monte sur le trône. Les anciens officiers de Napoléon sont mis en demi-solde.

Mars 1815 Retour de Napoléon, dont le règne dure cent jours et s'achève avec la bataille de Waterloo (18 juin). Le 15 juillet, départ de Napoléon pour Sainte-Hélène. Retour de Louis XVIII.

1816-1821 : premières tentatives littéraires

1816-1817 Victor Hugo note sur un carnet : « Je veux être Chateaubriand ou rien. » Élève au lycée Louis-le-Grand à Paris, il participe à des concours littéraires qui ne le font guère remarquer.

1818 Victor Hugo a seize ans. Étudiant en Droit, il participe à des soirées littéraires avec son frère Abel et rédige la première version de son futur roman *Bug-Jargal*.

1819-1820 Premiers prix littéraires (Académie des Jeux Floraux) et premières publications dans diverses revues.
En avril 1819, rencontre d'Adèle Foucher, à laquelle Hugo jure un amour éternel. Mais un an plus tard, les parents des jeunes gens leur interdiront de se revoir.

Lois sur la liberté individuelle et sur la presse. Louis XVIII tente de réconcilier monarchistes et partisans ou nostalgiques de Bonaparte, tandis que son entourage est plutôt réactionnaire.

1820 Lamartine publie *les Méditations poétiques*.

En mars 1820, Hugo reçoit une gratification de Louis XVIII pour une ode sur la mort du duc de Berry.
Création du journal *Le Conservateur littéraire*, dont Victor Hugo est l'un des plus zélés collaborateurs et qui cessera sa parution en avril 1821.
Hugo commence à fréquenter Chateaubriand, qui l'appelle « l'enfant sublime ».

27 juin 1821 Sophie Hugo, la mère de Victor, meurt brutalement. Son père se remariera trois mois plus tard.

20 février 1820 Assassinat du duc de Berry, ultra-conservateur et neveu de Louis XVIII, par l'ouvrier républicain Louis Louvel.

5 mai 1821 Mort de Napoléon à Sainte-Hélène.

1822-1829 : un poète royaliste et conservateur

1822 Léopold Hugo consent enfin au mariage de Victor et d'Adèle, qui sera célébré en octobre, avec Alfred de Vigny comme témoin.
Victor Hugo a vingt ans. Il publie en juin *Odes et poésies diverses*. Il affiche des opinions royalistes et sera même pensionné pour ses œuvres. Pourtant en décembre son premier drame, *Inès de Castro*, est interdit par la censure.

1823 Publication de *Han d'Islande*. Naissance le 16 juillet du premier enfant de Victor Hugo, prénommé Léopold-Victor. Le bébé meurt trois mois plus tard.

28 août 1824 Naissance de Léopoldine. Hugo, bien vu du

Agitation anti-royaliste. Exécution en janvier puis en mars de conspirateurs (Les « quatre sergents de La Rochelle »).
Chateaubriand devient ministre des Affaires étrangères en décembre 1822. A son instigation, la France entreprend en juillet 1823 une guerre contre l'Espagne libérale, afin d'y restaurer la Monarchie.

16 septembre 1824 Mort de Louis XVIII. Son père lui

pouvoir, intervient pour faire libérer un journaliste accusé d'avoir écrit contre les jésuites.

Avril 1825 Hugo est fait chevalier de la Légion d'honneur en récompense de ses actions pour « la cause sacrée de l'autel et du trône ». En mai, il sera invité au sacre de Charles X à Reims.

1826 Publication de *Bug-Jargal* dans sa version définitive.
En novembre, naissance de Charles et publication des *Odes et Ballades*.
A l'occasion d'une critique favorable de Sainte-Beuve, première rencontre entre lui et Victor Hugo.

succède sous le nom de Charles X. Renforcement de la politique autoritaire et réactionnaire.

Octobre 1827 Expédition militaire destinée à soutenir la Grèce, révoltée depuis 1821 contre les Turcs qui l'occupent depuis le XVe siècle.
Cette révolte avait marqué de nombreux esprits en Europe. Ainsi, le poète anglais Byron était mort en 1824 en combattant avec les Grecs à Missolonghi, tandis que le peintre Delacroix consacrait plusieurs tableaux à cette guerre entre 1824 et 1827.

29 janvier 1828 Mort brutale de Léopold Hugo, le père de Victor.

21 octobre 1828 Naissance de François-Victor, second fils et troisième enfant de Victor Hugo.

1829 Publication en janvier des *Orientales* et, anonymement, du *Dernier jour d'un condamné*. Hugo a vingt-sept ans. Ces deux ouvrages sont mal accueillis par la critique et par la presse.
En juillet, Hugo écrit *Marion de Lorme*, pièce de théâtre interdite par la censure royale. Hugo écrit alors *Hernani*, qui sera acceptée le 5 octobre par la Comédie-Française.

> *1830-1842 : dans la mêlée romantique*

25 février 1830 A la Comédie-Française, la première d'*Hernani* est l'occasion d'une fameuse « bataille » entre partisans de la tradition et tenants du romantisme (en particulier Théophile Gautier et Gérard de Nerval).
Hugo, dans la préface de sa pièce, a soigneusement évité de prendre parti et s'est posé en conciliateur entre les deux écoles. Il affirme que le romantisme représente « le libéralisme en littérature ».

1830 Stendhal publie *Le Rouge et le Noir*.

Juillet 1830 Naissance le 28 juillet d'Adèle, seconde fille et quatrième enfant de Victor Hugo.
Sainte-Beuve, ami de la famille et parrain de la petite Adèle, révèle au poète son amour pour Mme Hugo.

27-29 juillet 1830 Insurrection populaire des « Trois Glorieuses », provoquée par des ordonnances autoritaristes de Charles X. Celui-ci abdique et sera remplacé le 9 août par Louis-Philippe, le « roi bourgeois ».

1831 Publication en mars de *Notre-Dame de Paris*, qui connaît un grand succès. En août, premières représentations de *Marion de Lorme*. En décembre, publication des *Feuilles d'Automne*.
Mme Hugo entretient une liaison régulière avec Sainte-Beuve. Victor Hugo a trente ans. Malgré sa gloire, il est fatigué et déçu et, comme le montre le titre de son dernier recueil, se sent à court d'inspiration.

1833 Début janvier, Victor Hugo fait la connaissance de Juliette Drouet, jeune actrice qui devient bientôt sa maîtresse attitrée. Sous son influence, le poète se sent revivre. Il écrit *Lucrèce Borgia* et *Marie Tudor*, deux drames historiques joués par Juliette. A partir de cette époque, la liaison entre Victor Hugo et Juliette sera affichée et acceptée par toute la famille.

1835 A l'été, Victor Hugo fait avec Juliette Drouet un « voyage de noces » en Normandie. En octobre, publication des *Chants du Crépuscule*, dont le titre indique encore chez Hugo le sentiment d'être au bout de sa carrière...

21 novembre 1831 A Lyon, révolte armée des ouvriers de la soie (les « canuts ») qui sera réprimée dans le sang.

Mars-avril 1832 Une épidémie de choléra fait près de 20 000 morts à Paris.

5 juin 1832 Au cours des funérailles du général Lamarque, émeutes républicaines à Paris. Hugo racontera cette journée dans *Les Misérables* (épisode de Gavroche).

Février 1834 Alfred de Musset, âgé de vingt-quatre ans, fait jouer *Lorenzaccio*.

13-14 avril 1834 Une émeute républicaine est noyée dans le sang à Paris, rue Transnonain.

28 juillet 1835 Un attentat républicain fait une vingtaine de victimes. Arrêtés, les organisateurs seront exécutés. C'est la fin de la politique libérale de Louis-Philippe.

Février 1836 Premier échec de Victor Hugo comme candidat à l'Académie française. En été, nouveau voyage avec Juliette Drouet. Désormais ces voyages estivaux deviendront pour Hugo une tradition.

Décembre 1836 Second échec de Victor Hugo à l'Académie française. Un mois plus tôt, sa pièce *La Esmeralda* a connu un échec complet.

1837 Le 20 février, Eugène, frère aîné de Victor Hugo, meurt à l'hôpital de Charenton où il avait été interné pour folie en 1823.
En juin, publication des *Voix intérieures*. Le 3 juillet, Hugo est fait officier de la Légion d'honneur.

Novembre 1838 Représentation et publication de *Ruy Blas*.

1840 En février, troisième échec de Hugo comme candidat à l'Académie française.
En mai, publication de *Les Rayons et les Ombres*. En novembre, voyage sur le Rhin d'où le poète rapporte un journal de voyage et de nombreux dessins et notes. En décembre, publication du *Retour de l'Empereur*.

Juin 1836 Louis-Philippe échappe à une tentative d'assassinat.

Octobre 1836 A Strasbourg, Louis-Napoléon Bonaparte échoue dans une tentative pour soulever l'armée. Il est arrêté et expédié aux États-Unis.

12 mai 1839 Émeutes républicaines déclenchées par Blanqui et Barbès. Les meneurs, condamnés à mort, seront graciés suite à plusieurs interventions dont celle de Hugo.

Août 1840 Louis-Napoléon Bonaparte débarque à Boulogne avec des troupes armées. Vaincu et capturé, il est emprisonné au fort de Ham.
En décembre, transfert aux Invalides des cendres de Napoléon Ier.

7 janvier 1841 Candidat pour la quatrième fois, Victor Hugo est enfin élu à l'Académie française, au fauteuil d'un certain Népomucène Lemercier. Il a trente-neuf ans.

Janvier 1842 Publication du *Rhin*, relatant le voyage effectué un an plus tôt.

A partir de 1841, la France intensifie sa politique coloniale par des prises de possessions ou des victoires en Afrique, en Inde et dans le Pacifique.

13 juillet 1842 Mort accidentelle du duc d'Orléans, le fils du roi.

1843-1848 : une maturité amère

---

15 février 1843 Léopoldine, la fille de Victor Hugo, épouse Charles Vacquerie.

Juillet-septembre 1843 Voyage dans les Pyrénées et en Espagne. Hugo accumule notes et croquis comme il l'a fait sur le Rhin.

4 septembre 1843 Noyade sur la Seine, à Villequier, de Léopoldine, Charles et Pierre Vacquerie lors d'une partie de voile.
Hugo apprendra la nouvelle le 9 septembre en lisant le journal. Par une coïncidence frappante il avait visité le 24 août, au lac de Gaume, le tombeau de deux jeunes mariés qui s'y étaient noyés.

13 avril 1845 Victor Hugo devient pair de France. Il a quarante-trois ans.

5 juillet 1845 Hugo est pris en flagrant délit d'adultère avec Mme Léonie Biard, sa maîtresse depuis fin 1844.

Séparée d'avec son mari après cette affaire, Mme Biard fera retraite dans un couvent tandis que Hugo retournera vers Juliette Drouet. Par la suite, elle deviendra une familière du poète.

1846-1847 Hugo écrit de nombreux poèmes inspirés par le souvenir de Léopoldine et entreprend un énorme travail : la rédaction d'un roman dont le titre provisoire est *Les Misères* ou *Jean Tréjean*. Parallèlement, il intervient à la chambre des Pairs sur des dossiers comme la réglementation du travail des enfants.

Février 1848 Hugo refuse le portefeuille ministériel que Lamartine propose de lui obtenir dans la République nouvellement proclamée.

25 mai 1846 Louis-Napoléon Bonaparte s'évade du fort de Ham et se réfugie en Angleterre.

Pour contrer l'interdiction des réunions politiques, les républicains organisent la « campagne des banquets ».

21-26 février 1848 Révolution de 1848. La troupe fraternise avec les émeutiers parisiens. Lamartine proclame la République. Le roi Louis-Philippe abdique.

1848-1851 : la conversion républicaine

---

4 juin 1848 Victor Hugo est élu membre de l'Assemblée Constituante.

13 mai 1849 Hugo est élu député de Paris à l'Assemblée Législative.

1850 Tout au long de cette année, Hugo se consacre essentiellement à la politique. Il prend sur de nombreux dossiers (suffrage universel, liberté de presse...) des positions qui consacrent sa rupture avec la droite.

10 décembre 1848 Louis-Napoléon Bonaparte est élu président de la République.

19 août 1850 Mort de Balzac.

Avec ses enfants, Hugo fonde et anime le journal *L'Événement*. Il y soutiendra notamment la candidature de Louis-Napoléon Bonaparte à la présidence de la République.

1851 Victor Hugo s'inquiète de la tournure prise par le pouvoir politique. En juin son fils Charles est condamné à six mois de prison pour un article de *L'Événement* contre la peine de mort.
En septembre, c'est au tour de François-Victor d'être condamné à neuf mois d'emprisonnement pour un motif similaire. Le journal est suspendu. Reparaissant la semaine suivante sous le titre *L'Avènement du Peuple*, il est immédiatement saisi.

En juin, une loi restreint le suffrage universel en privant de droit de vote les ouvriers journaliers et la main-d'œuvre itinérante (40 % du corps électoral).

2-11 décembre 1851 Au cours du coup d'État de Louis-Napoléon Bonaparte, Victor Hugo se dépense sans compter et risque sa vie pour exhorter la population à la résistance. Le 11 décembre, persuadé que toute lutte est désormais impossible, il s'enfuit à Bruxelles grâce à de faux papiers.

2 décembre 1851 Coup d'État de Louis-Napoléon Bonaparte : 300 morts, 6 600 arrestations, 9 600 déportations... Le 21 décembre, un plébiscite au « suffrage universel » accorde à Louis-Napoléon les pleins pouvoirs pour dix ans, avec 92 % de Oui.

1852-1870 : l'exil anglo-normand

Janvier-août 1852 En Belgique, Hugo organise son exil et sa réaction. Il rédige *Napoléon-le-Petit* et commence *L'Histoire d'un crime*. Juliette

Drouet, puis Charles, le rejoignent. Pendant ce temps, Mme Hugo et Adèle ont rejoint l'île de Jersey, où se sont retrouvés de nombreux opposants au nouvel empire.

5 août 1852 Victor Hugo arrive à Jersey. Le même jour, publication à Bruxelles de *Napoléon-le-Petit*.
Au cours des mois suivants, Hugo met en chantier *Les Châtiments* et *Les Contemplations*.

Septembre 1853 Une amie de la famille, Delphine de Girardin, initie les Hugo au spiritisme.
Pendant de longs mois Victor Hugo et les siens feront tourner les tables, persuadés de s'adresser à Léopoldine, à Platon, à César, à Shakespeare, à Dante... mais aussi à des fantômes anonymes (la « Dame blanche ») ou à des abstractions comme le Progrès, la Civilisation ou le Drame...
En novembre, publication des *Châtiments*.

1854 Continuant à interroger les tables, Hugo rédige les principaux textes des *Contemplations* et de nombreux poèmes qui composeront par la suite les recueils *Dieu* et *La Fin de Satan*.

Octobre 1855 Jules Allix, un voisin qui participait aux séances de spiritisme, doit être interné d'urgence après une crise de démence meurtrière. Il

21 novembre 1852 Un nouveau plébiscite rétablit la dignité impériale, par 7,8 millions de Oui contre 280 000 Non.
Louis-Napoléon Bonaparte devient l'empereur Napoléon III.

1854-1855 Guerre de Crimée, menée contre la Russie aux côtés de l'Angleterre. Elle s'achève par la victoire de Malakoff (septembre 1855) et contribue au prestige du second Empire.

28 avril 1855 Napoléon III échappe à un attentat. Son auteur, l'Italien Pianori, est guillotiné.

est décidé de mettre fin aux dialogues avec les tables. Mais Hugo continuera toute sa vie d'entendre des bruits et de sentir des « présences ».
Le journal des exilés ayant publié une lettre critiquant la visite en France de la reine Victoria, plusieurs des responsables sont chassés de Jersey. Le 31 octobre, Hugo et sa famille quittent eux aussi Jersey pour l'île voisine de Guernesey.

Avril 1856 Publication des *Contemplations*. A Guernesey, Hugo achète le domaine de Hauteville House où sa famille s'installe en octobre. Il est désormais, en tant que propriétaire, à l'abri de l'expulsion.

Juillet-octobre 1858 Grave maladie de Victor Hugo : il manque mourir d'un anthrax, qui lui dévore le dos et l'oblige à interrompre tout travail pendant plusieurs mois.

1859 Hugo travaille d'arrache-pied. Il entreprend la réaction d'une vaste fresque lyrique : *La Légende des siècles*.
En août, Napoléon III promulgue un décret d'amnistie en faveur des exilés républicains. Hugo déclare que ce décret est pour lui sans signification.

Mai 1860-août 1861
Reprise de *Les Misérables*, manuscrit que Hugo avait abandonné depuis février 1848. Pour achever son roman, il

1857 Gustave Flaubert publie *Madame Bovary* et doit affronter un procès pour immoralité. La même année, Baudelaire connaît la même mésaventure avec *Les Fleurs du Mal*.

14 janvier 1858 Une bombe explose sur le passage du carrosse impérial, faisant 8 morts et 150 blessés. Les auteurs, dont l'Italien Orsini, sont découverts et exécutés.

Intensification de la politique coloniale française : expéditions au Liban (août 1860) et en Chine (prise de Pékin en octobre 1860).

Janvier 1862 Début de la guerre du Mexique, destinée à mettre sur le trône mexicain l'Autrichien Maximilien de Habsbourg.

effectuera à l'été 1861 un voyage en Belgique avec Juliette Drouet.

Avril-juin 1862 Publication des cinq tomes des *Misérables*, grand succès populaire.

Juin 1863 La dernière fille de Victor Hugo, Adèle, s'enfuit de Guernesey pour rejoindre au Canada le lieutenant Pinson, militaire dont elle est éprise et qui la délaisse.

1864 Publication en avril de l'essai intitulé *William Shakespeare*, qui connaît un succès mitigé. En juin, Hugo commence à écrire *Les Travailleurs de la mer*.

Octobre 1865 Publication de *Chansons des rues et des bois*. Échec. Depuis janvier, Mme Hugo et ses fils ont quitté Guernesey pour vivre à Bruxelles.

Mars 1866 Publication de *Les Travailleurs de la mer*. Nouvel échec. Hugo commence *L'Homme qui rit*.

1867-1868 Mme Hugo revient à Guernesey. A Bruxelles, le 31 mars 1867, naissance de Georges, premier petit-fils de Victor Hugo. L'enfant mourra un an plus tard. Le 16 août 1868, naissance d'un second petit-fils, que l'on prénomme aussi Georges en souvenir de son frère défunt. Un texte des *Contemplations*, intitulé « Le

1866 Verlaine publie les *Poèmes saturniens*, suivis trois ans plus tard des *Fêtes galantes*.

Juin 1867 La guerre du Mexique s'achève par la défaite et l'exécution de Maximilien, qui était soutenu par la France.

Octobre 1867 Intervention française en Italie pour protéger les États pontificaux contre les troupes de Garibaldi. Le 3 novembre, victoire de Mentana.

Revenant », semble préfigurer cet épisode tragique.
Le 27 août, mort de Mme Hugo.

1869 Publication, en avril, de *L'Homme qui rit*. En mai, Charles et François-Victor participent à la création du journal *Le Rappel*, bientôt interdit à la vente.
Le 29 septembre, naissance à Bruxelles de Jeanne, petite-fille de Victor Hugo et sœur du petit Georges.
En décembre, Charles Hugo est condamné à quatre mois de prison pour un article antigouvernemental. Il sera à nouveau condamné, pour d'autres articles, en janvier et avril 1870.

Juin 1870 Installation chez Victor Hugo, à Guernesey, de ses petits-enfants Georges et Jeanne (deux ans et dix mois).

5 septembre 1870 Victor Hugo est de retour à Paris.

L'Empire se fait plus libéral : loi sur la presse abolissant l'autorisation préalable, liberté des réunions non politiques...

Janvier 1870 Le journaliste libéral Victor Noir est assassiné par le prince Pierre Bonaparte. Son enterrement est l'occasion de manifestations hostiles au régime.

Mai 1870 Le plébiscite sur la libéralisation de la Constitution donne 7,4 millions de Oui à Napoléon III.

Juillet 1870 Déclaration de guerre à la Prusse, suite à la « dépêche d'Ems ».

3-4 septembre 1870 La défaite de Sedan, où Napoléon III est capturé par l'ennemi, provoque la chute du second Empire. La République est rétablie.

Octobre 1870 Siège de Paris, qui va durer plusieurs mois et mener à la capitulation de la France en janvier 1871.

> *1871-1877 : les désillusions politiques*

8 février 1871   Élection de Hugo comme député de Paris à l'Assemblée législative. Il a soixante-neuf ans. Très vite il s'inquiète de l'absence de cohésion de l'Assemblée.
Le 8 mars, en plein milieu des débats, Hugo démissionne de ses fonctions électives.

13 mars 1871   Charles Hugo meurt brutalement à Bordeaux.

18 mars 1871   En réaction aux décisions du nouveau gouvernement et au manque de vivres, la population parisienne se soulève et fusille les officiers. Un conseil indépendant est constitué ; c'est la Commune.
La lutte contre Paris, menée par Thiers, durera jusqu'en mai. Plus de 7 500 Communards seront exécutés, déportés ou emprisonnés.

21 mars 1871 Victor Hugo quitte Paris pour Bruxelles. Il y restera jusqu'en septembre, date à laquelle il regagnera Paris sous le coup d'une expulsion. A Bruxelles, il a publié de nombreux appels à la réconciliation entre Français de toutes opinions.

Août 1871   Thiers est élu président de la République.

1872   Le 17 février Adèle Hugo est rapatriée de La Barbade, complètement folle. Elle est internée à Saint-Mandé.

En avril, publication de *L'Année terrible*. Début août Hugo, amer et désabusé, quitte Paris pour son domaine de Guernesey. Il y reste seul avec Juliette Drouet.

1873 Difficultés entre Hugo et Juliette Drouet, dont la servante Blanche est devenue la maîtresse du poète. Rédaction de *Quatre-vingt-treize*. En juillet, Victor Hugo se réinstalle à Paris.
Le 26 décembre, mort de François-Victor, malade depuis un an.

Février 1874 Publication de *Quatre-vingt-treize* qui sera suivi, en octobre, de *Mes fils*.

24 mai 1873 Thiers perd le soutien de l'Assemblée et doit se retirer. Il est remplacé à la présidence de la République par Mac-Mahon.

Octobre 1873 Rimbaud publie *Une saison en enfer*. Il a dix-neuf ans.

30 janvier 1875 Adoption par la Chambre de la Constitution fondant la troisième république.

Janvier 1876 Victor Hugo est élu sénateur de Paris. Il a soixante-quatorze ans. En mai, il interviendra au Sénat pour demander l'amnistie des Communards, qui sera refusée par Gambetta.

1877 Publication en février de *La Légende des Siècles* puis, en mai, de *L'Art d'être grand-père*. En octobre, ce sera *Histoire d'un crime*.

Mars 1876 Mallarmé publie son poème « L'Après-midi d'un faune ».

1877 Zola publie *L'Assommoir*, qu'il décrit comme « le premier roman sur le peuple, qui ne mente pas et qui ait l'odeur du peuple ».

> *1878-1885 : Hugo,
> monument vivant*

1878-1879 En juin 1878, Hugo fait une congestion cérébrale. Fatigué et malade, il n'écrit presque plus rien. En janvier 1879, il propose une nouvelle fois une loi d'amnistie pour les Communards.

1880 Publication en avril de *Religions et Religion*, et en octobre de *L'Ane*. Ce sont pour l'essentiel des textes composés à Guernesey.
Violente critique de Zola dans *Le Figaro* : «(Hugo) appartient au Moyen Age».

1881 A l'occasion des soixante-dix-neuf ans de Victor Hugo, le Conseil de Paris organise sous les fenêtres du poète une manifestation populaire de félicitations.

En mai, publication des *Quatre Vents de l'Esprit*. Zola, toujours dans *Le Figaro*, qualifie le recueil de «humanitairerie finale de vieillard gâteux».
En juillet l'avenue d'Eylau, où il réside, est baptisée avenue Victor-Hugo. Par testament, le poète laisse tous ses écrits et dessins à la Bibliothèque nationale.

11 mai 1883 Mort de Juliette Drouet. Sur les conseils de son entourage, Hugo ne se rend pas à l'enterrement.

30 janvier 1879 Élection de Jules Grévy à la présidence de la République.

Intensification de la politique anticléricale : opérations de police contre les congrégations.

Avril 1881 Anatole France publie *Le Crime de Sylvestre Bonnard*.

16 juin 1881 Vote des lois sur l'enseignement : gratuité, obligation, laïcité. Création des écoles normales d'instituteurs.

22 mai 1885 Mort de Victor Hugo, à quatre-vingt-trois ans, d'une congestion pulmonaire. Son corps est exposé sous l'Arc de triomphe.

1er juin 1885 Victor Hugo reçoit des funérailles nationales, que Verlaine qualifiera de « panthéonades ».

1885 Zola publie *Germinal*.

1886-1901 Sous le contrôle de ses familiers, publication posthume des œuvres de Victor Hugo, en particulier *Théâtre en liberté*, *La Fin de Satan*, *Toute la Lyre*, *Dieu* et *Les Années funestes*.

1892 Maurice Maeterlinck fait jouer *Pelléas et Mélisande*, sur une musique de Debussy.

2
LE STYLE DE VICTOR HUGO

En préambule à l'étude de poèmes de Victor Hugo, il nous paraît utile de dire quelques mots de son style et de son inspiration.

Hugo a touché à tous les genres : poésie épique, roman, théâtre, satire... Mais toujours, avec lui, dominent quelques procédés de style. La connaissance de ces procédés est donc précieuse pour l'étude de son œuvre. C'est pourquoi la lecture attentive de ce chapitre pourra vous être utile, quel que soit le texte de Victor Hugo que vous pourriez être amené à étudier.

UN POÈTE VISIONNAIRE

Qu'on ne s'y trompe pas, néanmoins. L'emploi fréquent des mêmes procédés ne signifie pas une pauvreté de style. Il ne faut pas s'imaginer que Hugo « fait toujours la même chose ». Si Hugo a fréquemment recours à l'antithèse ou à la transfiguration, c'est plutôt que ces procédés traduisent au mieux sa vision manichéenne et symbolique du monde.

Car Hugo était véritablement un visionnaire, un « voyant » au sens où l'exigera Rimbaud dans sa célèbre formule de mai

1871. Sa faculté maîtresse était l'imagination, une imagination visuelle d'une ampleur et d'une intensité inégalées. Hugo est le poète de la vision, celle des choses visibles comme des choses invisibles. Ce n'est pas un hasard si, de « La Conscience » à *Choses vues* en passant par des centaines d'autres textes, l'œil et l'acte de voir reviennent si fréquemment dans les évocations hugoliennes : *« L'âme est une prunelle »* écrit-il dans *Les Rayons et les Ombres*.

ANTITHÈSE ET TRANSFIGURATION

Hugo porte sur le monde un regard presque mystique. Pour lui, objets et événements possèdent, au-delà de leur apparence immédiate, une signification ou une correspondance invisible. Le poète doit exprimer cet aspect caché des choses. Pour y parvenir, certains procédés sont particulièrement efficaces.

L'antithèse

On appelle ainsi le procédé rhétorique consistant à associer les contraires. C'est la figure de base de la poésie de Hugo et, avant tout, le principe qui lui paraît régir le monde : *« Et partout l'antithèse ! il faut qu'on s'y résigne »* écrit-il ainsi dans un poème de *L'Art d'être grand-père* intitulé, en toute simplicité, « Dieu, avec des restrictions ».

Donnons quelques exemples. Dans *Notre-Dame de Paris*, le personnage du bossu Quasimodo est une antithèse vivante, son corps difforme et laid s'opposant à la grandeur de son âme. Mais Quasimodo a lui-même un contraire, le chevalier Phébus, aussi veule et fourbe qu'il est beau. Il y a donc trois couples d'oppositions : corps/esprit de Quasimodo, corps/esprit de Phébus et enfin Phébus/Quasimodo lorsque ces deux personnages se disputent l'amour de la bohémienne Esmeralda.

Dans *L'Homme qui rit*, le personnage de Gwynplaine représente une opposition corps/esprit similaire à celle de Quasimodo. Dans *Ruy Blas*, on trouve une double opposition de condition et de mentalité entre le valet Ruy Blas et son maître Don Salluste, aussi puissant et méprisable que le premier est humble et généreux.

Dans *Napoléon-le-Petit*, Hugo ridiculise Napoléon III par le contraste pitoyable entre ses actes et ceux de son oncle illustre, Napoléon Ier.

Citons aussi quelques vers :

> « Dans les vieilles forêts où la sève à grands flots
> Court du fût noir de l'aulne au tronc blanc des bouleaux, »

(*Les Voix intérieures* — « A Albert Dürer »)

> « Et pour qu'ils eussent chaud pendant qu'elle aurait froid. »

(*La Légende des Siècles* — « Les Pauvres gens »)

> « N'ayant pu la sauver, il a voulu mourir. »

(*Les Contemplations* — « Charles Vacquerie »)

Nous aurons l'occasion, au long des prochains chapitres, de rencontrer de fréquents exemples d'antithèse.

La transfiguration

Nous appelons ainsi le procédé par lequel Victor Hugo, décrivant un personnage, un objet ou un événement, lui confère une valeur allégorique.

Visionnaire, Hugo aperçoit dans tout ce qu'il contemple une dimension « cosmique », symbolique ou épique. « *Sous le monde réel, écrivait-il en 1822, il existe un monde idéal qui se montre resplendissant à l'œil de ceux que des méditations graves ont accoutumé à voir dans les choses plus que les choses...* »

Son art consiste alors à faire percevoir au lecteur cette dimension insoupçonnée. « *L'art, a écrit André Maurois, de donner au quotidien une intensité dramatique.* » Il peut pour cela s'appuyer sur une caractéristique, un comportement, une référence mythologique... L'important est qu'il puisse dire de l'objet décrit :

> « Oh ! qu'il se transfigure à vos yeux, et qu'il soit
> Celui qui vous grandit, celui qui vous élève, »
>
> (*Les Contemplations* — « Le Maître d'études »)

Là encore, quelques exemples permettront de mieux comprendre.

Dans l'épisode fameux de la mort de Gavroche (cinquième partie, livre I, des *Misérables*), le gamin gouailleur devient l'incarnation de l'esprit révolutionnaire de Paris, une sorte d'esprit de la rue... Hugo lui confère d'abord une dimension extra-humaine, le décrivant comme *« un étrange gamin fée »*, *« le nain invulnérable de la mêlée »*, puis *« l'enfant feu follet »*. Il précise ensuite l'intention, en comparant Gavroche touchant le pavé au géant Antée qui, fils de la Terre, retrouvait ses forces en touchant le sol. Enfin, Hugo associe la barricade et les munitions à l'enfant, achevant ainsi l'équivalence entre la résistance des insurgés et le personnage de Gavroche : *« Combeferre rapporta le panier de cartouches ; Marius rapporta l'enfant. »*

Dans *Quatre-vingt-treize*, un lourd canon dont les amarres se sont rompues roule dans l'entrepont, écrasant les hommes sur son passage. Décrivant cet épisode, Hugo transforme peu à peu le canon en un véritable monstre préhistorique.

Dans *Le Rhin*, la description des pompiers, luttant contre l'incendie d'une maison devient le combat *« de l'hydre et du dragon »*.

Dans *Les Contemplations*, le poème intitulé « Le Mendiant » montre comment un vieil homme se transfigure sous le regard de Victor Hugo pour devenir une allégorie de la fraternité humaine et, au-delà, de la solidarité de toutes les créatures de l'univers :

> « Je songeais que cet homme était plein de prières,
> Et je contemplais, sourd à ce que nous disions,
> Sa bure où je voyais des constellations. »

Souvent, Victor Hugo emploie pour obtenir cette transfiguration des **métaphores**, c'est-à-dire des comparaisons dans lesquelles le terme comparatif est omis. Ainsi, dans l'exemple de Gavroche, les expressions *« gamin fée »* et *« enfant feu follet »* sont des métaphores associatives. Mais on trouve aussi chez lui des métaphores de facture plus classique :

> **« La terre est de granit, les ruisseaux sont de marbre ;
> C'est l'hiver ; »**

>> (*Les Contemplations* — « La Nature »)

> **« La lune ouvre dans l'onde
> Son éventail d'argent. »**

>> (*Les Orientales* — « La Captive »)

FIGURES D'INSISTANCE

Du point de vue technique, le style de Victor Hugo se caractérise par les figures d'insistance. On appelle ainsi les procédés rhétoriques par lesquels un auteur obtient un effet d'emphase, ou met en relief un terme ou une idée : hyperbole, répétition, gradation, parallélisme, accumulation. Toutes ces figures, que nous détaillons ci-dessous, se retrouvent fréquemment dans les textes hugoliens

L'hyperbole

Elle consiste à amplifier une idée par l'exagération, par le passage du particulier au général ou par l'emploi de mots appelés « quantificateurs universels » (toujours, jamais, personne, tous, chacun...) :

> **« Grec illustre à qui nul ne songe, excepté moi »**
>> (*Les Chants du Crépuscule* — « A Canaris »)

«Mil huit cent onze! O temps où des peuples sans nombre
Attendaient prosternés sous un nuage sombre»

(*Les Chants du Crépuscule* — «Napoléon II»)

«De tous les océans votre course a vu l'onde,»

(*Les Feuilles d'Automne* — «A un voyageur»)

La répétition

Elle consiste à utiliser le même mot dans la même phrase. Ce procédé, que le souci d'élégance mène le plus souvent à éviter, acquiert par sa rareté une grande force expressive. Elle traduit alors le saisissement de l'esprit devant une évocation presque indescriptible, ou permet la mise en relief d'un élément particulier :

«Waterloo! Waterloo! Waterloo! morne plaine!»

(*Les Châtiments* — «L'Expiation»)

«Le temps, qui sur toute ombre en verse une plus noire,
Sur le sombre océan jette le sombre oubli.»

(*Les Rayons et les Ombres* — «Oceano nox»)

La gradation

C'est l'un des effets les plus familiers à Hugo. Elle consiste à faire se succéder plusieurs termes de valeur croissante, soit pour animer une description, soit pour exalter une impression ou un sentiment :

«Nous contemplons l'obscur, l'inconnu, l'invisible.»

(*Les Contemplations* — «Oh gouffre! l'âme plonge...»)

« L'esprit, ouragan de lumière,
Le <u>poursuit</u>, le <u>saisit</u>, l'<u>étreint</u> ; »

(*Les Contemplations* — « Les Mages »)

« Tout à l'heure il <u>râlait</u>, <u>se tordait</u>, <u>étouffait</u> ; »

(*Les Contemplations* — « Cadaver »)

Le parallélisme

On appelle ainsi un effet de construction par lequel des phrases ou des segments de phrases sont écrits suivant la même structure. Il crée une impression d'insistance quasi mécanique ou met en relief, par un effet d'écho et de contraste, l'opposition entre les termes qui diffèrent d'une phrase à l'autre :

« Contre les rois tirant ensemble leurs épées,
   Prussiens, Autrichiens,
Contre toutes les Tyrs et toutes les Sodomes,
Contre le czar du nord, contre ce chasseur d'homme,
   Suivi de tous ses chiens,
Contre toute l'Europe avec ses capitaines, »

(*Les Châtiments* — « A l'Obéissance passive »)

« Car vous enseignez tout, et vous ignorez tout ! »

(*Les Contemplations* — « A propos d'Horace »)

« La voix qui dit : malheur ! la bouche qui dit : non »

(*Les Châtiments* — « Ultima verba »)

Lorsque le parallélisme porte à la fois sur la structure et sur certains mots, le procédé est appelé **anaphore** :

« Demain, c'est Waterloo ! demain, c'est Sainte-Hélène !
Demain, c'est le tombeau ! »

(*Les Chants du Crépuscule* — « Napoléon II »)

« Elle est princesse, elle est pythie, elle est prêtresse, »

(*La Légende des Siècles* — « Cassandre »)

L'accumulation

L'accumulation est une succession plus ou moins longue de mots se rapportant à la même action ou au même objet, avec parfois des significations proches (on parlera dans ce cas de *redondance*).

« Tout est doux, calme, heureux, apaisé ; Dieu regarde »

(*Les Contemplations* — « Éclaircie »)

« Il allait, muet, pâle, et frémissant aux bruits,
Furtif, sans regarder derrière lui, sans trêve,
Sans repos, sans sommeil. »

(*La Légende des Siècles* — « La Conscience »)

« Soyez l'abri, le toit, le port, l'appui, l'asile ! »

(*Les Chants du Crépuscule* — « A Monsieur le d. d'O. »)

C'est dans l'accumulation que Victor Hugo trouve sa pleine dimension, car en la combinant avec des effets sonores (voir ci-dessous) il atteint une dimension épique :

« C'est le duel effrayant de deux spectres d'airain,
Deux fantômes auxquels le démon prête une âme,
Deux masques dont les trous laissent voir de la flamme.
Ils luttent, noirs, muets, furieux, acharnés. »

(*La Légende des Siècles* — « Le Mariage de Roland »)

EFFET DE RUPTURE

Concernant la construction non plus de la phrase mais du texte, il faut signaler un procédé assez fréquemment utilisé par Victor Hugo : l'effet de rupture.

Cet effet consiste à introduire dans la construction du texte un contraste entre une longue description et une phrase brève. Hugo consacre plusieurs vers à la description d'un objet ou d'un événement, et un seul à l'objet ou événement qui lui fait pendant. De cette différence naît alors un contraste qui intensifie le second élément décrit.

A titre d'exemple, voici un extrait du « Parricide », l'un des poèmes de *La Légende des Siècles* :

> « Il abolit l'horreur idolâtre, et la rune,
> Et le menhir féroce où le soir, à la brume,
> Le chat sauvage vient frotter son dos hideux ;
> Il disait en parlant du grand César : Nous deux ;
> Une lueur sortait de son cimier polaire ;
> Les monstres expiraient partout sous sa colère ;
> Il fut, pendant vingt ans qu'on l'entendit marcher,
> Le cavalier superbe et le puissant archer ;
> L'hydre morte, il mettait le pied sur la portée ;
> Sa vie, en même temps bénie et redoutée,
> Dans la bouche du peuple était un fier récit ;
> Rien que dans un hiver, ce chasseur détruisit
> Trois dragons en Écosse et deux rois en Scanie ;
> Il fut héros, il fut géant, il fut génie ;
> Le sort de tout un monde au sien semblait lié ;
> Quant à son parricide, il l'avait oublié. »

Dans ce texte, il y a évidemment contraste entre la longue énumération des exploits guerriers du héros et le dernier vers, introduit par l'expression dépréciative « Quant à ». De plus le mot « oublié », placé en dernier, prend ainsi un relief qui accentue son caractère choquant.

Pour d'autres exemples d'effet de rupture, on pourra se reporter à des textes comme « Le Mariage de Roland » (vers 25 à 38), ou à la fin de « Aymerillot », toujours dans *La Légende des Siècles* : ainsi qu'à certains poèmes des *Châtiments* comme celui intitulé « Fable ou histoire ».

Par ailleurs, il faut souligner que Victor Hugo écrit souvent « pour le dernier vers » ; c'est-à-dire qu'il bâtit l'ensemble de son poème en vue d'un effet de surprise ou de transfiguration que ce dernier vers réserve. Des poèmes comme « Vieille chanson du jeune temps » ou « Saison des semailles, le soir », que nous analysons dans ce livre, sont de bons exemples de cette démarche.

Souvent aussi, sans rechercher la surprise, Hugo termine son poème par un vers qui résume ou suppose un long développement. Ce développement, que le poète laisse à son lecteur le soin d'imaginer, prolonge ainsi le texte bien au-delà de sa lecture. On pourra lire, comme exemples de ce procédé, « Les Pauvres gens » ou « Après la bataille » dans *La Légende des Siècles* ; ou encore, extrait des *Châtiments*, le fameux *« Sonnez, sonnez toujours... »*, que l'on trouvera également commenté dans ce livre.

RICHESSE VERBALE, RYTHMES ET SONORITÉS

Enfin, il faut saluer en Victor Hugo l'un des maîtres du vocabulaire et de l'orchestration sonore. Rappelons l'hommage de Charles Péguy : *« Il savait son métier, celui-là. Il savait faire un tocsin rien qu'avec des mots ; une fanfare, avec des rimes ; un bourdon, rien qu'avec des rythmes. »*

Cette maîtrise se manifeste d'abord dans l'emploi des sonorités, remarquablement accordées à la signification de la phrase. Ainsi, dans ces vers extraits du poème « L'Aigle du casque » :

> « Il lui creva les yeux ; il lui broya les dents ;
> Il lui pétrit le crâne en ses ongles ardents »

la succession des sons durs *cr, br, d, p, tr, cr, d* rythme la phrase et fait presque entendre les coups de bec que l'aigle vengeur assène au meurtrier. De même, dans un texte comme le premier chant de « A l'obéissance passive », les sonorités des mots transcrivent à merveille les bruits de fanfare et de bataille qu'évoque le poète ; tandis que les syllabes sifflantes et heurtées des « Djinns » rendent bien le vacarme strident d'un nuage de démons s'abattant sur la ville.

Le rythme naît aussi de l'emploi magistral du mètre. Si Victor Hugo emploie de préférence l'alexandrin, vers classique de douze syllabes, il sait en varier la musique et le plier à ses besoins par tout un jeu d'enjambements et de rejets :

> « Le jour entier se passe ainsi. Mais le soleil
> Baisse vers l'horizon. La nuit vient.
> — Camarade,
> Dit Roland, je ne sais, mais je me sens malade.
> Je ne me soutiens plus, et je voudrais un peu
> De repos.
> — Je prétends, avec l'aide de Dieu
> Dit le bel Olivier, le sourire à la lèvre,
> Vous vaincre par l'épée et non point par la fièvre. »

(*La Légende des Siècles* — « Le Mariage de Roland »)

Grâce au mouvement qu'il donne à son vers, Victor Hugo ajoute à l'atmosphère créée par les mots toute la suggestion qui naît du rythme, tour à tour léger ou pesant. Il peut ainsi faire naître un sentiment d'épuisement :

> « Et, pas à pas, Roland, sanglant, terrible, las »

(*La Légende des Siècles* — « Le Petit roi de Galice »)

l'impression du lent clapotement de l'eau dans le port :

> « La lune était sereine et jouait sur les flots. »

(*Les Orientales* — « Clair de lune »)

ou celle du silence qui revient peu à peu :

> « Et la voix qui chantait
> S'éteint comme un oiseau se pose ; tout se tait »

(*La Légende des Siècles* — « Eviradnus »)

Mais Hugo sait aussi employer l'hexamètre, l'octosyllabe ou d'autres vers d'usage plus rare, soit en les combinant, soit isolément, afin d'en tirer les effets sonores les plus variés. Signalons aussi l'alliance fréquente de deux alexandrins et d'un hexamètre, comme dans « Napoléon II » ou dans « A l'Obéissance passive » :

> « Eux, dans l'emportement de leurs luttes épiques,
> Ivres, ils savouraient tous les bruits héroïques,
> Le fer heurtant le fer. »

Enfin Victor Hugo possède un vocabulaire d'une étonnante richesse. Il sait trouver le mot évocateur, le terme précis ou le nom dont la sonorité et l'origine permettront de créer une atmosphère exotique, qu'elle soit espagnole, grecque ou hébraïque :

> « Quelqu'un de vous a-t-il connu Sabine,
> Ma señora ?
> Sa mère était la vieille maugrabine
> D'Antequera,
> Qui chaque nuit criait dans la Tour-Magne »

> (*Les Rayons et les Ombres* — « Guitare »)

> « Venez de Corinthe et de Crète,
> De Tyr aux tissus précieux,
> De Scylla, que bat la tempête,
> Et d'Athos, où l'aigle s'arrête
> Pour voir de plus haut dans les cieux ! »

> (*Odes et Ballades* — « Le Chant de l'arène »)

> « Tout reposait dans Ur et dans Jérimadeth »

> (*La Légende des Siècles* — « Booz endormi »)

Dans ce dernier vers, du reste, Hugo a préféré la sonorité à l'exactitude. En effet, il n'existe pas de ville biblique du nom de Jérimadeth. Mais comme le vers rime avec « *Et Ruth se demandait* », on a vu dans ce nom un calembour : « J'ai rime à -dait ». Ce qui montre à la fois que Victor Hugo était un virtuose des sonorités et qu'il savait ne pas se prendre au sérieux...

3
LA RÉVOLUTION HUGO

On trouve dans le recueil *Les Contemplations*, publié en 1856, deux poèmes intitulés «Réponse à un acte d'accusation» et «Quelques mots à un autre», dans lesquels Victor Hugo rappelle la façon dont il révolutionna le style poétique français.

Sans sous-estimer l'influence d'autres auteurs romantiques, comme Vigny ou Musset, c'est en effet Victor Hugo qui fit souffler sur la poésie un vent nouveau, en rompant avec les règles classiques du vocabulaire et de la versification.

LES RÈGLES DE LA POÉSIE AVANT HUGO

Nous ne reviendrons pas sur l'origine et l'histoire de la versification française, depuis le Moyen Age jusqu'aux auteurs de La Pléiade, en passant par Villon, Agrippa d'Aubigné ou Clément Marot. Retenons seulement que les règles classiques en seront fixées de façon formelle au début du XVIIe siècle, sous l'influence de Malherbe (1555-1628).

Celui-ci, poète et surtout grammairien, élabora par ses critiques une théorie littéraire en réaction contre les métaphores obscures, l'abus d'archaïsmes et de néologismes, ou la versification approximative qui s'instauraient graduellement dans la poésie depuis le milieu du XVIe siècle.

Notons d'ailleurs qu'il ne fut pas le seul à vouloir ainsi codifier la poésie, et que ses théories ne firent pas l'unanimité, comme en témoigne l'opposition de Théophile de Viau (1590-1626) et surtout de Mathurin Régnier (1573-1613)...

Toutefois les théories de Malherbe, reprises par Boileau (1636-1711) dans son *Art poétique*, prévalurent ; et la poésie finit par se plier à des exigences précises.

Le vocabulaire devait éviter les mots et locutions étrangers, les mots techniques, les termes présentant une sonorité ambiguë (comme *pouls*, qu'on peut comprendre *pou*), les dérivés (*arbreux, printanier...*), les archaïques (comme *le chef* pour *la tête*), les mots grossiers ou crus, les noms d'animaux...

Le style devait rechercher avant tout la clarté et la sobriété, en évitant les comparaisons outrées ou « de mauvais goût », ainsi que les répétitions, les accumulations et les mots inutiles (comme par exemple l'expression *la sainte déité*, puisque une déité est sainte par définition).

En versification, Malherbe proscrivit le hiatus (rencontre de deux voyelles finissant et commençant deux mots successifs) et le rejet, que ce soit en fin de vers ou à la césure. Les rimes devaient être alternées (de type ABAB) et riches. On ne devait pas faire rimer des mots dérivés (comme *suivre* et *poursuivre*), ni ayant un rapport trop proche (comme *campagne* et *montagne*)... On exigeait des pauses fixes dans les strophes, et on recommandait l'emploi de l'alexandrin avec une césure à la sixième syllabe, ou du décasyllabe avec césure à la cinquième.

Des règles précises et contraignantes donc, et parfois un peu laborieuses... C'est ainsi que Malherbe écrivit, pour le consoler de la mort de sa femme, une *Consolation au Président de Verdun* qui ne parvint à l'intéressé qu'après son remariage ! Mais des règles qui s'imposèrent jusqu'au début du XIXe siècle, rythmant les œuvres de Boileau, Corneille, Molière, Racine, Voltaire ou même Lamartine...

Pourtant, au cours du temps, le respect des règles avait abouti à une véritable sclérose. Dans le souci d'éviter les « bas et méchants mots » proscrits par la tradition, les auteurs employaient des termes convenus ou des périphrases qui devinrent autant de clichés : « bras d'albâtre », « prunelle de jais », « cou de neige »... Quant à l'alexandrin, son éternel rythme 6-6 en avait fait un vers figé et monotone.

« J'ai jeté le vers noble aux chiens noirs de la prose »

Avec Victor Hugo, le vocabulaire poétique s'affranchit des convenances classiques pour redonner droit de cité aux termes techniques, communs, voire argotiques... Alfred de Vigny avait fait un petit scandale en employant, dans sa traduction d'*Othello*, le mot « mouchoir » au lieu de parler, comme l'aurait voulu la règle, d'un « carré de tissu ». Victor Hugo, lui, rejeta franchement les usages :

> « Je massacrai l'albâtre, et la neige, et l'ivoire ;
> Je retirai le jais de la prunelles noire,
> Et j'osai dire au bras : Sois blanc, tout simplement
> [...].
> J'ai dit à la narine : Eh mais ! tu n'est qu'un nez !
> J'ai dit au long fruit d'or : Mais tu n'es qu'une poire ! »

(« Réponse... »)

Il utilisa dans ses vers des noms d'animaux (cochon, vache, âne, oie...), des mots quotidiens (égout, pavé, clef, escalier...), des termes de métier (cartouchière, pompe, étambot, crosse, truelle...) et des expressions « de mauvais goût » (dartre, repu, chiourme, gibet, catin...). On trouve même, dans le livre VII des *Misérables*, un éloge et une défense de l'argot des voyous de Paris. L'important aux yeux de Hugo, était d'employer le mot juste, celui qui rende le mieux compte de l'idée à exprimer.

Pour ce qui est du vers, Hugo respecte tout de même quelques règles fondamentales. Il conserve le plus souvent les formes régulières (alexandrin, octosyllabe, etc.), persuadé qu'un vers bien construit donne à l'idée exprimée une puissance supérieure. « *L'idée, trempée dans le vers, prend soudain quelque chose de plus incisif et de plus éclatant,* écrit-il en 1826 dans la préface de sa pièce *Cromwell. C'est le fer qui devient acier. »*

Dans les alexandrins de Hugo, la sixième syllabe ne tombe jamais au milieu d'un mot... Mais à côté de cela, quelle souplesse ! L'harmonie régulière et monotone laisse place à un vers rythmé par le mouvement, dans lequel la place de la césure se décide par l'idée à exprimer, et non par la règle à suivre. Toutes les jongleries sont possibles, comme dans l'étonnant « Fenêtres ouvertes ». Le rejet devient un effet à part entière, avec parfois un brin de provocation, comme au tout début d'*Hernani* avec le fameux *« escalier/Dérobé »*... L'alexandrin, avec trois accents rythmiques au lieu de quatre, accélère sa cadence.

> « Et sur les bataillons d'alexandrins carrés
> Je fis souffler un vent révolutionnaire. »

(« Réponse... »)

> « L'alexandrin saisit la césure, et la mord ;
> Comme le sanglier dans l'herbe et dans la sauge,
> Au beau milieu du vers l'enjambement patauge ;
> [...]
> C'est horrible ! oui, brigand, jacobin, malandrin,
> J'ai disloqué ce grand niais d'alexandrin. »

(« Quelques mots... »)

Désormais, le champ est libre pour les tentatives les plus novatrices. Leconte de Lisle, Baudelaire, Verlaine, Nerval, Rimbaud, Mallarmé..., sans toujours lui rendre justice, exploreront des voies ouvertes par Hugo.

4
VICTOR HUGO, LE PRÉCURSEUR

Léon-Paul Fargue, poète et critique mort en 1947, a défini Victor Hugo comme *« le tableau électrique de la poésie moderne avec toutes ses manettes »*. De fait on peut trouver, dans les dizaines de milliers de vers qu'il a écrits, des passages semblant annoncer les poètes venus après lui.

Voici donc, dans un joyeux désordre, quelques extraits de poèmes hugoliens avec, en tête, le nom des auteurs que Hugo paraît avoir imités à l'avance... Libre à chacun de poursuivre le jeu, au gré de ses lectures et de ses souvenirs.

Un aveu tout de même : nous avons, de temps à autre, modifié la ponctuation originale...

Verlaine ?

«Je n'entends plus sonner l'heure;
Je n'écoute plus la voix;
Ne croyez pas que je pleure
Sans raison au fond des bois.»

(*Océan* - «Autre chanson»)

Max Jacob ?

« Va cueillir, villageoise,
La fraise et la framboise
Dans les champs, aux beaux jours.
A huit milles d'Amboise,
A deux milles de Tours...
C'est là que sont les tours,
Les tours et les tourelles
Du château de l'Arbrelles
Bien connu des vautours. »

(*Toute la lyre* - « Le château de l'Arbrelles »)

Baudelaire ?

« Elle me regarda de ce regard suprême
Qui reste à la beauté quand nous en triomphons »
(*Les Contemplations* - « Elle était déchaussée... »)

« La mort et la beauté sont deux choses profondes
Qui contiennent tant d'ombre et d'azur qu'on dirait
Deux sœurs également terribles et fécondes
Ayant la même énigme et le même secret. »

(*Toute la lyre* - « Ave, dea ; moriturus te salutat »)

Isidore Isou ?

« Mirlababi, surlababo,
  Mirliton ribon ribette,
 Surlababi, mirlababo,
  Mirliton ribon ribo. »

(*Les Misérables* - Livre VII, chap. 3)

Mallarmé ?

« Des avalanches d'or s'écroulaient dans l'azur. »

(*La Légende des Siècles* - « Le Sacre de la femme »)

« Les angles que la nuit et l'immensité font
 Apparurent. »

(*La Fin de Satan* - « Et nox facta est »)

Guillaume Appollinaire ?

« Vous portez des fleurs la belle
 Comment vous appelez-vous ?
 Les vents et les cœurs sont fous
 Un baiser les fit époux
 Je suis l'amante dit-elle
 Cueillez la branche de houx. »

(*Toute la lyre* - « La Chanson du spectre »)

Arthur Rimbaud ?

« Ils auraient pu saisir le monde. Ils aimaient mieux
Se regarder avec des flammes dans les yeux.
A force de bonheur, ils étaient des fantômes
Ivres. Ils dissipaient en baisers des royaumes. »

(Océan)

Paul Valéry ?

« L'avenir, tel que les cieux le font,
C'est l'élargissement dans l'infini sans fond,
C'est l'esprit pénétrant de toutes parts la chose. »

(*La Légende des Siècles* - « Le Satyre »)

Raymond Queneau ?

« Nous étions trois ou quatre bardes
Et nous marchions dans les prés verts ;
Soudain, il pleut des -Z-hallebardes
Dont les Z faisaient des éclairs. »

(Cités par Henri Guillemin - *L'Humour de Victor Hugo*)

René Char ?

« Nous sommes
Des laboureurs d'esprit
et des semeurs d'idées. »

« Hurlez,
car la journée est proche. »

(Océan)

Robert Desnos ?

« Solférino, sol, fa, ré, ut,
Alma, Magenta, sabres et guerres !
Les Belmontet ont pris leur luth,
Mais le peuple un jour criera : chut !
A bas, fanfares militaires !
Solférino, sol, fa, ré, zut ! »

(Océan - « Vers faits en dormant »)

Georges Fourest ?

« C'est minuit. L'eau gémit. Le tremble
    Tremble,
Et tout bruit dans le manoir
    Noir ;
...
Le son qui dans l'air se disperse
    Perce

> La tombe où le mort inconnu,
>   Nu,
>
> Épelant quelque obscur problème
>   Blême
> Tandis qu'au loin le vent mugit,
>   Gît. »

(Toute la lyre - « Un dessin d'Albert Dürer »)

Aragon ?

> « Vous qui tournez la tête et qui dites C'est bien
> Et qui vous remettez à rire à votre porte.
> Ce que j'endure est peu, ce que je suis n'est rien
> Et ce n'est pas à moi que ma souffrance importe »

(Les Quatre vents de l'esprit - « Ma vie entre déjà... »)

Jules Laforgue ?

> « Fermez vos yeux, dormez, profanes,
> Soyez votre propre éteignoir.
> Nos chauves-souris diaphanes
> Battent de l'aile sous vos crânes ! »

(Toutes la lyre - « Chant des songes »)

Jules Renard ?

« Le chien a son sourire dans sa queue. »

**

« Qu'est-ce que l'adultère ? Une curiosité de la volupté des autres. »

**

« Un méchant petit tonnerre bougonnait à l'horizon. »

**

« Le fameux pompier arriva. La flamme se mit à la fenêtre pour le voir. »

(Cités par Henri Guillemin - *L'Humour de Victor Hugo*)

D'après un billet de Paul Guilly — *Le Monde* - 18.11.1955

DEUXIÈME PARTIE

12 EXPLICATIONS

- **Premiers recueils.**
- **La maturité et l'exil.**
- **Derniers recueils.**

1

Les premiers recueils

1. CLAIR DE LUNE.

2. EXTASE.

3. SOLEILS COUCHANTS.

4. OCEANO NOX.

1

CLAIR DE LUNE

CLAIR DE LUNE

> Per amica silentia lunae.
> VIRGILE.

1 La lune était sereine et jouait sur les flots. —
La fenêtre enfin libre est ouverte à la brise,
La sultane regarde, et la mer qui se brise,
Là-bas, d'un flot d'argent brode les noirs îlots.

5 De ses doigts en vibrant s'échappe la guitare,
Elle écoute... Un bruit sourd frappe les sourds échos.
Est-ce un lourd vaisseau turc qui vient des eaux de Cos,
Battant l'archipel grec de sa rame tartare ?

Sont-ce des cormorans qui plongent tour à tour
10 Et coupent l'eau, qui roule en perles sur leur aile ?
Est-ce un djinn qui là-haut siffle d'une voix grêle
Et jette dans la mer les créneaux de la tour ?

Qui trouble ainsi les flots près du sérail des femmes ? —
Ni le noir cormoran, sur la vague bercé,
15 Ni les pierres du mur, ni le bruit cadencé
D'un lourd vaisseau, rampant sur l'onde avec des rames.

Ce sont des sacs pesants, d'où partent des sanglots.
On verrait, en sondant la mer qui les promène,
Se mouvoir dans leurs flancs comme une forme humaine.
20 La lune était sereine et jouait sur les flots.

20 septembre 1828.

CONDITIONS DE PUBLICATION

« Clair de Lune » est extrait du recueil *Les Orientales*, que Victor Hugo publie, à vingt-sept ans, en janvier 1829. Il y trace les tableaux d'une Arabie, d'une Grèce et d'une Turquie imaginaires.

Ces pays, en effet, sont à la mode en Europe depuis plusieurs années déjà. La révolte du peuple grec, soulevé en 1821 contre une domination turque qui durait depuis près de 300 ans, avait trouvé en Europe un écho très favorable. Le poète anglais Byron, l'une des figures du romantisme, s'était rallié à la cause grecque et avait trouvé la mort en 1824 à la bataille de Missolonghi. Des épisodes sanglants comme les massacres de Chio (1822) avaient inspiré au peintre français Delacroix des tableaux très appréciés du public... L'Occident est majoritairement partisan des Grecs. Ainsi, en octobre 1827, la Triple-Alliance (France, Angleterre et Russie) a pris parti contre la Turquie, détruisant la quasi-totalité de sa flotte lors de la bataille navale de Navarin... Sous la pression internationale, l'indépendance de la Grèce sera effective en 1832, trois ans après la publication des *Orientales*.

Victor Hugo, bien entendu, ne peut ignorer ce contexte. Pourtant, il refuse que l'on voie dans ses poèmes une référence à l'actualité, encore moins une prise de position. Il s'en explique dès la préface : « *L'ouvrage est-il bon ou est-il mauvais ? Voilà tout le domaine de la critique [...] Si donc aujourd'hui quelqu'un lui demande* [à l'auteur] *à quoi bon ces* Orientales ? *qui a pu lui inspirer de s'aller promener en Orient pendant tout un volume ? [...] où est l'opportunité ? à quoi rime l'Orient ?... Il répondra qu'il n'en sait rien, que c'est une idée qui lui a pris ; et qui lui a pris d'une façon assez ridicule, l'été passé, en allant voir coucher le soleil.* »

Position un peu étrange, dans la mesure où plusieurs poèmes des *Orientales* se réfèrent à l'actualité : exaltation de l'amiral indépendantiste Canaris, dénonciation de la « tyrannie » turque. Mais il faut reconnaître que les poèmes les plus réussis du recueil sont ceux qui, comme ce « Clair de lune », doivent tout à l'imagination.

Clair de lune / 59

POUR MIEUX COMPRENDRE

La **citation latine** placée en exergue peut se traduire par « Sous le silence complice de la lune » ou « Sous la lune amicale et silencieuse ».

Virgile, qui vécut de 70 à 19 avant J.-C., est l'un des plus grands poètes latins. Ses œuvres les plus fameuses sont *Les Bucoliques, Les Géorgiques* et surtout *L'Énéide*, épopée inachevée racontant les origines de Rome.

Cos ou Kos, évoquée au vers 7, est une grande île du Dodécanèse, archipel situé à l'Est de la mer Égée, au large des côtes turques.

Un **djinn** (vers 11) est un génie farceur ou malfaisant des traditions arabes et musulmanes.

Le **sérail** (vers 13) était le palais du sultan. Mais le mot, pour les Occidentaux, désigne parfois (comme c'est le cas ici) les pièces où étaient retenues les femmes du souverain.

QUELQUES THÈMES

Ce poème se présente comme un véritable film, dans lequel les éléments dramatiques et le « suspense » s'unissent à une atmosphère exotique et inquiétante, dans laquelle les sons jouent le premier rôle. Mais il se présente aussi comme une dénonciation et, par la structure cyclique que lui donne la reprise du premier vers à la fin, comme l'amorce d'une réflexion tragique.

Remarque sur le titre

Le clair de lune est, pourrait-on dire, un passage obligé en poésie. La plupart du temps, sa description sert de prétexte à celle d'états d'âme plus ou moins nostalgiques. Cette tradition s'est d'ailleurs poursuivie après Hugo, avec par exemple le *« calme clair de lune triste et beau »* chanté par Verlaine dans ses *Fêtes galantes*.

Pour des lecteurs du XIXe siècle, ce titre semble donc annoncer un poème de douceur et de vague tristesse. La citation de Virgile, l'évocation d'une lune *« sereine »* et même la description, dans la première strophe, d'une femme à sa fenêtre semblent aller dans ce sens. L'impact des derniers vers n'en est, bien entendu, que plus fort.

Structure du poème

Le poème utilise l'alexandrin, vers harmonieux bien adapté pour des descriptions amples.

Les premiers vers nous font voir, en trois étapes successives *(« La lune », « La fenêtre », « La sultane »)*, la fenêtre d'un palais oriental au bord de la mer, la nuit. On note que l'auteur emploie pour qualifier la lune un terme, *« sereine »*, qui décrit en général un état d'esprit. Cet **hypallage** crée une atmosphère paisible et douce.

Ayant ainsi planté le décor en quelques vers, Victor Hugo attire notre attention sur un bruit, qu'il introduit en nous montrant la sultane interrompant son jeu (vers 1-6).

La description objective cède alors la place à une interrogation, qui peut être celle du poète nous racontant l'histoire ou, plus vraisemblablement, celle de la sultane se livrant à un monologue intérieur (vers 7-13). Cette seconde hypothèse paraît plus vraisemblable, car les questions sont formulées par un esprit à la fois superstitieux et de culture orientale, comme

Clair de lune / 61

le montre l'évocation du *« djinn »* au vers 11. Quoi qu'il en soit, la forme interrogative accroît notre curiosité et l'aspect dramatique du texte.

A partir du vers 14, la réponse à ces interrogations nous est fournie. Dans un premier temps, l'auteur reprend chacune des hypothèses avancées pour expliquer le bruit, afin de les écarter tout en confortant l'atmosphère exotique par des images évocatrices.

Vient ensuite la révélation : le bruit est produit par la chute, dans l'eau du port, de *« sacs »* contenant des « formes humaines ». En trois vers, Hugo nous livre une description à la fois tragique et mystérieuse de ces sacs. Tragique par les *« sanglots »* et la mort inévitable des victimes jetées à la mer ; mystérieuse par les réticences de la description *(« comme une forme »*, au vers 19) et surtout par la signification de ces mises à mort clandestines, sur lesquelles aucune indication ne nous est donnée.

Enfin la reprise du premier vers ajoute à ce mystère une note navrante. Après la mer qui *« promène »* les sacs, la lune *« sereine »* traduit une sorte d'indifférence au drame qui vient de se produire. Mais surtout le retour au premier vers, « à la case départ », met l'épisode tout entier entre parenthèses, comme si l'eau venait de se refermer sur les sacs, et le paysage de retrouver sa paix un instant troublée.

Bien entendu, le changement de temps entre le dernier vers et le reste du poème n'est pas innocent. L'imparfait *(« La lune était sereine »)* suggère des actions lentes, voire intemporelles. Il permet ici, entre autres effets, d'accentuer cette indifférence *« sereine »* de la lune, qui contraste avec le tableau tragique de la dernière strophe.

Un véritable film

Ce poème, avons-nous dit, est un véritable film. Victor Hugo le traite en effet comme le ferait un metteur en scène de cinéma.

Nous commençons par un plan large, correspondant au premier vers : la lune se reflète sur la mer. Le mot *« sereine »* introduit une idée de tranquillité, qu'accentue le rythme doux et balancé du vers :

> **« La lune était sereine et jouait sur les flots. —»**

évoquant le clapotement, le mouvement des vagues sur lesquelles se reflète la lumière lunaire.

Dès le second vers, Hugo attire notre attention sur un détail de ce plan large. Par un effet de construction comparable à un « zoom avant », nous passons de *« La lune »* à *« La fenêtre »*. Non pas « une fenêtre », mais *« La »* fenêtre, qui prend avec cet article défini un caractère particulier. Nous imaginons donc un mur dans lequel s'ouvre une fenêtre unique. Cette fenêtre est *« enfin libre »*, ce qui suggère une idée de contrainte et précise l'image, celle d'un bâtiment d'aspect carcéral, avec des murs épais.

On notera aussi la rupture temporelle : passant de l'imparfait *(« était sereine »)* au présent *(« est ouverte »)*, l'auteur accentue la soudaineté du mouvement et semble indiquer que quelque chose se prépare.

Nouveau zoom. Cette fois, nous traversons la fenêtre et découvrons un personnage, *« La sultane »*. Grâce aux connotations de ce mot, la situation devient claire : palais oriental, harem, femme cloîtrée... Nous sommes dans une ville arabe ou turque, au bord de la mer, près de l'unique fenêtre du sérail, la nuit.

Ayant ainsi installé l'action, Victor Hugo déploie un nouveau plan large qui nous fait contempler, par les yeux de la sultane, le paysage visible depuis cette fenêtre. Ce sont de *« noirs îlots »* sur lesquels la mer vient se briser. Cette description n'est pas inutile : elle nous confirme que la fenêtre surplombe la mer, et elle précise, avec ce *« flot d'argent »*, la lumière du clair de lune. Elle nous laisse également imaginer, avec les *« noirs îlots »*, une côte relativement escarpée.

Le vers 5 nous ramène à la sultane et même, poursuivant l'effet de zoom des vers 1-3, à sa main qui laisse échapper *« la guitare »*. Cet incident marque le début de l'action : quelque chose se passe qui, attirant l'attention de la sultane, a interrompu son jeu. Elle laisse sa guitare tomber ou glisser à côté d'elle...

Notons que la phrase est construite pour nous faire aller de la main à la guitare, comme si nous suivions des yeux l'instrument dans sa chute lente. Le rythme du vers fait lui aussi sentir cette chute, ce glissement progressif de la guitare vers le sol :

« De ses doigts // en vibrant // s'échappe // la guitare, »

Puis, immédiatement, nous revenons à la sultane. Sans doute, dans un film, nous aurions un gros plan sur son visage. *« Elle écoute... »* Nous disons « un gros plan », car ce serait l'équivalent visuel de ce rejet en début de vers qui met en relief l'attitude de la sultane, et de ces points de suspension qui, justement, suspendent le temps et l'action.

L'attention de la sultane a été attirée par *« un bruit sourd »*. Ce bruit, qui se répercute dans le silence nocturne, Hugo nous le fait entendre grâce au son bref du mot *« frappe »* et à la répétition du mot *« sourd »*, répétition doublée d'un **chiasme**, une symétrie du vers qui fait comme jouer l'écho :

« Un <u>bruit</u> <u>sourd</u> frappe les <u>sourds</u> <u>échos</u>. »

A partir du vers 6, nous quittons la description objective. Les questions et les réponses des vers 7 à 16 ne se réfèrent plus à la réalité extérieure, mais au monologue de la sultane tel que nous le transcrit l'auteur.

L'une des fonctions de ce « monologue » est d'accroître la tension dramatique. Il est composé sous forme de questions, créant ainsi chez le lecteur un sentiment de curiosité. L'anxiété grandissante de la sultane se traduit par la progression de ses hypothèses : d'abord *« un lourd vaisseau turc »*, donc ami ; puis

« *des cormorans* », oiseaux inoffensifs ; puis « *un djinn* », être surnaturel et malfaisant... Nous suivons naturellement cette progression inquiétante qui, commençant dans le raisonnable et finissant dans le fantastique, nous prépare à tout accepter.

Nous apprenons en même temps quel était ce « *bruit sourd* » évoqué au vers 6 : le bruit de quelque chose tombant dans l'eau. Car le point commun des trois hypothèses est d'expliquer ce bruit, par des rames, des plongeons ou la chute des « *créneaux* ». Le vers 13 vient d'ailleurs confirmer la nature du bruit : quelqu'un « trouble les flots ».

La dernière strophe nous ramène à la réalité, une réalité incompréhensible. Au vers 17, Hugo nous montre d'abord des « *sacs pesants* », ce qui explique l'origine du bruit, mais fait naître une autre interrogation ; interrogation immédiatement accrue par la précision « *d'où partent des sanglots.* »

Les deux vers suivants précisent la description, mais avec des hésitations, comme si le poète n'était pas très sûr de ce qu'il avance. Dans un film, la caméra nous montrerait ces « *sacs pesants* » remuant sous la surface, en une image peut-être un peu floue, laissant à peine distinguer cette « *forme humaine* » qui clôt dramatiquement le vers 19. Le terrible tableau est là, sans une explication ni un commentaire. Le lecteur est laissé libre d'imaginer ce qu'il veut.

Enfin, par un élargissement de la perspective, le dernier vers nous fait passer de « *la mer* » à la lune, dont la lumière « joue sur les flots ». Plus exactement, nous retrouvons le plan d'ouverture, le même paysage qu'au début du poème. Comme si rien ne s'était passé.

Il n'est plus question de la sultane. A-t-elle ou non aperçu ces sacs ? Les vers 18-19 et le « *On verrait* » conditionnel semblent indiquer le contraire. Mais le clair de lune, si paisible au premier vers, prend désormais une coloration sinistre et mystérieuse. La mer et le poème se referment sur ces sacs et leur tragique contenu.

Tout le texte est donc organisé afin de nous faire voir et vivre un épisode dramatique, avec un sens étonnant de la mise en scène. Bien entendu, on commettrait un anachronisme ridicule en disant que Hugo a composé son poème comme un film.

Notre but était seulement de souligner, par ce parallèle, la remarquable structure narrative du texte. Et aussi de faire sentir la maîtrise du poète, qui réussit à nous faire partager ses visions avec une rare précision.

De l'exotisme à l'étrange

Poème « oriental » ou voulu tel, « Clair de lune » accumule les notations exotiques destinées à créer dans l'esprit du lecteur une impression de dépaysement. Cet effet est obtenu par l'emploi de termes orientaux ou se référant à un pays oriental ; mais aussi par l'introduction graduelle d'une atmosphère d'étrangeté, qui baigne toute la fin du texte.

Le premier élément d'exotisme, nous l'avons souligné précédemment, c'est *« La sultane »* qui apparaît soudain au vers 3. A partir d'elle, ainsi que nous l'avons montré, les vers de la première strophe s'organisent pour dessiner un décor de palais oriental. La présence d'une *« guitare »* au vers 5 précise encore ce décor, en laissant imaginer une femme désœuvrée, qui contemple la mer par la fenêtre de sa prison dorée...

Mais l'atmosphère orientale se développe surtout par le monologue intérieur des vers 7-13.
Dans les vers 7-8, la mention du *« vaisseau turc »* nous renseigne définitivement sur l'endroit où nous sommes. La succession des adjectifs *« turc », « grec »* et *« tartare »*, la mention de l'île de *« Cos »* font naître dans l'esprit des images de Méditerranée byzantine... Le rythme lourd et lent du vers, dû aux sonorités sourdes des « s », des « r » et des « c », traduit à merveille le mouvement pesant du navire :

« Est-ce un lourd vaisseau turc qui vient des eaux de Cos, »

On notera, au vers 8, l'expression *« Battant l'archipel grec »*. Il s'agit d'une **synecdoque**, *« l'archipel grec »* désignant ici les eaux d'une des îles de cet archipel. Cette figure permet à Hugo d'introduire une discrète dénonciation (les Turcs « battent » la Grèce) que fait bien ressortir le parallélisme *« archipel grec/rame tartare »*, les deux expressions étant placées chacune à la fin d'un hémistiche afin de marquer nettement l'opposition.

Cette dénonciation est d'ailleurs accentuée par l'adjectif *« tartare »*. Ce mot désignait les envahisseurs venus au Moyen Age de la Mongolie et du Sud sibérien. Il connote donc l'idée d'invasion, en même temps que celle d'une certaine cruauté barbare. Il n'est donc pas innocent, vu le contexte historique, que Hugo emploie ce terme comme synonyme de « turque ».

Dans les vers suivants, nous trouvons évoqués des *« cormorans »*, oiseaux de mer autrefois assez répandus dans les îles grecques ; *« un djinn »*, personnage de la mythologie musulmane ; et enfin le *« sérail »*, terme oriental désignant les appartements du sultan. De ces mots, qui participent à la « couleur locale », le second est le plus intéressant. L'image de ce génie, qui jette en sifflant les pierres du mur dans la mer, ajoute bien sûr une touche d'exotisme : mais elle fait aussi basculer le texte dans un registre fantastique ou, en tout cas, irréel. L'atmosphère devient alors celle d'un conte oriental, d'une histoire des *Mille et Une nuits*.

C'est ainsi que, tout en conservant l'exotisme, Victor Hugo a introduit dans son poème une autre dimension : celle de l'étrange.

L'attention, l'intérêt du lecteur ont été aiguisés par la forme interrogative des vers 7-13. Nous sentons vraiment « qu'il se passe quelque chose ». Or, le poète réfute maintenant, une à une, toutes les hypothèses qu'il a émises, prolongeant ainsi l'attente de la réponse. L'effet produit est d'accroître encore la curiosité du lecteur, en le laissant espérer quelque chose d'exceptionnel.

En guise de réponse, le vers 17 décrit alors un objet banal : *« des sacs pesants »*. Du coup, le contraste entre cette banalité et ce à quoi le lecteur s'attend fait que ces *« sacs »* deviennent mystérieux, inquiétants. Impression immédiatement renforcée par la précision *« d'où partent des sanglots »*, qui nous fait imaginer on ne sait quel macabre supplice.

Les vers 18-19, achevant l'évocation d'êtres humains jetés à la mer, réalise la fusion de l'étrange et de l'exotique. D'une part, les réticences du poète (*« On verrait* [...] *comme une forme »*), ainsi que les personnifications de la mer *(« qui les promène »)* et des sacs *(« dans leurs flancs »)*, contribuent à créer un sentiment d'irréel. D'autre part, les *« sanglots »* et la *« forme humaine »*, mis en relief par leur place en fin de vers, faisant bien comprendre la situation, en soulignent l'horreur et font penser à quelque châtiment oriental.

Enfin, l'ignorance où nous sommes de la raison de ce supplice, la liberté laissée sur ce point à notre imagination, prolongent l'impression de mystère créée par le poème. Quant au dernier vers, qui fait retomber silence et indifférence sur ce terrible tableau, il donne au lecteur l'impression dramatique de quelque chose d'irrémédiable.

Horreur, mystère, cruauté orientale, telles sont les impressions qui subsistent après la lecture de ce poème, que son titre paraissait annoncer comme un morceau plein de douceur.

Le jeu des sonorités et des bruits

Victor Hugo est un poète essentiellement visuel. Son imagination lui fournit des visions d'une remarquable précision, qu'il transcrit en descriptions étonnamment évocatrices. C'est le cas, par exemple, dans la première strophe de ce « Clair de lune », dont nous avons montré qu'elle fonctionne comme un effet cinématographique. Pourtant, le thème du son joue dans ce poème un rôle important.

Le poème s'ouvre sur une évocation de « lune sereine », hypallage permettant de faire naître dans l'esprit du lecteur une impression paisible. Avec *« La sultane regarde »* s'annonce une notation visuelle, celle du *« flot d'argent »* autour des *« noirs îlots »* situés au large. Puis, très vite, nous entrons dans l'univers sonore.

En fait, cet univers était déjà présent de façon discrète, avec la description de *« la mer qui se brise »* (vers 3) et surtout le balancement cadencé du premier vers :

> **« La lune // était sereine // et jouait // sur les flots. —»**

dont la douceur et les assonances en « l » et en « é » font comme entendre le bruit des vaguelettes.

Mais c'est à partir du vers 5 que les bruits apparaissent nettement. D'abord, la guitare qui tombe *« en vibrant »*, vibration que nous restitue la cadence régulière du vers :

> **« De ses doigts en vibrant s'échappe la guitare, »**

Puis vient ce *« bruit sourd »* qui *« frappe »* et auquel répond l'écho (nous avons déjà souligné plus haut le chiasme par lequel Hugo fait retentir cet écho « sourd »). Ce bruit, nous allons l'entendre plusieurs fois, sous plusieurs formes différentes, dans les différentes explications envisagées par la sultane.

Première hypothèse, quotidienne et rassurante, celle de la rame d'un bateau. Le mouvement lourd et lent du navire est traduit par le rythme du vers (voir plus haut, §2). Quant au bruit de la rame frappant l'eau, il est rendu par le *« Battant »* sec, placé en tête du vers 8.

Vient ensuite l'hypothèse des cormorans. Cette fois, le bruit de l'eau est d'abord évoqué par le mot *« plongent »* (vers 9), puis rendu par l'expression *« Et coupent l'eau »*. On remarquera la prononciation de ces mots, qui commencent par un son clair et filant *(« Et cou- »)* et s'achèvent par une sorte d'éclatement *(« -pent »)*. Le choix du terme « couper » peut ainsi se justifier par la façon dont il fait entendre le plongeon du cormoran dans l'eau. On notera aussi le rejet du vers 9, grâce auquel les mots *« Et coupent l'eau »*, placés en tête du vers 10, prennent un relief particulier.

La troisième hypothèse, enfin, fait intervenir le surnaturel et traduit ainsi l'inquiétude de la sultane. C'est, au vers 11, *« un djinn »*, qui *« siffle d'une voix grêle »*. Nouveau son, rendu par des allitérations en « l », mais qui ne correspond guère au bruit d'une chute dans l'eau (notons au passage l'inexactitude : on ne siffle pas avec la voix... Hugo a privilégié le son sur le sens). C'est que ce son sifflant évoque la chute des pierres qui fendent l'air ; le plongeon lui-même correspond aux mots *« Et jette »*, dont la prononciation fait entendre l'impact de la pierre à la surface de l'eau.

Dans chacun des cas (vers 8, 10 et 12), Hugo a placé les mots correspondant au bruit de l'eau à la même place, en tête de vers. Ce bruit revient ainsi régulièrement, quoique sous des formes différentes, jusqu'à provoquer la question mi-indignée, mi-angoissée du vers 13.

Nous avons entendu le bruit d'objets tombant dans l'eau. Voici maintenant celui qu'ils font en flottant, ou peut-être en coulant doucement. C'est un bruit régulier, correspondant au rythme des vagues, un *« bruit cadencé »*. Ce bruit est rendu par le balancement des vers 14-16 et l'alternance des consonnes sonores :

« Ni le noir cormoran, // sur la vague bercé,
Ni les pierres du mur, // ni le bruit cadencé
D'un lourd vaisseau, // rampant // sur l'onde // avec des rames. »

On notera la périphrase *« rampant sur l'onde avec des rames »*, qui alourdit volontairement l'expression, traduisant ainsi la pesanteur du *« lourd vaisseau »*. Il faut également noter le changement de mètre : entre les vers 15 et 16, Hugo passe d'un alexandrin classique (deux hémistiches de six syllabes) à un vers de structure 4-2-2-4, ce qui a pour résultat de ralentir, d'appesantir le rythme.

A notre avis, l'effet recherché ici est de faire sentir le mouvement de plus en plus lent, de plus en plus lourd, de ces *« sacs pesants »* qui flottent encore et vont bientôt s'engloutir. Il est vrai que les sacs n'ont pas encore été évoqués ; mais nous sommes toujours dans l'univers sonore, et le bruit se fait forcément plus sourd et moins balancé à mesure que les sacs s'enfoncent.

Dernier bruit évoqué, le plus terrible, ces *« sanglots »* qui s'échappent des sacs. L'alourdissement croissant des sacs est rendu par les allitérations en « s » en début de vers :

« Ce sont des sacs pesants, »

Quelques mots sur l'accentuation

L'accentuation des mots joue un rôle important dans l'écriture et la lecture d'œuvres poétiques, en donnant leur rythme aux vers.

On appelle *accent tonique* le fait d'appuyer sur une syllabe, de lui donner une intensité plus grande qu'aux autres syllabes du mot. En français, les mots portent l'accent tonique sur leur dernière syllabe, sauf lorsqu'ils se terminent par un -e muet. Ainsi, on prononce normalement :

    cormo<u>ran</u>   vais<u>seau</u>   se<u>rei</u>ne   sul<u>ta</u>ne   archi<u>pel</u>

Lorsque les mots composent un groupe ou un segment de phrase, le dernier accent tonique prend une importance particulière. On l'appelle *accent de groupe* :

    un lourd vais<u>seau</u>   le noir cormo<u>ran</u>   un bruit s<u>our</u>d

Cet accent s'ajoute aux accents toniques et permet de moduler la phrase, en faisant ressortir sa structure :

    Sont-ce des cormo<u>rans</u> qui plongent tour à <u>tour</u>

En général, la lecture privilégie les accents de groupe. Mais il est parfois préférable de faire ressortir tous les accents toniques, de façon à restituer au vers un balancement évocateur :

    Sont-<u>ce</u> des cormo<u>rans</u> qui plong<u>ent</u> tour à <u>tour</u>

    <u>La</u> l<u>une</u> <u>é</u>tait se<u>rei</u>ne et jou<u>ait</u> <u>sur</u> les <u>flots</u>

Enfin, notons qu'il faut parfois prononcer le -e muet pour donner au vers à la fois son rythme et le nombre de syllabes requis :

    De ses d<u>oi</u>gts en vib<u>rant</u> s'échap<u>pe</u> la gui<u>tare</u>

allitérations auxquelles fait écho le mot *« sanglots »*. Les sacs sont près de couler, il n'y a plus rien à espérer. Les hommes (ou les femmes) suppliciés se sont résignés : ils n'appellent pas, mais pleurent.

On peut observer que les vers 18 et 19, destinés à préciser l'horreur du tableau nocturne, sont pourtant construits sur un rythme plus léger :

« On verrait, // en sondant // la mer // qui les promène,
Se mouvoir // dans leurs flancs // comme une forme humaine. »

Cette contradiction apparente s'explique par le fait que ces derniers vers (18-20) introduisent une idée nouvelle, celle de l'indifférence. La lune, la mer sont indifférentes au drame qui se joue, comme l'indiquent les termes *« promène »* (vers 18), *« sereine »* et *« jouait »* (vers 20). Après les *« sanglots »*, le rythme léger permet d'accentuer l'opposition entre le tableau tragique et l'indifférence du décor.

On peut aussi imaginer que ce rythme léger, un peu tourbillonnant, souligne le mouvement des sacs coulant dans l'eau en tournoyant sur eux-mêmes. Mais cette explication nous paraît moins vraisemblable.

Enfin, le dernier vers nous rend le clapotement doux et régulier de l'eau qui, un instant troublée, retrouve son apparence première. Les sacs ont coulé, aucune trace ne subsiste ; le silence est revenu.

Le mystère des sacs

Si le poème nous laisse une impression de vague horreur, il nous laisse aussi avec une interrogation sur la nature des *« sacs pesants »* et de leurs malheureuses victimes.

Cette porte ouverte à l'imagination du lecteur rend ce « Clair de lune » étonnamment évocateur. Nous avons fait lire le poème à différentes personnes. L'une, influencée par les mots *« sanglots »* et *« flancs »*, a vu dans ce tableau le meurtre de bébés ou de jeunes enfants non désirés. Une autre a pensé y voir l'assassinat clandestin de conspirateurs ou d'opposants politiques… Ce qui demeure, en tout cas, c'est le caractère dissimulé de ce meurtre nocturne et la barbarie dont il témoigne.

Aussi certains ont-ils considéré ce poème comme une dénonciation de la cruauté turque. Cette dimension est sans doute présente dans «Clair de lune». L'entourage de Victor Hugo, composé à l'époque de poètes comme Lamartine ou Casimir Delavigne, était très «philhellène», partisan de l'indépendance grecque; et certains morceaux des *Orientales* laissent peu de doutes sur les sympathies de Hugo. Nous avons nous-mêmes souligné, dans le vers 8, une discrète prise de position. Dans cette perspective, il importe peu de savoir qui les sacs contiennent: seule compte la cruauté dont ils témoignent.

Mais une interprétation retient notre attention, celle qui voit dans les victimes d'anciennes favorites, rejetées par le sultan. Car cette explication, en accord avec le poème comme avec le contexte littéraire de l'époque, donne à «Clair de lune» une dimension supplémentaire.

Voyons d'abord le contexte littéraire. En 1828, l'Orient est à la mode, pour des raisons déjà évoquées. Mais cet intérêt remonte à plusieurs années. En particulier, le romantique anglais Byron (celui qui devait trouver la mort à Missolonghi) avait connu en 1813 un succès exceptionnel avec un poème intitulé *Le Giaour*. Cette œuvre, qui inspira par exemple un tableau à Delacroix, raconte l'histoire d'une jeune esclave turque liée et jetée à la mer pour avoir trompé le sultan. Il est très probable que Hugo ait eu connaissance de ce texte; et possible qu'il s'en soit souvenu en écrivant «Clair de lune».

Par ailleurs, l'hypothèse que les sacs contiennent des femmes condamnées par le sultan est assez cohérente avec le poème. La scène se produit *«près du sérail des femmes»* (vers 13), et les *«sanglots»* évoqués au vers 17 peuvent s'interpréter comme une réaction plus féminine que masculine.

Enfin, et surtout, cette hypothèse donne au poème une dimension tragique, du fait que le témoin de la scène est *«La sul-*

tane ». Car la narration fonctionnerait aussi bien si le témoin était, au lieu de cette femme, un pêcheur sur sa barque ou un passant sur la jetée du port. Mais la sultane, c'est la favorite en titre, celle pour laquelle le souverain s'est débarrassé de ses femmes précédentes. Or cette femme est soumise, elle aussi, au bon vouloir de son maître : sa fenêtre est fermée jusqu'à la nuit (cf. vers 2), sans doute est-elle cloîtrée... Du reste, dans une première version du poème, Hugo avait écrit non pas *« la sultane »*, mais *« la captive »*.

On peut alors penser que, un jour ou l'autre, cette sultane sera à son tour supplantée par une nouvelle favorite et finira, elle aussi, dans un « sac pesant ». Aussi la scène terrible à laquelle elle manque d'assister (car les derniers vers, avec le *« On verrait »* nous font penser qu'elle ne voit pas les sacs), semble préfigurer son tragique avenir. Il y a, en somme, une sorte d'éternel recommencement...

D'où, peut-être, la structure cyclique du poème, qui finit comme il a commencé. Sous le silence de la lune éternelle, ce silence indifférent ou complice, une tragédie orientale se répète une fois encore. Et c'est, sous les fenêtres de la sultane, son propre destin qui s'accomplit.

VERS LE COMMENTAIRE COMPOSÉ

« Clair de lune » est, malgré sa brièveté, un poème très riche. Il peut s'étudier sous l'angle strictement technique (car Hugo, avec les *Orientales*, a fait un véritable exercice de style), sous celui des rapports entre poésie et actualité, sous celui de la technique narrative... Au cours de notre commentaire, nous avons voulu éclairer tour à tour ces différents aspects.

Dans la perspective d'un commentaire de type « scolaire », nous conseillons néanmoins de se limiter à une analyse centrée sur le texte. C'est pourquoi nous proposons le plan suivant :

— UNE TRAGÉDIE ORIENTALE.
— LA PROGRESSION DRAMATIQUE.
— UNE ARCHITECTURE SONORE.

74 / *Les premiers recueils*

Nous donnons ci-dessous les principales indications correspondant à chacun de ces axes d'explication, étant entendu que les matériaux nécessaires se trouvent dans l'analyse thématique.

EN INTRODUCTION, on pourra rappeler le contexte historique dans lequel s'inscrit la publication des *Orientales* par le jeune Victor Hugo. Mais il faudra surtout signaler que, pour lui, ces poèmes doivent d'abord être considérés comme une œuvre d'art dont l'Orient n'est que le prétexte.

— PREMIÈRE PARTIE : UNE TRAGÉDIE ORIENTALE

Dans cette première partie, on cherchera à montrer comment Victor Hugo crée à la fois une atmosphère exotique et un sentiment d'horreur et de mystère.

L'atmosphère exotique naît de l'ensemble des termes et des connotations accumulées au cours du texte : la *« sultane »*, le *« vaisseau turc »*, le *« djinn »*... On s'attachera à montrer comment ces termes sont employés de façon naturelle, mettant en place le décor sans que cela paraisse forcé. En particulier, on montrera comment l'évocation de *« la sultane »*, au vers 3, organise la perception de toute la strophe.

Mais cette atmosphère est aussi très présente à la fin du poème. Car le supplice des sacs évoque pour nous, Occidentaux, une forme de cruauté orientale. On pourra revenir, à ce propos, sur l'adjectif *« tartare »* employé au vers 8.

C'est également dans cette dernière strophe que naît le sentiment d'une tragédie. Cela n'est pas dû seulement à la révélation concernant les sacs, mais aussi à l'impression d'indifférence produite par le dernier vers. La reprise du vers d'ouverture, la « sérénité » de la lune, l'emploi d'un verbe à l'imparfait créent un pénible contraste avec l'évocation macabre des vers 18-19.

— SECONDE PARTIE : LA PROGRESSION DRAMATIQUE

On va montrer ici comment le lecteur est amené graduellement à cette vision dramatique évoquée dans la dernière strophe. Pour cela, on mettra d'abord en évidence la structure narrative du texte, puis le jeu des interrogations aux vers 7-13.

Pour ce qui concerne la structure narrative, on pourra reprendre ce que nous disons dans les deux premiers paragraphes de notre analyse thématique. En particulier, on s'intéressera à la construction des vers 1-5 (ce que nous avons appelé un « zoom avant ») et à la façon dont on passe de la description au monologue par le biais du bruit (vers 6).

On analysera ensuite les vers 7-13, en montrant comment leur forme interrogative permet d'accroître la tension dramatique. On soulignera également, dans ce passage, l'introduction du *« djinn »*, élément à la fois folklorique et surnaturel. Puis, on pourra montrer comment les *« sacs pesants »* du vers 17 prennent une dimension inquiétante, grâce à la négation de toutes les explications proposées.

Enfin, il faudra souligner le fait que l'auteur ne nous propose aucune explication, laissant chaque lecteur libre d'imaginer ce qu'il veut. Le poème, une fois la lecture achevée, continue ainsi de vivre en nous.

— TROISIÈME PARTIE : UNE ARCHITECTURE SONORE

Cette dernière partie, plus technique, sera consacrée à l'analyse des rythmes et des sonorités du poème. Cette analyse est justifiée par le fait, rappelé en introduction, que Victor Hugo a cherché avec *Les Orientales* à faire de la poésie pure. Le style y compte donc tout particulièrement.

Sur la manière dont les différents sons interviennent pour tisser dans le poème un véritable réseau, on pourra se reporter directement à l'analyse thématique. Il faudra montrer, en particulier, comment le bruit d'une chute dans la mer, qui intervient au vers 6, sous-tend tout le monologue intérieur, jusqu'au vers 13 avant de se transformer en clapotis dans la dernière partie du poème.

EN CONCLUSION, il serait intéressant de souligner que Victor Hugo, en quelques strophes, a complètement modifié notre perception d'une même phrase. Le premier vers, paisible, devient horrible à la fin du texte. L'auteur, par son imagination et son art, crée un sentiment d'angoisse et de révolte qui est peut-être, dans le contexte politique de l'époque, le plus efficace des plaidoyers.

ŒUVRES VOISINES

A propos de ce poème, on peut évoquer deux types d'œuvres : les « clairs de lune » d'autres auteurs ; et les textes qui, comme celui-ci, provoquent par leur chute inattendue un sentiment d'horreur ou de révolte.

Parmi les seconds, outre *« Demain, dès l'aube... »* (analysé dans cet ouvrage), il nous paraît nécessaire de citer le célèbre sonnet d'Arthur Rimbaud, « Le Dormeur du val », de construction très comparable au texte de Hugo : description d'un décor paisible et « serein », concentration sur un élément de ce décor, surprise finale, et même, par la répétition d'un mot clé, écho entre le premier et le dernier vers.

> « C'est un trou de verdure où chante une rivière,
> Accrochant follement aux herbes des haillons
> D'argent ; où le soleil, de la montagne fière,
> Luit, c'est un petit val qui mousse de rayons.
>
> Un soldat jeune, bouche ouverte, tête nue,
> Et la nuque baignant dans le frais cresson bleu,
> Dort ; il est étendu dans l'herbe, sous la nue,
> Pâle dans son lit vert où la lumière pleut.
>
> Les pieds dans les glaïeuls, il dort. Souriant comme
> Sourirait un enfant malade, il fait un somme :
> Nature, berce-le chaudement : il a froid.
>
> Les parfums ne font pas frissonner sa narine.
> Il dort dans le soleil, la main sur sa poitrine,
> Tranquille. Il a deux trous rouges au côté droit. »

Quant aux poèmes célébrant le clair de lune, nous avons choisi le début de la « Ballade à la lune » que le jeune Alfred de Musset écrivit à vingt ans, en 1830, pour... parodier le style de Victor Hugo :

« C'était dans la nuit brune,
Sur le clocher jauni,
   La lune
Comme un point sur un i.

Lune, quel esprit sombre
Promène au bout d'un fil,
   Dans l'ombre,
Ta face et ton profil ?

Es-tu l'œil du ciel borgne ?
Quel chérubin cafard
   Nous lorgne
Sous ton masque blafard ?
   [...]
Est-ce un ver qui te ronge
Quand ton disque noirci
   S'allonge
En croissant rétréci ?

Qui t'avait éborgnée
L'autre nuit ? T'étais-tu
   Cognée
A quelque arbre pointu ?

Car tu vins, pâle et morne,
Coller sur mes carreaux
   Ta corne
A travers les barreaux. »

Enfin, pour mieux apprécier l'atmosphère orientale telle que les contemporains de Victor Hugo pouvaient se la représenter, on pourra se reporter à certains tableaux d'Ingres, comme *La Grande Odalisque* (1814), *L'Odalisque à l'esclave* (1840) ou *Le Bain turc* (1863), et de Delacroix *(Femmes d'Alger dans leur appartement* - 1834).

2
EXTASE

EXTASE

> Et j'entendis une grande voix.
> *Apocalypse.*

1 J'étais seul près des flots, par une nuit d'étoiles.
Pas un nuage aux cieux, sur les mers pas de voiles.
Mes yeux plongeaient plus loin que le monde réel.
Et les bois, et les monts, et toute la nature,
5 Semblaient interroger dans un confus murmure
    Les flots des mers, les feux du ciel.

Et les étoiles d'or, légions infinies,
A voix haute, à voix basse, avec mille harmonies,
Disaient, en inclinant leurs couronnes de feu ;
10 Et les flots bleus, que rien ne gouverne et n'arrête,
Disaient, en recourbant l'écume de leur crête :
    – C'est le Seigneur, le Seigneur Dieu !

25 novembre 1828.

CONDITIONS DE PUBLICATION

Tout comme « Clair de lune », « Extase » est tiré du recueil *Les Orientales* que Hugo fit paraître en 1829, à l'âge de vingt-sept ans. Célèbre depuis la publication de *Han d'Islande* (1823) et surtout des *Odes et Ballades* (1826), bien vu du pouvoir en place, le jeune auteur semble alors promis à une carrière littéraire aussi brillante que bien tracée.

On pourra se reporter au commentaire de « Clair de lune » pour ce qui concerne l'aspect « oriental » du recueil et ses rapports au contexte historique de l'époque. Ce qu'il faut retenir des *Orientales* à propos de « Extase », c'est qu'à ce moment de sa vie, Hugo est en train de devenir le chef de file du romantisme. Il a su réunir autour de lui un groupe d'artistes, poètes, peintres et sculpteurs qui, l'année suivante, formeront l'avant-garde de la lutte contre les classiques. Il bouleverse, par ses acrobaties lyriques, les règles héritées du XVIIe siècle (voir, au début de ce livre, la partie intitulée « La Révolution Hugo »). Et il adopte une vision romantique de l'art, vision suivant laquelle le poète serait un être à part, une sorte de mage inspiré par les dieux...

Mais en même temps, la maîtrise et le métier de Victor Hugo s'affirment. Au-delà des simples jongleries poétiques, des thèmes font leur apparition que l'on retrouvera tout au long de l'œuvre hugolienne. Écoutons ce qu'en dit André Maurois dans sa biographie *Olympio ou la vie de Victor Hugo* : « *Et peut-être le plus beau de ces chants était-il celui qui arrachait le poète à l'Orient et à l'Occident, au temps et à l'espace* : Extase [...] *Ici naît le Hugo des* Contemplations, *habile, comme Beethoven, à faire monter une idée comme un sentiment vers l'affirmation répétée de l'accord parfait.* »

80 / *Les premiers recueils*

POUR MIEUX COMPRENDRE

Le mot **extase** désigne à l'origine l'état d'une personne transportée hors du monde réel par un sentiment d'ordre religieux. Par extension, il désigne aussi un plaisir très vif ou un sentiment d'admiration provoqués par quelque chose ou quelqu'un.

L'Apocalypse est le récit d'une vision religieuse, écrit par l'apôtre saint Jean vers l'an 95. La « grande voix » dont parle la citation est celle d'un ange messager de la volonté divine. On trouvera davantage de détails sur *L'Apocalypse* dans le commentaire du poème « Mors », également proposé dans cet ouvrage.

MOUVEMENT DU TEXTE

Si « Extase » est un poème relativement court, il n'en est pas moins remarquable par la sûreté de ses effets et la maîtrise dont il témoigne. Le lecteur est pris dans une mécanique à la fois simple et efficace, qui l'amène à ressentir presque naturellement l'expérience religieuse vécue par l'auteur.

Partant d'une description concrète (vers 1-2), Hugo passe graduellement à une rêverie (vers 3-6), puis à une véritable vision (vers 7-12) dans laquelle étoiles et flots prennent conjointement la parole pour louer le Créateur. Le texte s'achève, par un vers répétitif, sur une sorte d'apothéose, une affirmation de la présence de Dieu.

Dieu, réponse absolue

Ce poème évoque une vision mystique, à mi-chemin entre la réalité et le rêve. Hugo se laisse peu à peu envahir par l'inspiration religieuse que lui suggère le spectacle de l'océan et du ciel étoilé. Un effet de **transfiguration** lui fait imaginer que toute la nature pose une question, confuse et informulée, qu'il se pose en fait lui-même. Et cette question informulée trouve sa réponse, à la fois évidente, inexplicable et péremptoire, dans l'affirmation par le ciel et les flots de l'omniprésence ou de la puissance divine. Le dernier vers vient ainsi éclairer la signification de la première strophe, qui évoque une « interrogation » (cf. vers 5) sans en préciser la nature.

Le texte s'articule en fait sur le parallèle entre les immensités de la mer et du ciel. Les deux premiers vers établissent l'équivalence ciel/mer, en particulier par le **chiasme** du second vers. Puis le vers 6 installe le parallèle. Enfin la seconde strophe (jusqu'au vers final), sous la forme d'une **anaphore**, lui est entièrement consacrée. Ciel et mer deviennent ainsi les représentants de l'univers infini et indomptable, cet univers qui, aux yeux du poète, affirme la gloire de Dieu.

Il faut noter que la question posée par *« toute la nature »* est laissée à l'imagination du lecteur. On soupçonne, en lisant le dernier vers, qu'il s'agit d'une interrogation vague et universelle sur la signification du monde, le sens de l'univers ou l'identité du principe créateur de la nature... Mais la force de la réponse vient précisément de l'absence de question précise. Le *« Seigneur Dieu »* apparaît ainsi comme la réponse absolue, la réponse finale à toute interrogation.

On notera au passage la structure du dernier vers : c'est une **gradation**, la répétition du mot *« Seigneur »* permettant un effet de renforcement et la mise en majesté du mot final *« Dieu »* :

« — C'est le <u>Seigneur</u>, le <u>Seigneur</u> Dieu ! »

Avec ce renforcement, on a l'impression que Dieu est le Seigneur par excellence, le seul, le vrai, l'unique... Avant tout, ce texte est un acte de foi, un *Credo* passionné de la part du poète.

Une transfiguration graduelle

Hanté par les préoccupations métaphysiques que lui suggèrent le paysage nocturne qu'il contemple, Hugo transfère graduellement ses propres pensées sur le décor qui l'entoure. La nature, dont la présence gigantesque fait naître les questions du poète, devient alors l'interprète, la messagère de ces questions. Il s'agit là d'un effet de **transfiguration**, effet familier à Hugo.

Le mouvement général du texte traduit bien ce mouvement psychologique. Le premier mot du poème est « je », affirmant nettement que l'auteur parle en son propre nom. Le troisième vers, avec l'expression *« plus loin que le monde réel »*, nous prépare à la description d'une expérience visionnaire. Puis le vers 5 amorce la **personnification** de la nature avec l'expression *« Semblaient interroger »*. Amorce seulement, car le mot *« Semblaient »* indique nettement que le poète parle encore par image, au sens figuré.

La seconde strophe, au contraire, présente sur le mode affirmatif ce dont le poète paraissait douter jusque-là. Aux vers 9 et 11, en effet, il écrit que les étoiles et les flots *« Disaient »*, et non pas « semblaient dire ». La personnification est ainsi achevée... D'autant que les verbes *« inclinant »* et *« recourbant »*, employés aux vers 9 et 11, sont suffisamment ambigus pour suggérer, de la part des flots et des étoiles, un mouvement volontaire de respect ou d'adoration.

Dieu est ainsi présenté dans toute sa gloire, à la fois comme la réponse définitive à toute question et comme une puissance telle que la nature la plus indomptable lui rend spontanément hommage.

La construction du poème

Il faut aussi dire quelques mots sur la structure du poème.

Nous avons déjà montré comment la première strophe prépare à la fois la personnification de la nature et la réponse finale apportée à la strophe suivante. Mais il faut également souligner la mise en relief systématique du dernier vers de chaque strophe, obtenue par la rupture de rythme que provoque l'emploi d'un octosyllabe à la suite d'une série d'alexandrins.

Cette mise en relief s'exerce, bien entendu, sur les éléments principaux du texte. La seconde strophe s'achève sur la réponse mystique suggérée au poète par le ciel et l'océan. Le vers 6, lui, installe le parallèle entre mer et ciel qui sera développé dans la seconde strophe. Il sert donc de transition au poème, annonçant en quelque sorte le thème qui va suivre.

Enfin, il faut remarquer la façon dont le poème s'amplifie à mesure que la réflexion s'élève.

Nous commençons par trois phrases courtes (vers 1, 2 et 3) destinées, si l'on peut dire, à installer le décor et l'action. Ces trois phrases, relativement sèches, sont affirmatives et presque factuelles : *« J'étais »*, *« Pas un... »*, *« Mes yeux plongeaient »*. Puis vient une phrase plus longue, courant sur trois vers (4-6), qui nous fait passer du registre affirmatif à une sorte d'imprécision manifestée par les termes *« Semblaient »* et *« confus »* (vers 5).

Cette imprécision marque en fait une étape dans l'évolution psychologique de l'auteur. Le *« Semblaient interroger »* du vers 5 laisse bientôt place à un *« Disaient »* affirmatif. On est passé du registre factuel des premiers vers à une rêverie vague, puis à une véritable vision mystique. La pensée du poète s'échappe, se développe, survole l'univers... L'auteur entend maintenant parler les étoiles et les flots. Cette dilatation de l'esprit, cette *« Extase »* se traduisent par une phrase longue, ample, couvrant l'intégralité de la deuxième strophe.

L'ouverture de cette quatrième phrase (vers 4-6) est en elle-même intéressante : il s'agit d'une **anaphore**, une répétition de structure, et en même temps d'une **gradation**, puisque l'on passe progressivement du particulier (*« les bois »*) au général (*« toute la nature »*)

« Et les bois, et les monts, et toute la nature, »

L'évocation des *« bois »* fait naître en général des idées de fraîcheur, de complicité avec la nature, en tout cas d'accessibilité. Celle des *« monts »* est plus imposante, suggérant des idées de domination, de difficulté, d'éternité... Enfin, avec *« toute la nature »*, la dimension humaine est totalement dépassée. Ainsi, la gradation du vers 4 nous emmène graduellement en-dehors du monde humain, du *« monde réel »*, pour nous faire accéder à des hauteurs nouvelles. Passant des bois à la nature entière, la vision du poète embrasse, en un vers, le monde tout entier. L'ampleur de la vision accompagne bien celle de la phrase.

Remarquons, pour finir, que le premier mot du texte est « Je » et le dernier *« Dieu »*. Le poème se présente ainsi comme un trajet entre le poète et la divinité. C'est le récit d'une expérience par laquelle l'auteur prend conscience de l'omniprésence divine, par laquelle il est en quelque sorte transporté, enlevé jusqu'à Dieu… On retrouve ainsi le sens originel du mot *« Extase »*, qui désignait chez les chrétiens l'état des mystiques amenés, en esprit, auprès du Créateur.

Ainsi, à partir d'une description purement réaliste (vers 1), Hugo réussit à nous faire partager son exaltation, grâce à une construction parfaitement maîtrisée et à une remarquable combinaison d'effets de style.

QUELQUES THÈMES

Si « Extase » est un texte de jeunesse, on y trouve déjà quelques-uns des thèmes les plus fréquents de l'œuvre de Victor Hugo. Parmi ceux-ci, la conception romantique du poète, le parallèle entre ciel et océan, et une conception animiste de l'univers.

Une posture romantique

Dans ce poème, Hugo se décrit lui-même dans une attitude grandiose : *« J'étais seul près des flots, par une nuit d'étoiles. »* On l'imagine, la nuit, sur la grève, au bord d'une mer agitée. Ou peut-être, debout au bord d'une falaise surplombant l'océan, drapé dans un long vêtement agité par le vent, dans cette position inspirée que nous montrent les photos prises par son fils Charles à Jersey, des années plus tard, vers 1855... Cette solitude physique, cette confrontation avec les éléments, se doublent d'une capacité visionnaire : « *Mes yeux plongeaient plus loin que le monde réel.* » Attitude romantique par excellence...

Qu'appelons-nous, au juste, une « posture romantique » ? Pour l'expliquer, il nous faut faire un peu d'histoire.

Pendant le Moyen Age, le statut de l'artiste ne se distingue pas réellement de celui de l'artisan. Il n'y a pas de différence sociale entre, par exemple, un peintre et un teinturier. A la Renaissance et au XVIe siècle, les artistes sont considérés comme des techniciens : les peintres et les sculpteurs, comme Michel-Ange, Raphaël ou Le Tintoret ont des ateliers dans lesquels leurs élèves travaillent sous la direction du maître, dont ils finissent parfois les œuvres... Ces artistes vivent de commandes ou de pensions, au service de seigneurs et de souverains pour le compte desquels ils réalisent statues, tableaux ou compositions musicales.

Ainsi, du XVIe au XVIIIe siècle, des peintres comme Léonard de Vinci (1452-1519) ou Holbein (1497-1543), des musiciens comme Lully (1632-1687), Haendel (1685-1759) ou Mozart (1756-1791), des auteurs comme Clément Marot (1496-1544), Racine (1639-1699) ou Voltaire (1694-1778) vivront en partie ou totalement de commandes et de subsides royaux. L'art est alors intégré dans la vie sociale et les artistes, s'ils se considèrent comme de meilleurs artisans que les autres, ne se voient pas pour autant comme des êtres à part.

Le **romantisme**, au début du XIXe siècle, marque l'émergence d'une nouvelle conception de l'Art. Les artistes, en particulier les poètes, s'affirment alors comme des êtres d'essence différente du commun des mortels, appelés à vivre plus ou moins en marge de la société. Ils se sentent en communication avec un monde supérieur, privilégiant l'intuition et la sensibilité plutôt que la raison. La création artistique n'est plus vécue comme un travail, mais comme le résultat d'une inspiration surnaturelle réservée à quelques élus. Ainsi Alfred de Vigny, dans *Chatterton* (1835), définira le poète comme celui qui *« lit dans les astres la route que nous montre le doigt du Seigneur. »*

Soulignons tout de même que l'inspiration «divine» n'exclut pas pour autant la maîtrise technique et le travail. Hugo lui-même était un travailleur acharné, revoyant sans cesse ses poèmes et cherchant tous les moyens possibles d'en améliorer les effets.

Du point de vue historique, le romantisme est annoncé en France par Chateaubriand (1768-1848) et Lamartine (1790-1869), en Allemagne par Goethe (1749-1832) et Schiller (1759-1805), en Angleterre par Byron (1788-1824) et Shelley (1792-1822)... Outre la poésie et le théâtre, il inspire la peinture (Delacroix, Géricault...), la musique (Chopin, Berlioz...) et, dans une moindre mesure, la sculpture (Préault, Rude...). Malgré un relatif déclin à partir de 1845, le romantisme marque tout le XIXᵉ siècle, s'exprimant encore chez Baudelaire lorsque, par exemple, celui-ci écrit dans «L'Albatros» :

> **« Le Poëte est semblable au prince des nuées**
> **Qui hante la tempête et se rit de l'archer ;**
> **Exilé sur le sol au milieu des huées,**
> **Ses ailes de géant l'empêchent de marcher. »**

Sur le plan esthétique, le romantisme réhabilitera la nuit et les éléments déchaînés, censés refléter les états d'âme tourmentés des artistes et de la jeunesse. C'est ainsi que, au milieu du XIXᵉ siècle, les Français se passionneront pour Shakespeare, ses landes battues de vent et ses remparts hantés...

Dans «Extase», Victor Hugo se montre parfaitement romantique. Il se dépeint *« seul »*, en marge de la société, face à un océan sans doute tumultueux, puisque «rien ne le gouverne et ne l'arrête» (vers 10). Cette solitude est orgueilleuse, dans la mesure où le premier vers semble mettre sur un pied d'égalité l'auteur et les éléments :

> **« J'étais seul // près des flots, // par une nuit d'étoiles. »**

On a ainsi, dès le début du texte, l'impression d'une situation exceptionnelle, d'une sorte d'accord mystérieux entre le poète et la nature. Cet accord annonce d'ailleurs la transfiguration qui va suivre, lorsque les idées qui agitent l'artiste seront comme exprimées par la nature entière (vers 4-5).

En même temps, Hugo s'affirme comme un voyant dont le regard plongerait dans quelque réalité surhumaine (cf. vers 3). Plus encore, le titre et la citation mise en exergue l'indiquent, il se compare à un prophète ou un apôtre inspiré, comme ce saint Jean dont la vision mystique donna naissance à *L'Apocalypse*.

Cette situation de voyant isolé sera de nombreuses fois évoquée par Hugo, chaque fois à l'occasion d'une sorte de visitation mystique. Ainsi, dans *Les Châtiments*, le poème intitulé « Stella » et daté d'août 1853, décrit une vision assez proche de celle qui fait le sujet de « Extase » :

> « **Je m'étais endormi la nuit près de la grève.**
> **Un vent frais m'éveilla, je sortis de mon rêve,**
> **J'ouvris les yeux, je vis l'étoile du matin, [...]**
> **Et pendant qu'à longs plis l'ombre levait son voile,**
> **J'entendis une voix qui venait de l'étoile ...** »

De même, si l'on en croit Hugo, le long poème métaphysique intitulé « Ce que dit la bouche d'ombre » qui clôt le recueil des *Contemplations*, lui aurait été dicté en 1855 par une « voix », au bord de la mer, près d'un antique dolmen de Jersey :

> « ... **J'errais près du dolmen qui domine Rozel,**
> **A l'endroit où le cap se prolonge en presqu'île.**
> **Le spectre m'attendait; l'être sombre et tranquille**
> **Me prit par les cheveux dans sa main qui grandit,**
> **M'emporta sur le haut du rocher, et me dit : ...** »

Quant à la conception romantique du poète comme individu à part, marqué par le sort, il suffit de citer le début des « Mages » (autre texte des *Contemplations*) pour montrer que Hugo la partage absolument :

> « **Pourquoi donc faites-vous des prêtres**
> **Quand vous en avez parmi vous ?**
> **Les esprits conducteurs des êtres**
> **Portent un signe sombre et doux.**

> **Nous naissons tous ce que nous sommes.**
> **Dieu de ses mains sacre des hommes**
> **Dans les ténèbres des berceaux ;**
> **Son effrayant doigt invisible**
> **Écrit sous leur crâne la bible**
> **Des arbres, des monts et des eaux.**
>
> **Ces hommes, ce sont les poètes ; ... »**

Ainsi, au milieu des acrobaties lyriques et de l'exotisme de fantaisie qui composent *Les Orientales*, « Extase » semble préfigurer l'évolution future de Victor Hugo.

Le parallèle entre ciel et océan

Autre thème récurrent de la poésie hugolienne, le parallèle entre les deux infinis du ciel et de l'océan.

Dans « Extase », ce parallèle a pour fonction de symboliser l'ensemble de l'univers. Le ciel représente l'espace illimité (vers 7 : *« les étoiles d'or, légions infinies »*, vers 8 : *« avec mille harmonies »*) et la mer, la force indomptable de la nature (vers 10 : *« les flots bleus, que rien ne gouverne et n'arrête »*).

Dès le premier vers, le poète met en évidence les *« flots »* et les *« étoiles »*, comme les éléments essentiels du tableau qu'il s'apprête à décrire. Puis, au second vers, un **chiasme** habile permet à Hugo, tout en précisant sa position solitaire, d'affirmer la symétrie du ciel et de l'océan :

« Pas un nuage aux cieux, // sur les mers pas de voiles. »

On remarque d'ailleurs que, pour accentuer cette symétrie, le poète a choisi d'utiliser le pluriel dans les deux cas, évoquant *« les mers »* et non « la mer ». Ce choix permet aussi, par une **hyperbole**, de magnifier la solitude de l'artiste en donnant l'impression qu'il est seul au monde...

L'équivalence entre ciel et mer devient explicite au vers 6, avec un **parallélisme** accentué par la répétition du son « f » et le fait que les deux portions du vers comptent chacune quatre syllabes :

> « Les flots des mers, // les feux du ciel. »

Il n'y a plus cette fois symétrie dans l'emploi des pluriels, peut-être parce que le choix de l'octosyllabe ne l'a pas permis.
En revanche, l'octosyllabe, intervenant à la suite de cinq alexandrins, crée une rupture de rythme qui met le vers en relief. La symétrie mer/ciel est ainsi soulignée, annonçant en quelque sorte le thème développé dans la seconde strophe.

Celle-ci reprend en effet le parallélisme en l'amplifiant sous forme d'**anaphore** : même structure grammaticale, même symétrie du ciel étoilé et des flots :

> « Et les étoiles d'or [...]
> Disaient, en inclinant [...]
> Et les flots bleus [...]
> Disaient, en recourbant... »

Comme nous l'avons déjà indiqué, le mécanisme à l'œuvre ici est une **transfiguration** : le poète, sous le coup de l'inspiration, imagine que l'univers entier clame la réponse qu'il donne en fait lui-même. La *« nature »* interroge (vers 4-5) les flots et le ciel qui, en retour, affirment la présence de Dieu. Il y a une sorte de communion, d'identification entre l'artiste et l'univers qu'il contemple...

Pour bien comprendre ce sentiment, il faut essayer d'imaginer le décor. L'océan, vu de la plage ou d'une falaise, s'étend au loin. Au-dessus, le ciel étoilé couvre tout. Il n'y a *« Pas un nuage »*. A l'horizon nocturne, ciel et mer se rejoignent ; de telle sorte que chacun d'eux paraît être le reflet de l'autre. L'ensemble crée une impression d'infini, d'absolu telle que ce ciel et cet océan paraissent remplir le monde entier.

En jouant sur leur symétrie, Hugo fait du couple ciel-mer le symbole de l'univers, dans ce qu'il a de plus vaste et de plus puissant. Les mots *« inclinant »* et *« recourbant »*, qui suggèrent une action volontaire, viennent alors souligner la puissance de Dieu en montrant que tout l'univers lui rend spontanément hommage.

Victor Hugo emploiera souvent cet effet de symétrie entre ciel nocturne et océan. Ainsi, dans le poème «Oceano nox» (également analysé dans cet ouvrage), on trouve les vers suivants :

«Combien ont disparu, dure et triste fortune,
Dans une mer sans fond, par une nuit sans lune»

De même dans «Les Pauvres gens», poème de *La Légende des Siècles* évoquant le sort des marins-pêcheurs :

«Lui, seul, battu des flots qui toujours se reforment,
Il s'en va dans l'abîme et s'en va dans la nuit.»

ou dans cette description de villes colossales, que l'on trouve dans «La Pente de la rêverie» (du recueil *Les Feuilles d'automne*) :

«... [des villes]
Pleines d'entassements, de tours, de pyramides,
Baignant leurs pieds aux mers, leur tête aux cieux humides»

ou encore dans «Le Chant de ceux qui s'en vont sur mer», dans *Les Châtiments* :

«Notre œil que voile un deuil futur
Va du flot sombre au ciel obscur.»

Inutile de multiplier les exemples... Le parallèle entre les deux infinis de la mer et du ciel fait véritablement partie de l'imagerie hugolienne ; une imagerie dont des poèmes comme «Extase» marquent les débuts.

Une conception animiste

On appelle « animisme » la tendance à considérer les objets comme des êtres, en leur prêtant une conscience, une volonté ou même une activité. Il ne s'agit pas d'un effet rhétorique de personnification, mais d'une véritable croyance : celle qui paraît s'exprimer chez Lamartine lorsqu'il s'écrie dans « Milly ou la terre natale » :

> « Objets inanimés, avez-vous donc une âme ? »

ou, de façon encore plus mystique, chez Gérard de Nerval (1808-1855) dans ses « Vers dorés » :

> « Chaque fleur est une âme à la Nature éclose ;
> Un mystère d'amour dans le métal repose :
> Tout est sensible ; »

Cette tendance intellectuelle était très forte chez Victor Hugo, puisqu'elle devint même, avec la doctrine de la métempsycose, un élément fondamental de sa conception religieuse (sur ce point particulier, nous renvoyons aux commentaires des poèmes *« Demain, dès l'aube... »* et « Mors » que nous proposons plus loin). Les passages de ses œuvres sont très nombreux à affirmer une vie mystérieuse des objets, comme par exemple ces vers composés « dans un demi-sommeil » et qui, daté de 1854, seront repris dans *Océan* :

> « Il est nuit. Tout se tait. Les formes des ténèbres
> Vont et viennent autour des endormis gisants.
> Pendant que je deviens une chose, je sens
> Les choses près de moi qui deviennent des êtres,
> Mon mur est une face et voit ; mes deux fenêtres,
> Blêmes sur le ciel gris, me regardent dormir. »

ou ceux-ci, extraits de « Ce que dit la bouche d'ombre » (1855) et publiés dans *Les Contemplations* :

> « ... Homme ! autour de toi la création rêve.
> Mille êtres inconnus t'entourent dans ton mur.
> Tu vas, tu viens, tu dors sous leur regard obscur,
> Et tu ne les sens pas vivre autour de ta vie. [...]
> Ce que tu nommes chose, objet, nature morte,
> Sait, pense, écoute, entend. »

Dans « Extase », c'est à toute la nature, et plus particulièrement à l'océan et aux étoiles, que Hugo donne voix et vie.

Debout dans la nuit, le poète admire la mer et le ciel nocturne. Confronté à ce double infini, Hugo ressent un mélange d'admiration et de vulnérabilité. Il est amené à s'interroger sur la signification du monde, à se poser la question fondamentale de la métaphysique : « Pourquoi y a-t-il quelque chose plutôt que rien ? »

La **personnification** des « bois et des monts » aux vers 4-5 est la conséquence de cet état d'esprit. Ces vers traduisent la réflexion intérieure de Victor Hugo, qui projette sur le monde extérieur ses propres préoccupations. Le poète s'interroge à propos de la nature, et traduit cela en écrivant que « toute la nature semblait interroger... »

Dans la seconde strophe, le mouvement de transfiguration se poursuit jusqu'au point où l'océan et les cieux parlent véritablement. « L'Extase » hugolienne atteint alors son sommet : c'est l'affirmation péremptoire de la présence divine par la Création elle-même.

Le mécanisme n'est donc pas exactement le même qu'aux vers précédents. La *question* informulée que se pose Hugo lui semblait être posée par la nature environnante ; mais la *réponse* lui est donnée directement par la mer et le ciel. Cette fois, c'est bien l'univers qui parle au poète, dans une sorte de vision mystique. Les éléments répondent, animés d'une vie propre.

Ainsi, « Extase » annonce déjà le rapport futur de Victor Hugo aux choses et à la nature. L'univers, issu de Dieu au même titre que l'homme, a une connaissance intime des mystères divins. Les poètes, êtres voyants et hypersensibles, ont pour mission d'écouter le message des choses et de le révéler aux autres hommes. Et pour qui sait entendre, tout manifeste la présence de la divinité.

VERS LE COMMENTAIRE COMPOSÉ

L'intérêt de ce texte est autant dans sa composition que dans les prises de position qu'il paraît préfigurer. Aussi nous proposons deux plans de commentaire, le premier centré sur le poème lui-même, le second davantage ouvert sur l'histoire de la littérature française.

Le premier commentaire s'intéressera essentiellement au mouvement du texte et à la façon dont sont traités le mécanisme de transfiguration et le parallèle ciel/mer. D'où le plan suivant :
— UNE EXPÉRIENCE MYSTIQUE.
— LA TRANSFIGURATION DU DÉCOR.
— ENTRE DEUX INFINIS.

La première partie rappellera que le poème prétend décrire une expérience exceptionnelle, de nature religieuse, et soulignera les éléments qui vont dans ce sens : signification du titre et de la citation de *L'Apocalypse*, majesté de la posture de l'artiste *(« seul, près des flots […] »)*, construction du dernier vers.

La seconde partie montrera comment le texte s'articule suivant un passage progressif de la réalité objective (vers 1-2) à une véritable vision, ce passage étant marqué par les vers 3 *(« plus loin que le monde réel »)* et 5 *(« semblaient interroger »)*.

Enfin, la troisième partie montrera comment le ciel et l'océan sont progressivement mis en parallèle depuis le vers 1 jusqu'à la seconde strophe, par un jeu de chiasmes et d'anaphores, pour symboliser finalement la puissance et l'étendue de la Création tout entière.

Le second commentaire s'intéresse davantage aux thèmes hugoliens déjà présents dans « Extase », ce qui donne comme plan :
— LE MÉCANISME D'UNE VISION.
— UNE POSTURE ROMANTIQUE.
— LE DIALOGUE AVEC LES CHOSES.

La première partie montrera le mouvement général du texte,

en insistant sur sa valeur religieuse et sur le passage du réel au visionnaire. La mention de cet aspect «visionnaire» de Hugo servira de transition à la seconde partie, consacrée aux aspects romantiques du texte. Puis, du romantisme, on passera au mysticisme, en montrant dans la dernière partie comment la fin de «Extase» semble annoncer les futures conceptions métaphysiques de l'auteur.

Les éléments nécessaires à ces deux commentaires sont présents dans les différentes parties de notre analyse.

On aura soin, dans l'INTRODUCTION, de bien situer «Extase» dans la vie et l'œuvre de Victor Hugo, et de souligner son caractère un peu à part dans le recueil des *Orientales*.

ŒUVRES VOISINES

Dans la mesure où «Extase» annonce quelques grands thèmes hugoliens, plusieurs poèmes de Victor Hugo peuvent être rapprochés de ce texte. Nous nous bornerons à rappeler ceux que nous avons déjà cités, «Stella» (dans *Les Châtiments*) et «Ce que dit la bouche d'ombre» (dans *Les Contemplations*), en encourageant simplement le lecteur à «aller y voir lui-même».

Sur le mécanisme de la transfiguration progressive du décor, on pourra se reporter à l'analyse que nous proposons, dans cet ouvrage, du poème «Saison des semailles, le soir».

Il pourrait être intéressant d'évoquer, au sujet de «Extase», quelques cas célèbres d'expérience mystique.

Citons par exemple le philosophe et mathématicien Blaise Pascal, qui vécut dans la nuit du 23 novembre 1654 une crise dont il a laissé, dans son «Mémorial», un curieux témoignage :

« ... Depuis environ 10 heures et demie du soir
jusques environ minuit et demi,

FEU,

« Dieu d'Abraham, Dieu d'Isaac, Dieu de Jacob »
non des philosophes et des savants.
Certitude. Certitude. Sentiment. Joie. Paix. [...]
Joie, joie, joie, pleurs de joie. »

Notons au passage que le texte de Victor Hugo est daté du 25 novembre, soit à deux jours près l'anniversaire de la vision pascalienne.

Autres cas fameux d'expériences mystiques : celle de l'écrivain Paul Claudel (1868-1955) qui, élevé dans un milieu matérialiste, reçut la révélation de la foi catholique lors d'une visite de l'église Notre-Dame de Paris, le 25 décembre 1886 ; et celle, similaire, que l'essayiste contemporain André Frossard a vécue en 1933 et rapportée dans son témoignage *Dieu existe, je l'ai rencontré* (Fayard - 1969).

3
SOLEILS COUCHANTS

SOLEILS COUCHANTS - VI

1 Le soleil s'est couché ce soir dans les nuées.
  Demain viendra l'orage, et le soir, et la nuit ;
  Puis l'aube, et ses clartés de vapeurs obstruées ;
  Puis les nuits, puis les jours, pas du temps qui s'enfuit !

5 Tous ces jours passeront ; ils passeront en foule
  Sur la face des mers, sur la face des monts,
  Sur les fleuves d'argent, sur les forêts où roule
  Comme un hymne confus des morts que nous aimons.

  Et la face des eaux, et le front des montagnes,
10 Ridés et non vieillis, et les bois toujours verts
  S'iront rajeunissant ; le fleuve des campagnes
  Prendra sans cesse aux monts le flot qu'il donne aux mers.

  Mais moi, sous chaque jour courbant plus bas ma tête,
  Je passe, et, refroidi sous ce soleil joyeux,
15 Je m'en irai bientôt, au milieu de la fête,
  Sans que rien manque au monde, immense et radieux !

                                              22 avril 1829.

CONDITIONS DE PUBLICATION

Ce poème est le dernier d'un groupe de six pièces publiées, sous le titre général de « Soleils couchants », dans les *Feuilles d'Automne*.

Ce recueil paraît en 1831. Victor Hugo a alors vingt-neuf ans ; il est au sommet de la gloire. *Les Orientales* ont connu le succès, son roman *Notre-Dame de Paris* a été salué comme un chef-d'œuvre et surtout sa pièce *Hernani*, aux représentations tumultueuses, a fait de lui le chef de file reconnu des auteurs romantiques.

Mais cet homme adulé est un homme blessé. Il a découvert depuis peu la liaison de sa femme Adèle et de son plus cher ami, Sainte-Beuve. Cette trahison a fortement touché Hugo, qui trouvait dans sa vie familiale un réconfort et une paix essentiels à son équilibre. Quelque chose en lui s'est cassé, comme le montre la préface des *Feuilles d'Automne*, dans laquelle il annonce « *un regard mélancolique et résigné, jeté çà et là sur ce qui est, surtout sur ce qui a été.* » Issu de la même inspiration triste et résignée, le recueil suivant sera intitulé *Les Chants du Crépuscule*.

André Maurois, biographe compréhensif de Victor Hugo, écrit à propos des *Feuilles d'Automne* les lignes suivantes : « *Sentir comme tout le monde et exprimer mieux que tout le monde, voilà ce que voulait maintenant Hugo. Il y réussissait. On trouvait, dans* Les Feuilles d'Automne, *les plus beaux poèmes qui eussent été écrits sur les enfants, sur la charité, sur la famille.* […] *La mélancolie résignée dont est imprégnée tout le recueil surprit et toucha les lecteurs de 1831.* […] *Eh ! quoi ? pense-t-on. Il n'a pas trente ans et ses rêveries sont funèbres ?* » Un jugement qui, on va le voir, prend tout son sens avec ces « Soleils couchants ».

MOUVEMENT DU TEXTE

Ce court poème en alexandrins est construit sur une antithèse, ce qui n'a rien pour nous étonner quand il s'agit de Victor Hugo.

Le premier terme de l'antithèse est constitué par les trois premières strophes, consacrées pour l'essentiel à une description de la nature ; le second correspond à la dernière strophe, dans laquelle Hugo évoque son destin de mortel. Entre ces deux parties, l'expression *« Mais moi »* articule l'opposition : alors que la nature se renouvelle sans cesse, l'être humain est promis à la disparition.

La structure du poème pourrait ainsi se résumer par le schéma suivant :

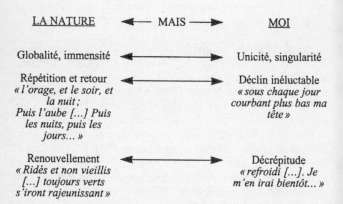

Le poème, malgré ce que pourrait laisser croire son titre, n'est donc pas une description. Le coucher du soleil y sert de prétexte, de déclencheur, pour une méditation douce-amère sur les thèmes de la fuite du temps et de la condition humaine.

On notera de prime abord le ton ample et solennel, produit par l'emploi de phrases longues qu'entrecoupent de fréquentes pauses (énumérations dans la première strophe, répétitions et parallélismes dans les deux suivantes...). Ces répétitions et ces parallélismes, accentués par la reprise à la troisième strophe des termes de la seconde *(« face », « monts », « fleuves »...)* font ainsi sentir la gravité un peu lasse de la méditation, et la régularité des jours qui se succèdent tandis que le temps s'enfuit.

Le mouvement de la pensée

Dans un premier temps, correspondant au premier vers, Victor Hugo nous livre un simple constat, une observation assez imprécise : le soleil vient de se coucher. Pas de description fouillée ; seule l'expression *« dans les nuées »* vient caractériser ce coucher de soleil en nous laissant imaginer un ciel nuageux.

Avec les trois vers suivants, le poète nous fait passer graduellement de l'état du soleil à une méditation sur la fuite des jours.

Les *« nuées »* évoquées au premier vers mènent la pensée du narrateur vers l'orage qu'elles semblent annoncer pour le lendemain (vers 2). Cette idée de lendemain se prolonge par l'évocation de la journée et de la soirée à venir, puis des jours qui les suivront, pour se clore par la **métaphore** du vers 4 : *« pas du temps qui s'enfuit »*. Les jours et les nuits sont autant de pas rythmant la marche du temps qui s'échappe... Le mot *« s'enfuit »* introduit une idée de fugacité, comme si le temps allait trop vite. C'est donc vers la brièveté de la vie que la réflexion — ou plutôt la rêverie — s'oriente.

Ce qui nous place dans le registre de la rêverie, c'est le verbe *« viendra »* au second vers. Ce verbe est au singulier ; il a donc normalement pour sujet le seul mot *« orage »*. Or, toute une énumération vient s'ajouter à cet *« orage »*. On a donc l'impression que les mots qui composent cette énumération *(« soir », « nuit », « aube », « nuits », « jours »)* n'étaient pas prévus par le poète lorsqu'il a commencé sa phrase ; que la pensée dérive et suit son chemin d'elle-même...

Le vers 5 résume sur le mode affirmatif l'évocation de la première strophe. Mais il introduit également le second mouvement du poème. La rêverie sur la fuite du temps se précise, faisant intervenir la nature (vers 6-7). A cette évocation de la nature se mêle le souvenir des *« morts que nous aimons »* (vers 8). Il y a donc, dans cette seconde strophe, l'amorce d'une antithèse entre les conditions inégales de la nature et de l'homme devant le temps qui passe.

Cette antithèse se manifeste dans la troisième strophe. Victor Hugo semble s'y consacrer à une description de la nature (les eaux, les montagnes, les bois...). Mais en fait, il oppose par des termes bien choisis l'avenir de la nature et celui des êtres humains.
    Les expressions *« Ridés et non vieillis »* (vers 10) et *« S'iront rajeunissant »* (vers 11) insistent sur la permanence et l'éternelle jeunesse de la nature. Les adverbes *« toujours »* (vers 10) et *« sans cesse »* (vers 12), de façon plus discrète, viennent renforcer cette idée. Mais en même temps, ces termes suggèrent une comparaison entre nature et homme. En particulier, la formule *« Ridés et non vieillis »* est en elle-même comparative : l'homme vieillit, les montagnes se rident...

La dernière strophe exprime complètement l'antithèse et fournit, en quelque sorte, la morale de la méditation. L'abrupt *« Mais moi »* qui ouvre le vers 13 marque une rupture, une opposition entre tout ce qui précède et ce qui va suivre. Il semble presque que le poète cède à l'amertume, voire à un mouvement d'humeur.
    C'est que la comparaison, implicite dans la troisième strophe, est maintenant clairement énoncée. Face à cette nature sur laquelle le temps semble n'avoir aucune prise, Hugo ressent douloureusement sa condition mortelle, transitoire... *« Je passe »*, constate-t-il au vers 14, avec peut-être une impression d'injustice que semble traduire l'antithèse « refroidi/joyeux ».

Enfin les vers 15 et 16 introduisent deux idées nouvelles, qui complètent la méditation et la rendent plus amère encore.

La première de ces idées est exprimée par la fin du vers 15, avec la formule *« au milieu de la fête »*. Il s'agit bien sûr d'une métaphore : le poète compare le monde à un endroit joyeux, qu'il lui faudra quitter contre son gré. Image classique, mais qui accentue le sentiment d'injustice esquissé aux vers précédents. Il faudra partir avant la fin : il faudra partir alors que les autres continueront à s'amuser...

La seconde idée se manifeste par les mots *« Sans que rien manque au monde »*. A l'échelle du monde, de la nature, un homme de plus ou de moins n'a certes pas beaucoup d'importance... Mais Hugo, passablement orgueilleux, avait une assez haute opinion de sa mission de poète et de son rôle social. L'affirmation que sa disparition ne privera pas le monde nous apparaît alors comme l'expression d'un moment de découragement, de désillusion.

Ainsi, au long de ces quelques vers, nous suivons la pente de la rêverie hugolienne. Parti d'une contemplation vespérale, le poète en arrive à une réflexion douloureuse sur sa situation de mortel et (peut-être) d'artiste voué à l'oubli.

L'espace et le temps

Le texte est donc fondé sur une antithèse entre les conditions inégales de l'homme et de la nature face à la fuite du temps. Cette antithèse est parfaitement soutenue par le déploiement de la description, d'abord dans le temps puis dans l'espace.

La première strophe nous offre un déploiement graduel du temps. La contemplation du soleil couchant amène le poète à évoquer la journée du lendemain. Or cette journée, qui fait l'objet de tout le second vers, se décompose en trois moments : *« orage »*, *« soir »* et *« nuit »*. On est passé insensiblement, comme en suivant la dérive de la pensée, d'un temps « météorologique » introduit par les *« nuées »* à un temps chronologique... La répétition des *« et »* scande ce début d'énumération, semblant mettre sur un même plan l'orage et la nuit afin d'atténuer encore le glissement d'un registre à l'autre.

Le vers 3 nous fait passer à la journée du surlendemain. On note que le *« et »* laisse la place à un *« Puis »*, qui suggère davantage l'idée de succession temporelle. Cette troisième journée est évoquée par son début, *« l'aube »*, dont les *« vapeurs »* semblent faire écho aux *« nuées »* du premier vers. Ainsi, sans créer d'opposition, Hugo « ouvre » en quelque sorte la troisième journée alors qu'il « fermait » la première, évoquée par le coucher de soleil.

Le quatrième vers poursuit cette énumération, toujours à l'aide de l'adverbe *« Puis »*, mais cette fois en employant le pluriel. De l'aube du troisième jour, nous sommes passés à une quantité indéterminée : *« les nuits »*, *« les jours »*... Le parallélisme en début de vers accentue l'impression de succession infinie que ce pluriel suggère.

Ainsi, en quelques lignes, Hugo nous fait passer d'un moment particulier (le coucher de soleil) et d'une prévision (l'orage) à l'évocation de la fuite des jours. Il y a bien dans cette première strophe un véritable déploiement du temps.

On remarque d'ailleurs que, au long des vers 2-4, les différents éléments cités, séparés par *« et »* ou *« puis »*, s'ajoutent les uns aux autres comme les fractions du temps. La strophe découpe le temps en morceaux successifs, ce qui prépare et justifie la métaphore finale des *« pas »*. Et bien sûr, il n'est pas indifférent que le dernier mot de cette première strophe soit *« s'enfuit »*.

Enfin, le vers 5 résume ce mouvement d'expansion avec la formule *« Tous ces jours »*. Ici, le mot « jour » ne désigne plus la période opposée à la nuit, mais l'unité complète de vingt-quatre heures. Le découpage suggéré par cette formule est donc plus large que celui du vers 4. On est dans la multiplicité, dans l'indénombrable, comme le confirme à la fin du vers l'expression *« en foule »*.

Symétriquement à cette expansion du temps, les seconde et troisième strophes nous proposent une expansion de l'espace. Victor Hugo décrit en effet la nature par des termes très généraux : *« mers »*, *« monts »*, *« fleuves »*, forêts »*... De plus, ces termes sont mis au pluriel, ce qui accentuent encore l'idée de généralité et, de ce fait, l'impression d'amplitude, d'envergure infinie que crée l'énumération.

Notons aussi que les termes employés désignent des objets grands ou étendus, comme les mers ou les forêts. On dirait que le poète cherche, en quelques mots, à englober la totalité de la nature.

Cette impression se trouve confirmée dans la troisième strophe lorsque le poète, non content de reprendre les objets déjà cités, leur ajoute les *« campagnes »*, une autre vaste étendue. Cet objet nouveau permet d'ailleurs à Hugo d'unifier les divers éléments de sa description au sein d'une seule phrase (vers 11-12), achevant ainsi le mouvement commencé au vers 6.

De plus, cette troisième strophe réalise en quelque sorte la synthèse des deux premières. Les vers 2-5 étaient consacrés au temps, les vers 6-7 à l'espace. Mais la troisième strophe mêle l'évocation de paysages naturels à des considérations temporelles : *« non vieillis »*, *« toujours verts »*, *« s'iront rajeunissant »*, *« Prendra sans cesse »*... Les deux infinis du temps et de l'espace se trouvent ainsi réunis dans la méditation du poète.

Cette rencontre du temps et de l'espace, ou plus exactement des espaces naturels, amène Victor Hugo à un constat classique : celui de la pérennité de la nature, de son éternelle jeunesse.

Ce constat s'exprime ici sous deux formes particulièrement heureuses. C'est d'abord, au vers 11, l'expression *« s'iront rajeunissant »*, forme progressive assez inhabituelle dans laquelle on pourrait retrouver des accents de Ronsard ou de Du Bellay. C'est ensuite, aux vers 11-12, la description harmonieuse du mouvement cyclique, perpétuel, de l'eau qui, éternellement, descend des montagnes pour couler vers la mer. On note d'ailleurs l'emploi du singulier (*« le fleuve des campagnes »*, *« le flot »*) : Hugo parle ici de l'Eau, symbole de la vie, unique à travers ses diverses manifestations.

On constate ainsi que la description du fleuve aux vers 11-12 unifie non seulement les différents objets naturels décrits précédemment (*« monts »*, *« mers »*, *« fleuves »*), mais aussi les deux notions d'espace et de temps. Elle représente à la fois la conclusion et la synthèse des évocations, des énumérations qui composent le début du poème. L'opposition ouvrant la quatrième strophe *(« Mais moi »)* prend donc toute sa force lorsqu'elle suit cette dernière description.

L'homme et la nature

La quatrième strophe, on l'a dit, oppose à tout ce qui précède la condition triste de l'homme que le temps mène vers la mort. Victor Hugo s'implique personnellement dans la réflexion : il dit *« moi »* et ne s'intéresse qu'à son propre cas. L'opposition est ainsi exacerbée, la condition de la nature tout entière (vers 11-12) se trouvant comparée à celle d'un seul individu.

Hugo évoque avec insistance les effets de l'âge (*« courbant plus bas ma tête »*) et songe avec nostalgie au moment où il lui faudra disparaître. Le verbe *« courbant »*, au participe présent, renvoie directement au *« S'iront rajeunissant »* du vers 11. Les expressions employées dans cette quatrième strophe suggèrent une différence irréductible entre l'homme et la nature. Ce sont par exemple le *« Mais »* qui ouvre la strophe par une idée d'opposition ; l'antithèse du vers 14 entre les mots *« refroidi »* et *« joyeux »* ; ou l'évocation finale, pleine d'amertume, du monde *« immense et radieux »*, qui vient compléter la métaphore de la *« fête »* au vers 15.

Mais à y bien regarder, cette opposition entre homme et nature est présente tout au long du poème.

La première mention de la condition humaine apparaît au vers 8, avec ces *« morts que nous aimons »*. Dans le cours de sa rêverie, le poète ressent le bruissement de la forêt comme un chant, un *« hymne »* funèbre. Notons que Hugo ne pense pas encore à lui : l'évocation se borne aux parents et amis défunts, et il dit encore *« nous »* plutôt que *« moi »*. Mais la notion de mort est bien présente, ainsi que l'opposition émergente entre des aimés disparus et une nature (monts, fleuves, forêts…) qui leur survit.

De plus, dès le vers 6, Hugo personnifie mers et montagnes en parlant de leur *« face »*. Ce procédé se répète et se précise aux vers 9-10, dans lesquels les montagnes sont dotées d'un *« front »*, tandis que les faces se « rident ». La nature acquiert ainsi un visage, visage éternellement jeune puisque « ridé et non vieilli ». Il y a donc bien opposition implicite (car elle n'est pas clairement énoncée) entre ce visage perpétuellement renouvelé de la nature et celui de l'homme.

On note aussi que le mot *« jour »*, dans le vers 13, fait écho aux *« jours »* du vers 5. Les seconds « passent sur la face des mers et des monts » sans leur faire le moindre dommage, alors que sous les mêmes coups le poète sent sa tête « se courber ». La répétition, par l'écho qu'elle provoque entre les vers 5 et 13, est un autre moyen de marquer l'opposition entre homme et nature.

Enfin, on remarquera que, de façon assez subtile, Victor Hugo applique à l'homme et à la nature des termes identiques, mais dont le sens est modifié par le contexte. Il réussit de cette façon à renforcer l'opposition par des répétitions.

C'est ainsi que, outre la répétition déjà signalée du mot *« jour »* aux vers 5 et 13, on peut noter les répétitions « passeront/passe » aux vers 5 et 14, et « iront/irai » aux vers 11 et 15.

La première répétition joue sur les connotations du mot « passer ». Appliqué à un humain, il évoque une idée de fugacité et d'insignifiance (on parle d'un « passant »), mais aussi de mort (« passer » est synonyme de « décéder »). A l'inverse, les seconde et troisième strophes nous ont rappelé que les jours « passant » sur la nature ne l'affectent pas, puisqu'ils *« s'iront rajeunissant »*. Le même mot sert donc bien à manifester une opposition entre homme et nature.

La seconde répétition joue sur les significations de « aller » (auxiliaire de la forme progressive) et « s'en aller ». Les montagnes et les forêts *« s'iront rajeunissant »*, l'homme « s'en ira » tout court... Ici, les valeurs opposées d'un même mot viennent renforcer l'impression d'amertume créée par les derniers vers du poème.

Peut-être y a-t-il la même intention dans une dernière répétition, l'évocation de ce *« soleil joyeux »* qui peut rappeler le « soleil couchant » du titre et du premier vers. Car c'est du soleil qu'est partie toute la méditation ; et c'est sur le soleil qu'elle se clôt, avec le vers 14 et l'adjectif *« radieux »*, traditionnellement attaché à l'astre du jour.

Le soleil, s'il disparaît chaque soir, est destiné à renaître chaque matin pour une quasi-éternité. Il peut donc être *« joyeux »*, sûr de sa résurrection. Tel n'est pas le cas de Victor Hugo, artiste amer et déçu qui, l'espace d'un soir, ressent le découragement et, après avoir brillé aux yeux du public et des confrères, semble douter de son œuvre comme de son avenir...

LECTURE SUIVIE

Il s'agit d'un poème à la tonalité un peu solennelle, d'une méditation sur un sujet grave et attristant. Cette gravité sera produite par des phrases longues marquées de nombreuses pauses, par l'emploi de fréquentes reprises (répétitions et parallélismes) et, bien sûr, par le recours à l'alexandrin.

« Le soleil s'est couché ce soir dans les nuées. »

Cette phrase d'introduction se caractérise par sa simplicité et sa brièveté. On note toutefois son rythme grave et presque pesant, dû au découpage du vers en quatre segments :

« Le so̲leil // s'est couché // ce soir // dans les nuées. »

On note aussi les allitérations en « s » des trois premiers segments, qui hachent le vers et permettent, par contraste, d'en faire résonner la fin, de la prolonger pour mieux faire sentir la continuation de la réflexion.

**« Demain viendra l'orage, et le soir, et la nuit ;
Puis l'aube, et ses clartés de vapeurs obstruées ;
Puis les nuits, puis les jours, pas du temps qui s'enfuit ! »**

Après une première phrase courte, une seconde, ample et grave, qui semble se poursuivre au fil d'une méditation.

On a déjà signalé l'effet de rêverie, de dérive, produit par la longue énumération qui suit un verbe au singulier. Mais il faut souligner la façon dont ces vers sont composés de membres courts présentant la même structure : *« et le soir »*, *« et la nuit »*, *« Puis l'aube »*, *« Puis les nuits »*... Ce **parallélisme** permet de faire sentir la succession des moments, qui semblent tomber les uns après les autres ou se succéder comme des *« pas »*.

Le mot *« et »* est employé pour la journée du lendemain ; le mot *« puis »* pour les autres jours. Les évocations de la seconde et de la troisième journées (vers 2 et 3) sont marquées par des points-virgules, qui signalent des pauses plus longues que les virgules. Ces deux procédés permettent à Hugo de bien faire sentir le découpage du temps.

Le passage du singulier au pluriel entre les vers 3 et 4 fait sentir la différence entre une aube particulière (caractérisée par une notation évocatrice, ces *« clartés de vapeurs obstruées »*) et la généralité des jours et des nuits qui suivront. La fuite du temps est ainsi suggérée, avant même que le poète ne l'exprime clairement à la fin du vers 4.

> *« Tous ces jours passeront ; ils passeront en foule*
> *Sur la face des mers, sur la face des monts,*
> *Sur les fleuves d'argent, sur les forêts... »*

Dans la seconde strophe, Victor Hugo réaffirme la fuite du temps en insistant sur la multiplicité des jours *(« Tous »*, *« en foule »)*, avant d'entamer un mouvement large d'évocation de la nature.

Ces trois vers sont caractérisés par les répétitions des mots *« passeront »* et *« face »*, ainsi que par le parallélisme constitué par l'emploi réitéré de la structure *« sur la... »* ou *« sur les... »*. L'effet obtenu est une double impression de gravité et de régularité. La succession des jours est ainsi exprimée par la structure même de la strophe, tandis que la pensée semble procéder par accumulation.

On notera que chaque nouvel élément est marqué par un début en « f ». Ainsi, la suite des mots *« foule »*, *« face »*, *« fleuve »* et *« forêts »* est scandée par le même son, ce qui accentue encore l'effet créé par le parallélisme et les répétitions.

> « ... sur les forêts où roule
> Comme un hymne confus des morts que nous aimons. »

A la description de la nature vient se mêler, l'espace d'un vers, l'idée de la mort. Hugo croit entendre un *« hymne »* dans le bruissement des feuilles, et l'adresse au souvenir des aimés disparus. L'opposition entre les conditions de la nature et des hommes est ainsi introduite, sans insistance, avant de se développer dans la suite du poème.

On remarque l'imprécision voulue de l'image, soulignée par l'adjectif *« confus »* et surtout par ce *« comme »*, qui tempère l'affirmation.

Du point de vue du rythme, on note que la phrase est empreinte d'une certaine solennité, grâce à des mots comme *« roule »*, *« hymne »* ou *« morts »*. De plus, les allitérations en «m» qui la sous-tendent font entendre, à la lecture, ce murmure sourd de la forêt que décrit le poète :

> « **Com**me un hy**mn**e confus des **m**orts que nous ai**m**ons. »

Enfin, ce dernier vers met fin au parallélisme développé dans les deux précédents, élargissant ainsi la strophe et ouvrant le texte vers une idée nouvelle.

> « Et la face des eaux, et le front des montagnes,
>   Ridés et non vieillis, et les bois toujours verts
>   S'iront rajeunissant ; »

Cette troisième strophe, en continuant l'évocation de paysages naturels, y mêle les considérations temporelles du début du poème.

La structure de la strophe semble copier celle de la strophe précédente. On retrouve le parallélisme (*« Et la... »*, *« et le... »*, *« et les... »*) et l'énumération, les éléments cités suivant à peu près le même ordre. La gravité, la régularité restent de mise.

Hugo introduit pourtant quelques éléments nouveaux.

C'est d'abord le *« front »* des montagnes qui, uni à la *« face »*, achève de dessiner un visage. La nature est ainsi personnifiée, ce qui permet d'introduire, avec la formule *« Ridés et non vieillis »*, une comparaison implicite avec le visage de l'homme. Remarquons d'ailleurs comment cette formule, grâce au rejet en début de vers 10, se trouve mise en relief.

C'est ensuite la mention de la couleur des bois, *« toujours verts »*. Plus qu'une précision visuelle, la couleur vaut ici comme symbole de fraîcheur, de renouveau... Ces forêts qui chantaient un *« hymne »* aux morts sont en pleine jeunesse, ainsi que le souligne l'adverbe *« toujours »*. L'opposition entre homme et nature est, là encore, fortement suggérée.

Cette opposition devient encore plus nette avec l'expression *« s'iront rajeunissant »*, que sa tournure inhabituelle et le rejet en début de vers 11 font fortement ressortir.

Ce verbe à la forme progressive a une double valeur. D'une part, étant au futur, il sonne comme le constat d'un événement inévitable, incontestable. Il prépare donc le sentiment d'amertume qui naîtra lorsque la comparaison avec la condition humaine sera explicitée. D'autre part, la tournure désuète de l'expression rappelle les auteurs du XVIᵉ siècle, et en particulier Ronsard, qui ont souvent traité ce sujet de la nature éternelle (voir la partie « Œuvres voisines »). On peut donc voir dans cette tournure autant une réminiscence qu'un hommage aux vieux maîtres...

**« ... le fleuve des campagnes
Prendra sans cesse aux monts le flot qu'il donne aux mers. »**

Pour illustrer l'éternel recommencement de la nature, l'auteur choisit de décrire le cycle de l'eau. Il s'agit d'une image assez classique (voir le poème de Ronsard que nous citons à la fin de cette analyse) mais néanmoins fort bienvenue ici. On notera l'emploi du singulier pour parler de l'eau, considérée comme une entité unique.

Cette description unifie, en une seule phrase, les éléments qui ont composé jusqu'à présent le poème.

On y retrouve en effet les diverses étendues par lesquelles Hugo a représenté la nature : fleuve, monts, mers... Seules les *« forêts »* sont absentes, remplacées ici par les *« campagnes »*. Mais on y retrouve aussi le temps, manifesté par la locution *« sans cesse »* qui implique une idée d'éternité, de pérennité. Il y a donc, à la fin de cette troisième strophe, une sorte de synthèse de toutes les évocations précédentes. On dirait que le poète concentre en quelques mots tout ce qu'il a dit, afin de rendre encore plus brutale l'opposition qu'il se prépare à expliciter.

On notera que, cette fois encore, le verbe principal est au futur. L'effet recherché est le même qu'au vers 11 : le phénomène décrit est immuable, inévitable. Ce futur de recommencement s'opposera au futur tragique de la condition humaine.

**« Mais moi, sous chaque jour courbant plus bas ma tête,
Je passe, et, refroidi sous ce soleil joyeux, »**

La quatrième strophe est entièrement consacrée à la condition de Hugo lui-même, méditant sombrement sur sa condition mortelle. L'opposition avec la nature est manifestée de façon abrupte, presque brutale, par ce *« Mais moi »* ouvrant le vers 13. Le poète s'implique totalement dans son propos.

L'apposition qui constitue la fin du vers propose une antithèse à la troisième strophe. La tête de la nature (composée d'un *« front »* et d'une *« face »*) rajeunit avec les jours qui « passent » sur elle (vers 5-6), tandis que celle du poète se « courbe ». On note au passage l'expression *« sous chaque jour »*, qui fait bien sentir la façon dont le temps frappe par coups successifs. Cette expression est à rapprocher des *« pas du temps »* évoqués au vers 4.

Les mots *« Je passe »* prennent une force particulière grâce au rejet qui les place en début de vers. Cette expression, qui insiste sur le caractère transitoire, fugitif, de la condition humaine, fait écho au *« passeront »* du vers 5 et vient ainsi souligner l'opposition entre homme et nature. L'antithèse entre les mots *« refroidi »* et *« joyeux »* joue d'ailleurs, à la fin du vers, un rôle similaire.

La mention du *« soleil »* renvoie peut-être au soleil couchant du premier vers. Sur cette opposition particulière, on se reportera à ce que nous avons dit dans le dernier paragraphe de la partie intitulée « Mouvement du texte ».

Du point de vue de la construction, il faut souligner la façon dont la proposition principale (« Mais moi, je passe et je m'en irai... »*) est entrecoupée d'appositions *(« sous chaque jour* *[...] », « refroidi [...] »)* qui en ralentissent le rythme, maintenant ainsi la pesanteur et la gravité que requiert le sujet de la méditation.

« Je m'en irai bientôt, au milieu de la fête,
Sans que rien manque au monde, immense et radieux ! »

Une nouvelle apposition a permis, en coupant la phrase d'une pause, de mettre en début de vers ce *« Je m'en irai bientôt »*. C'est l'affirmation par le poète de sa mort prochaine, prochaine non parce qu'il doit mourir jeune mais parce que, à l'échelle de la nature, une vie humaine est brève. Le mot *« bientôt »* participe donc lui aussi à l'opposition entre homme et nature.

Notons que le verbe, au futur, fait ainsi écho aux autres futurs qui, dans la troisième strophe, affirmaient l'éternelle jeunesse de la nature. De plus le mot *« irai »* répète, avec un sens différent, le *« iront »* du vers 11 et contribue donc à souligner encore l'opposition.

La précision *« au milieu de la fête »* continue l'idée introduite par *« Je passe »* et *« Je m'en irai »*, en présentant la mort sous une forme métaphorique. Le monde est comme un lieu de réjouissance, qu'il faut quitter avant la fin. L'amertume née de la comparaison entre la condition humaine et celle de la nature se double donc ici d'une tristesse nouvelle, lorsqu'il songe à ce dont la mort le privera.

Que faut-il d'ailleurs penser de cette *« fête »* ? Elle peut désigner les activités humaines, la vie mondaine et ses plaisirs, les affections et les amours... Mais cela serait un peu contradictoire avec l'état d'esprit qui semble animer Victor Hugo lorsqu'il compose ce poème. La *« fête »* désigne plutôt, à notre avis, le spectacle de la nature, des montagnes et des bois, des paysages que le poète vient d'évoquer avec une admiration presque envieuse.

La comparaison entre la nature et lui-même amène finalement Hugo à constater son propre néant. Il n'est *« rien »* face à l'immensité, et à sa mort rien ne manquera au monde. L'amertume est ici totale, d'autant qu'elle se double peut-être d'un doute sur la valeur de ce que le poète laissera derrière lui...

On peut d'ailleurs remarquer que ces deux derniers vers sont marqués par des allitérations en « m », de la même façon que le vers 8 :

> « Je m'en irai bientôt, au milieu de la fête,
> Sans que rien manque au monde, immense et radieux ! »

On dirait que le murmure de la forêt, *« hymne confus »* aux disparus, reprend, comme un écho, au moment où le poète en vient à envisager sa propre mort.

Les adjectifs qui terminent le texte manifestent un sentiment d'admiration et de regret. Le poème s'achève ainsi sur une exclamation amère, nous laissant une impression de vague tristesse.

VERS LE COMMENTAIRE COMPOSÉ

Le commentaire composé pourra être rédigé suivant le plan que nous avons adopté dans notre première partie.

L'introduction situera le poème dans la vie et l'œuvre de Victor Hugo, avant d'en indiquer le thème (méditation sur le temps et la mort), le procédé (opposition constante entre la condition de l'homme et celle de la nature) et l'intention (faire partager au lecteur une impression de nostalgie amère).

Le corps du devoir sera composé des trois parties que nous avons proposées, analysant d'abord le mouvement de la pensée hugolienne, puis son déploiement dans l'espace et le temps, et finalement l'opposition entre homme et nature.

La conclusion pourra rappeler que le thème choisi ici par Victor Hugo est très classique, tout en précisant que le poète a su le traiter d'une façon personnelle et faire ainsi œuvre originale.

ŒUVRES VOISINES

L'opposition entre la nature éternelle et l'homme mortel est, disons-nous, un thème classique. Pour l'illustrer, voici un extrait de *« Quand je suis vingt ou trente mois... »*, une ode de Pierre de Ronsard (1524-1585) dont Victor Hugo s'est peut-être souvenu :

> « Rochers, bien que soyez âgés
> De trois mille ans, vous ne changez
> Jamais ni d'état ni de forme :
> Mais toujours ma jeunesse fuit,
> Et la vieillesse qui me suit
> De jeune en vieillard me transforme.
>
> Bois, bien que perdiez tous les ans
> En hiver vos cheveux mouvants,
> L'an d'après qui se renouvelle
> Renouvelle aussi votre chef :
> Mais le mien ne peut derechef
> Ravoir sa perruque nouvelle.
> [...]
> Ondes, sans fin vous promenez,
> Et vous menez et ramenez
> Vos flots d'un cours qui ne séjourne :
> Et moi sans faire long séjour
> Je m'en vais de nuit et de jour
> Au lieu d'où plus on ne retourne. »

Rappelons aussi « Le Lac », célèbre poème de ce précurseur du romantisme que fut Lamartine :

> « L'homme n'a point de port, le temps n'a point de rive ;
> Il coule, et nous passons !
> [...]
>
> O lac ! rochers muets ! grottes ! forêts obscures !
> Vous que le temps épargne ou qu'il peut rajeunir,
> Gardez de cette nuit, gardez, belle nature,
> Au moins le souvenir ! »

Comme exemple de rêverie sur le coucher de soleil, on peut citer (outre les cinq autres poèmes de Victor Hugo dans *Les*

Feuilles d'Automne) « Soleils couchants » de Verlaine, sorte de songe halluciné publié dans le recueil *Poèmes saturniens*.

Sur le thème de la fuite obsédante du temps, il serait intéressant de lire certains poèmes de Baudelaire, en particulier « L'Ennemi » ou « L'Horloge », publiés dans *Les Fleurs du Mal* ; ou d'écouter la fameuse chanson *Avec le temps*, de l'auteur-compositeur Léo Ferré (1916-1993), qui évoque les ravages physiques et moraux des jours qui passent.

Enfin, sur la vie considérée comme une fête que l'on quitte, on peut rappeler la morale de La Fontaine dans « La Mort et le mourant » :

> **« ...Je voudrais qu'à cet âge**
> **On sortît de la vie ainsi que d'un banquet,**
> **Remerciant son hôte, et qu'on fît son paquet »**

ou encore, la supplique finale du *Moribond* chanté par Jacques Brel :

> **« Et j'veux qu'on rie, j'veux qu'on chante,**
> **J'veux qu'on s'amuse comme des fous,**
> **J'veux qu'on rie, j'veux qu'on chante,**
> **Quand c'est qu'on me mettra dans l'trou ! »**

4
OCEANO NOX

OCEANO NOX

Saint-Valery-sur-Somme

1 Oh! combien de marins, combien de capitaines
Qui sont partis joyeux pour des courses lointaines,
Dans ce morne horizon se sont évanouis!
Combien ont disparu, dure et triste fortune!
5 Dans une mer sans fond, par une nuit sans lune,
Sous l'aveugle océan à jamais enfouis!

Combien de patrons morts avec leurs équipages!
L'ouragan de leur vie a pris toutes les pages,
Et d'un souffle il a tout dispersé sur les flots!
10 Nul ne saura leur fin dans l'abîme plongée.
Chaque vague en passant d'un butin s'est chargée;
L'une a saisi l'esquif, l'autre les matelots!

Nul ne sait votre sort, pauvres têtes perdues!
Vous roulez à travers les sombres étendues,
15 Heurtant de vos fronts morts des écueils inconnus.
Oh! que de vieux parents, qui n'avaient plus qu'un rêve,
Sont morts en attendant tous les jours sur la grève
        Ceux qui ne sont pas revenus.

On s'entretient de vous parfois dans les veillées.
20 Maint joyeux cercle, assis sur des ancres rouillées,
Mêle encor quelque temps vos noms d'ombre couverts
Aux rires, aux refrains, aux récits d'aventures,
Aux baisers qu'on dérobe à vos belles futures,
Tandis que vous dormez dans les goémons verts!

25 On demande : – Où sont-ils? sont-ils rois dans quelque île?
Nous ont-ils délaissés pour un bord plus fertile? –
Puis votre souvenir même est enseveli.
Le corps se perd dans l'eau, le nom dans la mémoire.
Le temps, qui sur toute ombre en verse une plus noire,
30 Sur le sombre océan jette le sombre oubli.

Bientôt des yeux de tous votre ombre est disparue.
L'un n'a-t-il pas sa barque et l'autre sa charrue?
Seules, durant ces nuits où l'orage est vainqueur,
Vos veuves aux fronts blancs, lasses de vous attendre,
35 Parlent encor de vous en remuant la cendre
      De leur foyer et de leur cœur!

Et quand la tombe enfin a fermé leur paupière,
Rien ne sait plus vos noms, pas même une humble pierre
Dans l'étroit cimetière où l'écho nous répond,
40 Pas même un saule vert qui s'effeuille à l'automne,
Pas même la chanson naïve et monotone
Que chante un mendiant à l'angle d'un vieux pont!

Où sont-ils, les marins sombrés dans les nuits noires?
O flots, que vous savez de lugubres histoires!
45 Flots profonds redoutés des mères à genoux!
Vous vous les racontez en montant les marées,
Et c'est ce qui vous fait ces voix désespérées
Que vous avez le soir quand vous venez vers nous!

                              Juillet 1836.

CONDITIONS DE PUBLICATION

En mai 1840, Victor Hugo publie *Les Rayons et les Ombres*, recueil d'où est tiré «Oceano nox».

Après des années difficiles, au cours desquelles déconvenues professionnelles et problèmes personnels se sont mêlés, Hugo retrouve une certaine sérénité. Sa femme, sans redevenir la compagne admirative et soumise des premières années, a rompu sa liaison avec Sainte-Beuve et s'est faite pour Victor Hugo une sorte d'amie de cœur. De son côté, le poète a rencontré en 1833 l'actrice Juliette Drouet, avec laquelle il vit un amour sensuel et passionné.

Sur le plan littéraire, les critiques contre Hugo sont devenues de plus en plus vives, tandis que d'anciens amis comme Alfred de Vigny ou Charles Nodier se sont détournés de lui. *Ruy Blas*, joué à la fin de 1838, n'a été qu'un demi-succès. Trois candidatures successives à l'Académie française ont été autant d'échecs… Une période donc, malgré quelques «rayons», où les «ombres» dominent encore.

Ces déconvenues ont mûri le poète qui, âgé de trente-huit ans, laisse désormais transparaître dans ses textes des préoccupations plus graves, des méditations plus profondes…

Trois ans plus tôt, ce qui correspond au moment où Hugo date «Oceano nox», paraissait *Les Voix intérieures*. Ce recueil, comme son titre le suggère, annonçait déjà une évolution. Mais avec *Les Rayons et les Ombres*, l'inspiration de Hugo trouve réellement une ampleur nouvelle : à la réflexion sur le rôle du poète se mêlent des accents sombres ou pathétiques qui préfigurent *Les Contemplations*.

Les premiers recueils

POUR MIEUX COMPRENDRE

Le titre **Oceano nox** signifie en latin «La nuit sur l'océan». Il s'agit d'une citation extraite du second chant de *L'Enéide*, du poète latin Virgile (70-19 avant J.-C.). Plutôt que l'origine de la formule, il faut retenir que l'emploi du latin donne ici au titre une solennité particulière.

Saint-Valery-sur-Somme, indiqué comme lieu de la composition du poème, est une petite ville côtière du nord de la France, sur l'estuaire de la Somme. A quelques dizaines de kilomètres plus au sud se trouvent la ville de Saint-Valery-en-Caux et surtout Fécamp, important port de pêche en haute mer.

On sait, par sa correspondance, que le 16 juillet 1836, Victor Hugo assista près de Saint-Valery-en-Caux à une violente tempête. C'est pourquoi on pense généralement que le poète s'est trompé de nom dans son indication, et que son œuvre lui a été inspirée par cette tempête.

Le mot **fortune**, au vers 4, est à prendre au sens ancien du terme, comme synonyme de «sort» ou de «destinée».

Le mot **patrons**, au vers 7, désigne des «patrons-pêcheurs», c'est-à-dire des commandants de petits bateaux de pêche.

Il y a, au début du vers 8, un risque de contresens : dans l'expression «**L'ouragan de leur vie a pris [...]**», «vie» n'est pas complément du nom «ouragan»! Il s'agit en fait d'une inversion, pour dire «L'ouragan a pris toutes les pages de leur vie», la vie étant comparée à un livre aux multiples pages...

Le mot **butin** (vers 11) désigne le produit d'un vol ou d'une rapine. Ici, les vagues sont comparées à des voleuses emportant les dépouilles du bateau naufragé.

Un **esquif** (vers 12) est une petite barque légère.

Au vers 21, on trouve le mot « encore » orthographié sans « - e ». Il s'agit d'une tournure communément admise en poésie.

Le mot **futures** (vers 23) est un terme populaire pour désigner les fiancées, les « promises », celle qui étaient les futures femmes des jeunes hommes disparus en mer.

Les **goémons** (vers 24) sont des algues fréquentes en mer du Nord et dans l'Atlantique.

IDÉE GÉNÉRALE

Ce poème se présente comme une évocation lyrique du sort des marins perdus en mer. Le ton déclamatoire, l'apostrophe à la mémoire des morts, le vocabulaire lugubre caractérisent le style adopté par Hugo. A une émotion réelle, faite de pitié et de fraternité, se mêle un sentiment d'accablement devant l'oubli inexorable qui attend les malheureux disparus.

Le mètre employé est l'alexandrin, la plupart du temps avec sa structure classique : deux parties de six syllabes (ou *hémistiches*) de part et d'autre d'une coupe centrale, la *césure*. Cette structure donne au vers une certaine pesanteur solennelle, bien adaptée au ton de tristesse qui convient pour cette évocation funèbre.

Le texte est composé de huit strophes de six vers chacune. Parmi ces strophes, la troisième et la sixième se distinguent des autres, dans la mesure où leur dernier vers n'est pas un alexandrin, mais un octosyllabe. Ces strophes semblent ainsi scander toute l'œuvre, marquant chaque fois une étape dans la méditation du poète.

De fait, le poème paraît bien suivre le mouvement suivant :

• ***Strophes 1 à 3 :*** évocation des marins perdus, dont nul ne connaîtra la fin.

Les trois strophes sont consacrées respectivement à l'évocation des morts, à celle du naufrage (avec la mention des vagues et de l'ouragan) et enfin à celle des cadavres sans repos. On note qu'à partir de la troisième strophe, le poète apostrophe directement les marins disparus.

Les trois derniers vers de la dernière strophe marquent une transition, nous faisant passer des marins à ceux qui sont restés au port.

• *Strophes 4 à 6 :* évocation du souvenir laissé par ces marins disparus, description de la façon dont on parle d'eux.

La strophe 4 introduit une certaine gaieté, décrit l'insouciance de ceux qui survivent, et lui oppose le sort des disparus. Les strophes 5 et 6 montrent comment, sous l'effet du temps, le souvenir s'estompe, passant de l'invraisemblable à l'indifférent.

Les trois derniers vers de la dernière strophe marquent là aussi une transition, en se concentrant sur les veuves, dernières personnes vivantes à entretenir le souvenir des morts.

• *Strophe 7 :* constat douloureux d'une disparition totale. L'océan a détruit les corps, le temps a détruit la mémoire ; les marins ont totalement cessé d'exister.

• *Strophe 8 :* apostrophe directe à la mer, ouvrant un nouvel horizon poétique avec une métaphore finale sur les *« voix désespérées »* des flots, qui s'expliquent par les récits qu'ils se font...

Le poème se structure donc assez distinctement en quatre parties, nous menant progressivement de la disparition physique des marins à celle de leur souvenir, pour se conclure sur une vision lugubre de la mer. La « nuit » qu'évoque le titre, omniprésente dans le texte, est finalement la nuit de l'oubli aussi bien que celle de la mort.

Mais cette progression n'empêche pas la cohérence du texte. Hugo réussit à maintenir dans l'œuvre une remarquable unité de ton, par l'emploi régulier de formes interrogatives ou semi-interrogatives.

Dès le premier vers, nous sommes en présence d'une réflexion que l'auteur se pose à lui-même et dont la valeur emphatique semble traduire une certaine angoisse : *« Oh ! combien de marins... »* La phrase, que ne ponctue aucun point d'interrogation, sonne néanmoins comme une question...

Nous retrouvons cette forme interrogative au vers 25, introduite par les mots *« On demande... »* Le sort des disparus est évoqué par leurs proches avant que, sous la forme d'une autre question, le poète ne vienne expliquer et justifier au vers 32 de l'oubli dont ces disparus seront finalement victimes.

Enfin la dernière strophe s'ouvre, elle aussi, sur une question paraissant faire écho à celle qui ouvre le poème : *« Où sont-ils... »*

Ainsi, les différentes parties du texte sont en quelque sorte marquées, scandées par des questions qui, tout en permettant les transitions, donnent au poème une remarquable unité de ton. Le sentiment qui s'en dégage est que ces questions n'ont pas vraiment de réponse ou, ce qui est pire, que les réponses n'ont pas d'importance. Ce sont ces questions sans réponses qui, finalement, laissent le lecteur sur une impression d'injustice et d'irrémédiable.

UN POÈME FONDÉ SUR LE PARALLÈLE

Méditation sur la disparition des marins en mer, « Oceano nox » propose un parallèle lyrique entre anéantissement physique dans l'océan et anéantissement moral par la disparition du souvenir. Cette notion de parallèle, présente dans l'inspiration poétique autant que dans le style, structure l'ensemble du poème.

De la mort à l'oubli

L'étude du texte nous montre trois strophes consacrées aux marins disparus, puis trois autres à la description des vivants, amis et femmes, qui évoquent leur mémoire. Une telle construction fait penser à une antithèse, figure favorite de

Victor Hugo. De fait, le vocabulaire lugubre des premiers vers *(« morne horizon », « disparu », « nuit sans lune », « à jamais enfouis »...)* semble contrebalancé par celui des strophes 4 et 5 : *« joyeux cercles », « rires », « baisers », « bords fertiles »...* L'antithèse serait d'ailleurs manifestée par les deux vers qui encadrent la quatrième strophe, avec en particulier l'opposition des mots « veillées » et « dormir » :

> **« On s'entretient de vous parfois dans les veillées.**
> **[...]**
> **Tandis que vous dormez dans les goémons verts ! »**

Mais si cette antithèse existe effectivement, elle ne constitue pas pour autant le thème central du texte. En effet, elle ne se développe que sur moins de dix vers (vers 19 à 26), tandis que le sort pitoyable des naufragés est constamment rappelé tout au long de l'œuvre. De plus, la troisième strophe, si elle parle bien des femmes restées à terre, le fait sur un ton au moins aussi lugubre que le début du poème.

En fait, malgré un vocabulaire plus souriant, les quatrième et cinquième strophes nous racontent elles aussi une histoire de mort : la mort du souvenir. Le vers 28 l'indique d'ailleurs nettement, le parallélisme de l'expression mettant en relief celui de l'idée :

> **« Le corps se perd dans l'eau, // le nom dans la mémoire. »**

On comprend ainsi comment tout le texte s'organise autour d'une idée essentielle, celle d'un parallèle entre mort et oubli.

Les trois premières strophes évoquent la disparition, la mort physique des marins, dans un style où la métaphore se mêle à un réalisme troublant (cf. les vers 13-14). Mais les premiers termes employés par Hugo pour décrire cette mort *(« évanouis », « disparu »)* suggèrent plutôt l'idée d'une absence ou d'un effacement que celle d'un véritable décès... L'idée de mort, explicitée à partir de la seconde strophe (vers 7), laisse graduellement place à une notion nouvelle, l'ignorance du drame *(« Nul ne saura leur fin »,* puis *« Nul ne sait votre sort »,* aux vers 10 et 13). Contrairement aux autres défunts, les naufragés restent environnés de mystère et d'incertitude. Un dicton de pêcheur n'affirme-t-il pas que « Il y a trois sortes de gens, les morts, les vivants, et ceux qui sont en mer » ?

Or l'ignorance permet toutes les hypothèses. D'abord, évidemment, celle d'un retour toujours possible (vers 16-18) : mais également celle, invraisemblable, d'un destin exceptionnel, de la fortune dans un autre pays... Ainsi, tandis que l'on s'habitue à l'absence des manquants et que l'on prend même leurs places auprès de leurs *« belles futures »* (vers 23), on peut néanmoins rêver à leur sujet (vers 25-26), et repousser ainsi la perspective de la mort qui menace toujours les marins survivants... Puis bientôt l'ignorance laisse place à l'indifférence, à l'exception peut-être de quelques *« veuves »* dont la fin scellera à jamais l'oubli des disparus.

Dans les trois premières strophes, Hugo nous a donc dépeint, avec des accents de plus en plus touchants, le triste destin des marins naufragés. Les trois suivantes nous ont montré l'oubli à l'œuvre. On observe d'ailleurs une certaine correspondance entre ces deux groupes de strophes.

Ainsi, la phrase *« On demande : - Où sont-ils ? »* du vers 25 fait écho au *« Nul ne saura leur fin »* du vers 10 ; le vers 32 *(« L'un n'a-t-il pas sa barque [...] »)* renvoie par sa construction au vers 12 *(« L'une a saisi l'esquif [...] »)* et l'évocation des *« veuves aux fronts blancs »* (vers 34) répond à celle des *« vieux parents »* du vers 16. De même, l'expression *« votre souvenir même est enseveli »* (vers 27), avec l'insistance que traduit le mot *« même »*, poursuit le *« à jamais enfouis »* du vers 6... Le parallèle entre les disparitions physique et morale est d'ailleurs précisé, au vers 28 (déjà relevé plus haut) et au vers 30, par des formules qui sont elles-mêmes des parallélismes :

« Sur le sombre océan jette le sombre oubli. »

La septième strophe constitue en quelque sorte l'aboutissement, la synthèse des six précédentes. La phrase *« Rien ne sait plus vos noms »*, au vers 38, vient confirmer le *« Nul ne saura leur fin »* et le *« Nul ne sait votre sort »* des vers 10 et 13. Le destin des marins naufragés se clôt par une disparition ultime, la pire de toutes : ils sont rayés à jamais de la mémoire des vivants. Il ne reste ni pierre tombale, ni inscription, ni tradition orale pour rappeler leur nom.

Cette absence de mémoire est une chose terrible aux yeux de Victor Hugo, qui a toujours eu le culte des morts et du souvenir. Sans même évoquer la dévotion à la mémoire de sa fille défunte et les expériences de spiritisme auxquelles se livrera le poète, on peut simplement citer quelques vers d'un texte intitulé « Dans le cimetière de*** », texte extrait lui aussi de *Les Rayons et les Ombres* :

> « La foule des vivants rit et suit sa folie,
> Tantôt pour son plaisir, tantôt pour son tourment ;
> Mais par les morts muets, par les morts qu'on oublie,
> Moi, rêveur, je me sens regardé fixement. [...]
>
> Moi, c'est là que je vis ! - Cueillant les roses blanches,
> Consolant les tombeaux délaissés trop longtemps,
> Je passe et je reviens, je dérange les branches,
> Je fais du bruit dans l'herbe, et les morts sont contents. »

Pour Hugo, comme pour d'autres poètes avant et après lui, la véritable mort commence lorsque disparaît le souvenir. Ainsi, l'engloutissement dans *« l'aveugle océan »* n'est que le prélude à un sort plus terrible encore, la disparition dans ces *« nuits noires »* de l'oubli évoquées au vers 43.

Seul l'océan peut désormais conserver la mémoire de ceux qu'il a vu périr ; d'où l'ouverture de la dernière strophe, dans laquelle Hugo en appelle directement aux flots. Poète, capable de *« voir dans les choses plus que les choses »*, il croit distinguer dans le mugissement des marées des récits de naufrage. Par cette dernière strophe, Victor Hugo transfigure donc la mer, faisant d'elle le dépositaire lugubre et éternel du souvenir des marins perdus.

Parallèle et parallélismes

L'idée fondamentale du poème est donc un parallèle entre naufrage et oubli. Mais au-delà de cette idée, on note dans le poème un grand nombre de **parallélismes** et d'**anaphores** (voir la définition de ces termes dans la partie consacrée, en début d'ouvrage, au style de Victor Hugo).

Les parallélismes les plus directement liés à l'idée maîtresse du texte sont ceux des vers 28 et 30, que nous avons déjà signalés : *« Le corps se perd dans l'eau, le nom dans la mémoire »* et *« Sur le sombre océan jette le sombre oubli. »*
   La fonction de ces parallélismes est claire. Il s'agit de souligner l'équivalence entre l'immensité sombre de l'océan et la nuit éternelle de l'oubli dans lesquelles les marins sont tour à tour plongés. Le vers 28 met ainsi en jeu une double correspondance (corps/nom et eau/mémoire), tandis que le vers 30 rapproche par l'emploi d'un même adjectif les deux notions d'océan et d'oubli. Deux vers, donc, pour traduire la même idée... Notons cependant que le second ajoute, avec le mot *« sombre »*, une connotation lugubre absente dans le premier.

Mais on relève dans le poème de nombreux autres exemples de parallélisme. Dès le premier vers, nous remarquons une structure caractéristique de ce procédé, avec une répétition de termes et un balancement de part et d'autre de la césure :

«Oh! <u>combien de</u> marins, // <u>combien de</u> capitaines»

Mais ce n'est pas tout ; la reprise de la formule *« Combien de... »* au début des vers 4 et 7 vient préciser l'intention et faire de ce parallélisme une véritable **anaphore**. Enfin, pour être tout à fait complet, il faut également souligner le début du vers 16 (*« Oh ! que de vieux parents... »*) dans lequel l'interjection et la formule *« que de »*, au sens proche de *« combien de »*, font écho au premier vers.

Suivant la même structure que celle du premier vers, nous notons un nouveau parallélisme au vers 5 :

«Dans <u>une</u> mer <u>sans</u> fond, // par <u>une</u> nuit <u>sans</u> lune»,

126 / *Les premiers recueils*

et un autre au vers 36 :

> « <u>De leur</u> foyer et <u>de leur</u> cœur ! »

A ce relevé, il convient d'ajouter les vers 12 et 32, fondés tous deux sur la locution « L'un… l'autre… » ; une **accumulation** employée aux vers 22-23 (« *Aux rires, aux refrains, aux récits* ») et finalement une nouvelle anaphore dans la septième strophe, que scande aux vers 38, 40 et 41 l'expression *« Pas même »*.

Le parallèle est donc bien, dans l'inspiration comme dans l'écriture, la figure structurante du poème. A la vision lyrique exprimée par le texte viennent s'ajouter des tournures de style, qui la soulignent et l'amplifient en traduisant dans le rythme de l'œuvre le mouvement même de la pensée de l'auteur.

Mais parallèles et anaphores ne sont pas pour autant gratuits. Victor Hugo les emploient en pleine connaissance de cause, dans le but d'obtenir des effets précis.

Nous avons montré, par exemple, que les vers 28 et 30 jouent un rôle essentiel pour exprimer le parallèle entre la nuit de l'océan et la nuit de l'oubli. De même, le vers 54 décrit remarquablement la situation des naufragés, perdus entre deux abîmes d'obscurité :

> « <u>Dans une</u> mer <u>sans</u> fond, // <u>par une</u> nuit <u>sans</u> lune, »

Le parallélisme montre comment mer et nuit se répondent : la mer *« sans fond »*, illimitée, est aussi vaste que l'espace ; la nuit *« sans lune »*, sans lumière, est aussi obscure que l'océan… De plus, la répétition du terme privatif *« sans »* donne l'impression qu'il n'y a rien à quoi se raccrocher, que tout a disparu. Le ciel et la mer, également noirs et infinis, n'offrent aucun recours aux marins en train de sombrer.

Dans le vers 12, l'effet recherché par le parallélisme est de traduire la succession régulière des vagues, ces vagues voleuses qui s'acharnent l'une après l'autre sur les marins et sur les épaves, emportant leur *« butin »* comme les vainqueurs emportent les richesses des vaincus.

L'accumulation utilisée aux vers 22-23 permet à Victor Hugo

de nous faire ressentir, brièvement, une certaine impression d'allégresse. Le rythme haché du vers 22 :

« <u>Aux rires,</u> // <u>aux refrains,</u> // <u>aux récits</u> // <u>d'aventures,</u> »
    3   3   3   3

contraste avec le rythme plus ample des autres vers et paraît ainsi accélérer le mouvement du texte, impression encore accentuée par le rejet de *« Aux baisers »* en début de vers 23.

Conjointe à cette accélération, l'accumulation des termes donne l'impression d'un renchérissement, comme si les membres du *« joyeux cercle »* plaisantaient entre eux, chacun « en rajoutant » sur ce qu'a dit le précédent…

Le parallélisme utilisé au vers 32 joue deux rôles. En premier lieu, il permet de montrer que le souvenir des marins disparus se perd chez tous ceux, pêcheurs ou paysans, qui ont pu les connaître. Chacun se laisse reprendre par ses propres soucis, et tous sont également indifférents. Cette égalité se traduit par la similitude de l'expression :

« <u>L'un</u> n'a-t-il pas <u>sa barque</u> // et <u>l'autre</u> <u>sa charrue</u> ? »

tandis que la forme interro-négative semble déjà justifier, sinon absoudre, le manque de mémoire des vivants…

En second lieu, cette phrase construite sur l'expression « L'un…, l'autre… » fait écho à celle du vers 12. Elle participe ainsi à la correspondance, que nous avons soulignée précédemment, entre les groupes de strophes 1-3 et 4-6.

Le vers 36 met habilement en parallèle un terme concret (*« foyer »*, pris au sens de « cheminée ») et un terme à signification affective *(« cœur »)*. Ce vers clôt la partie constituée par les strophes 4-6, dont la fonction est d'évoquer la disparition graduelle du souvenir. Il introduit une dimension pathétique, symétrique de celle amenée à la troisième strophe par la périphrase *« Ceux qui ne sont pas revenus »* (vers 18).

Ici, le pathétique naît à la fois de la métaphore et de l'emploi des connotations. Les connotations sont celles du mot *« foyer »*, qui désigne au sens propre l'âtre de la cheminée, et au sens figuré la maison et la famille ; et celles du mot *« cendre »*. La métaphore naît de l'association des mots *« cendre »* et *« cœur »*.

Les connotations

Un mot a, en général, une signification précise (parfois plusieurs), indiquée dans les dictionnaires. On parle alors de sa *dénotation*. Par exemple, la «nuit» est définie comme «la période d'obscurité située entre le coucher et le lever du soleil».

Mais l'utilisation régulière de ces mots dans un contexte précis, les sensations liées aux objets qu'ils désignent... créent autour d'eux tout un réseau de significations ou d'idées associées. Ce sont les *connotations*. Elles ajoutent à la dimension intellectuelle du mot une dimension seconde, purement affective.

Ainsi, le mot «nuit» possède un ensemble de connotations (obscurité, inquiétude, insécurité, mais aussi repos, sommeil, et bien d'autres...) qui dépasse largement sa signification strictement littérale.

Ces connotations résultent pour une part des schémas culturels véhiculés par notre milieu et notre éducation, et pour une part du vécu personnel de chacun. Elles sont parfois si fortes qu'elles détournent le mot de son sens premier.

Par exemple, une «*coupe claire*» désigne un endroit de la forêt où on a abattu tellement d'arbres qu'il n'y a plus d'ombre. Une «*coupe sombre*» indique au contraire qu'on a coupé peu d'arbres et que l'ombre est maintenue. Mais le mot «sombre» connote des impressions négatives... Aussi fait-on fréquemment l'erreur de dire «*On a fait des coupes sombres dans...*» pour indiquer une réduction importante et difficile à accepter.

Autre exemple, le mot «*livide*» désigne à l'origine une couleur foncée, entre bleu et noir. Mais associé à l'idée de chair malade, il a fini par être compris comme un synonyme de «pâle».

Les écrivains, et plus encore les poètes, utilisent les mots pour leur pouvoir évocateur davantage que pour leur sens strict. Aussi l'analyse des connotations est-elle très importante dans l'étude d'un texte littéraire.

Remuer la cendre, pour nettoyer l'âtre ou entretenir le feu, était autrefois un geste quotidien. Mais ce mot évoque une idée de mort (on parle des « cendres » d'un défunt) et l'idée de quelque chose de perdu à jamais (de « réduit en cendres »). Ces femmes *« seules »*, ces *« veuves »*, remuent les cendres de leur foyer ; c'est-à-dire symboliquement qu'elles entretiennent le souvenir des jours où leur mari, leur famille vivaient encore, où leur foyer n'était pas encore détruit. L'expression *« en remuant la cendre de leur foyer »*, tout en créant une atmosphère réaliste par la mention d'un détail familier, suggère ainsi fortement la détresse, la terrible nostalgie de ces épouses de marins dont l'océan a brisé la vie.

A cette notation familiale, Hugo rajoute avec le mot *« cœur »* une notation affective. Ces veuves étaient des femmes aimantes ; la mer a détruit leur famille, mais aussi leur amour. La métaphore *« la cendre de leur cœur »* semble indiquer que, fidélité ou désespoir, ces *« veuves »* ne connaîtront plus désormais de passion ni de vie amoureuse. Leur *« cœur »* est dorénavant comme un objet consumé, inutilisable.

Mettant en parallèle les deux mots *« foyer »* et *« cœur »*, Victor Hugo intensifie l'effet de chaque procédé. D'une part, il souligne la signification symbolique du *« foyer »*, que l'évocation affective du mot *« cœur »* incite à lire au sens figuré ; d'autre part, il introduit la métaphore « la cendre du cœur » de telle façon que cette image, qui autrement pourrait sembler forcée, nous paraît naturelle et émouvante.

Ce parallélisme est ainsi, sur le plan littéraire, l'équivalent de ce qu'on appelle en algèbre une « mise en facteur » : le mot *« cendre »* vient s'associer à deux termes mis en parallèle, qui se renforcent l'un l'autre pour créer chez le lecteur un sentiment de compassion. En termes littéraires, cette figure de style est appelée **zeugme**.

Le zeugme

Le mot «*zeugme*» vient du grec «*zeugma*» qui désignait un attelage de deux animaux. Cette figure de style consiste à associer, à «atteler» sur le plan syntaxique deux mots appartenant à des registres différents. Ainsi la célèbre formule de Ponson du Terrail :

Il creusait la terre avec énergie et une pioche

constitue un exemple (sans doute involontaire) de zeugme à effet comique, tant est inattendu le rapprochement des termes, l'un noblement abstrait *(«énergie»)* et l'autre pesamment concret *(«pioche»)*.

En revanche, dans le cas du texte que nous étudions, le zeugme est parfaitement maîtrisé et fait naître un sentiment de pitié. Ce qui montre qu'un procédé littéraire vaut surtout par l'usage que l'on en fait...

Enfin, les anaphores des strophes 1 et 7, reposant l'une sur le mot *« Combien »* et l'autre sur l'expression *« Pas même »*, ont elles aussi plusieurs fonctions.

D'abord, l'anaphore est une figure d'insistance. La répétition d'un terme, ajoutant chaque fois un nouvel élément à une liste, crée une impression d'accumulation et, par suite, le sentiment d'un certain accablement. Il semble que le poète soit comme écrasé par le nombre des disparus (strophe 1) ou l'ampleur de l'indifférence dont ils sont victimes (strophe 7).

Ensuite, l'anaphore crée un effet d'énumération qui apparente un peu le texte à une litanie. Cet effet est d'ailleurs accentué, dans la première strophe, par l'interjection *« Oh ! »* qui dénote à la fois stupeur et tristesse. Le ton de compassion et d'accablement est ainsi donné dès le début du poème, par la monotonie de la répétition et par le rythme, ample et solennel, des alexandrins.

Il en va de même dans la septième strophe, qui conclut en quelque sorte le cheminement du poème avant l'apostrophe finale. Là aussi, la répétition crée le sentiment d'une invocation, d'autant que le poète s'adresse à des morts ; là aussi, les alexandrins respectent la classique structure 6-6 qui leur donne le rythme le plus solennel et le plus pesant. On notera d'ailleurs l'emploi du terme *« monotone »* qui, au vers 41, semble traduire littéralement l'intention de l'auteur.

Enfin, on remarquera que les anaphores sont employées aux strophes 1 et 7, créant ainsi entre ces deux strophes une correspondance particulière. Ce sont d'une certaine manière l'introduction et la conclusion de la méditation hugolienne ; la huitième strophe ouvrant sur une vision nouvelle.

RÉALISME ET MÉTAPHORES

Évoquant avec une fraternité apitoyée le sort des marins, Victor Hugo mêle dans ce texte les notations réalistes et les métaphores lyriques. Il parvient ainsi à nous transmettre une vision tragique tout en conservant à son poème un ton profondément humain.

Des notations réalistes

Sans aucun doute, Victor Hugo connaît l'atmosphère de ces ports de pêche, dans lesquels parents et amis attendaient des mois durant le retour des marins. Il réussit, par la mention de quelques détails tour à tour joyeux ou navrants, à nous faire ressentir cette vie de discussions animées ou d'attentes angoissées.

Ainsi, l'évocation des *« vieux parents »* attendant *« sur la grève »*, des femmes *« aux fronts blancs »* racontant leurs souvenirs en *« remuant la cendre »*, de *« l'étroit cimetière »*, des *« mères à genoux »*... compose un tableau poignant, quoique peut-être un peu convenu. Le poète reviendra d'ailleurs plusieurs fois sur ces descriptions, notamment dans *Les Travailleurs de la mer* et, dans *La Légende des Siècles*, avec des poèmes comme « Les Pauvres gens » (voir plus loin, dans le

132 / *Les premiers recueils*

paragraphe « Œuvres voisines ») ou « Les Paysans au bord de la mer ».

De même, les *« ancres rouillées »* sur lesquelles s'assoient les pêcheurs, les *« baisers qu'on dérobe »*, le *« mendiant »* qui chante sont autant d'éléments paraissant sortis tout droit de la réalité. Enfin la description, à la troisième strophe, des cadavres « roulant » au fond de l'océan et « heurtant du front » les rochers atteint une dimension de réalisme presque effrayante.

On notera d'ailleurs que ce réalisme est soutenu par l'emploi de termes techniques assez précis : *« patrons »*, *« esquif »*, *« écueils »*, *« grève »*, *« ancre »*, *« goémons »*, *« barque »*... Tous ces mots, émaillant le poème, contribuent à créer une impression de vérité.

Mais toutes ces notations réalistes, Hugo les met au service d'une vision poétique, qui s'exprime en particulier par des métaphores.

La métaphore de la nuit

La plus importante d'entre elles, omniprésente dans le poème, est la métaphore de l'oubli assimilé à une nuit éternelle.

Dès le titre, en effet, nous sommes plongés dans une ambiance nocturne. Mais pourquoi Hugo évoque-t-il spontanément la nuit sur l'océan ? La question est justifiée car, après tout, un naufrage peut tout aussi bien se produire de jour...

En fait, plusieurs raisons peuvent expliquer cette démarche. D'abord, la nuit ajoute évidemment un fort élément dramatique à l'évocation d'un naufrage. La mer et la nuit, puissances que le poète considère comme également hostiles à l'homme, vont naturellement de pair dans son esprit. Ensuite, on peut voir dans l'association entre nuit et naufrage une « évidence » suggérée par le verbe « sombrer ». Ce terme de marine qui signifie « couler, être englouti » évoque immédiatement, à cause du mot « sombre », la notion d'obscurité et, par suite, celle de nuit. Enfin, Victor Hugo est un poète de la vision, de l'imagination visuelle, et l'idée de mort, pour lui, s'accompagne presque automatiquement de celle des ténèbres.

On en a l'illustration dès la première strophe, dans laquelle de nombreux termes font référence à l'obscurité ou à l'effacement : *« évanouis »*, *« disparu »*, *« nuit sans lune »* et en final l'**hypallage** *« aveugle océan »* qui évoque à la fois l'absence de témoin du naufrage et le caractère insondable de l'océan.

Mais surtout, cette évocation nocturne permet à Victor Hugo de préparer sa comparaison : la nuit du naufrage n'est rien à côté de l'oubli, cette autre nuit à laquelle les marins seront bientôt voués. Cette métaphore, amorcée aux quatrième et cinquième strophes, est explicitée par les vers 29 et 30 avec la formule comparative *« sur toute ombre en verse une plus noire »* et le parallélisme « océan/oubli » qui suit, et que nous avons déjà analysé.

On remarque d'ailleurs que cette cinquième strophe est, avec la première, celle où les termes connotant l'obscurité sont les plus nombreux : *« se perd »*, *« Ombre »*, *« noire »*, *« sombre »* répété deux fois... Ces strophes 1 et 5 sont bien celles où s'articulent le parallèle naufrage/oubli et la métaphore qui l'accompagne.

Notons également que cette comparaison entre nuit et oubli est devenue assez classique. On peut citer par exemple Jacques Prévert, comparant dans un poème célèbre les souvenirs aux feuilles mortes :

**« Et le vent du nord les emporte
Dans la nuit froide de l'oubli »**

L'originalité de Victor Hugo tient surtout, dans ce poème, à la force de l'évocation et à l'habileté de la construction.

Métaphores et personnifications

Autour de la métaphore nuit/oubli qui sous-tend le poème, on en trouve d'autres, plus discrètes, qui donnent à l'œuvre un ton lyrique et parfois pathétique.

Nous avons déjà analysé la métaphore de la septième strophe dans l'expression *« en remuant la cendre [...] de leur cœur »* et l'effet qu'elle produit. Dans le même registre, on peut relever les formules « *noms d'ombre couverts* » (vers 21) et « *souvenir* […] *enseveli* » (vers 27). Des notions abstraites (nom, mémoire) se trouvent en quelque sorte concrétisées, pour faire sentir cette disparition du souvenir qui subit le même traitement qu'une dépouille mortelle. Par ce procédé, Victor Hugo peut renforcer le parallèle entre oubli et mort, tout en employant un vocabulaire funèbre qui conserve au texte sa tonalité lugubre.

Mais Hugo emploie d'autres métaphores. Dès la seconde strophe, nous trouvons (vers 8-9) une utilisation originale d'une comparaison assez classique. Il est traditionnel de parler du « Livre de la vie », c'est-à-dire, de comparer la vie humaine à un livre dont chaque jour est une page nouvelle. Victor Hugo redonne une force nouvelle à cette comparaison banale, en disant que l'ouragan a tourné d'un seul coup toutes les pages de ces livres… L'image frappe à la fois par sa justesse (l'ouragan meurtrier) et par son originalité ; mais en même temps elle fait appel à la mémoire poétique du lecteur et situe donc le texte comme une œuvre lyrique.

Dans la même strophe, par l'emploi des mots « *butin* » et « *saisi* », les vers 11-12 proposent une métaphore entre les vagues et des brigands ou des assassins attaquant les marins.

On note aussi dans le cours du poème, et particulièrement dans les dernières strophes, un procédé proche de la métaphore, appelé **personnification**. Ce procédé consiste à doter une abstraction ou un objet inanimé d'une volonté, d'une vie propre, d'intentions… Il se rapproche de la métaphore dans la mesure où l'on reste fréquemment dans un registre comparatif.

Ainsi, les vers 11-12 sont à la limite de la métaphore et de la personnification ; tandis qu'au vers 6, la personnification est plus nette (« *L'ouragan* […] *a pris* »). Mais c'est surtout à partir de la cinquième strophe que les personnifications se font plus fréquentes : « *Le temps* […] *jette* » (vers 29), « *l'orage est vainqueur* » (vers 33), « *la tombe* […] *a fermé* » (vers 37), sans oublier les objets, de la pierre à la chanson, qui ne « savent plus » (vers 38-41) et bien entendu les flots qui, dans la dernière strophe, « se racontent » des récits de naufrage…

L'effet recherché par ce procédé est d'abord de nous faire sentir la dépendance, l'impuissance des marins et, d'une façon générale, de tout ce qui doit lutter contre la mer. Livrés aux éléments, les hommes n'ont plus aucune maîtrise de leur sort et ce sont (en particulier dans la seconde strophe) l'ouragan et les flots qui dictent leur loi. L'expression *« d'un souffle »* (vers 9) accentuée par les allitérations en «s» et en «f» :

> **«Et d'un souffle il a tout dispersé sur les flots!»**

traduit d'ailleurs la facilité dérisoire avec laquelle la tempête se joue de la vie des marins.

De même, aux vers 33 et 37, la personnification de l'orage et de la tombe permet de souligner la faiblesse des *« veuves aux fronts blancs »*. On notera au passage le mot *« enfin »* (vers 37) qui accentue le pathétique en donnant l'impression que ces femmes, «lasses d'attendre» leurs maris, ont ressenti la mort comme une délivrance.

Si les marins dépendent des éléments, leur souvenir est plus vulnérable encore. Livré au temps, il est condamné à disparaître, comme sont condamnés les hommes livrés à la tempête. La personnification du temps aux vers 29-30 répond donc à celle de l'ouragan aux vers 8-9, contribuant ainsi au parallèle que nous avons souligné plus haut entre les strophes 1-3 et 4-6.

La formule *« Rien ne sait plus vos noms »* et l'énumération qui suit, dans la septième strophe, permettent de souligner le sort pitoyable des marins oubliés. Une pierre tombale, un arbre sur lequel on peut graver des mots ou une chanson citant quelques noms, sont autant de moyens de conserver le souvenir d'une personne ; mais il semble que les choses elles-mêmes refusent le moindre effort pour les malheureux disparus. L'expression *« Pas même »* et les adjectifs employés (*« humble »* pour la pierre, *« naïve »* pour la chanson) renforcent cet effet, en suggérant que les objets cités par Hugo sont parmi les plus modestes, les moins exigeants, et que d'eux au moins on aurait pu attendre quelque chose.

Enfin l'ultime personnification, à la strophe 8, permet de clore le poème par une idée nouvelle. Les flots sont meurtris, *« redoutés des mères »*, et tout ce qui précède nous les fait voir comme des monstres. Mais ces flots ont aussi des *« voix désespérées »*, comme s'ils étaient les premiers émus par les *« lugubres histoires »* dont ils sont les témoins... L'océan n'est donc pas à blâmer ; il s'afflige lui aussi sur le sort des marins morts par sa faute. Victor Hugo introduit ainsi, dans cette dernière strophe, une notion de fatalité qui est presque déjà une interrogation sur le problème du mal et de la souffrance.

UNE PITIÉ FRATERNELLE

Au-delà du lyrisme inspiré et des procédés de style, Victor Hugo manifeste dans ce poème un sentiment de pitié fraternelle pour les victimes de la mer et de l'oubli.

La pitié pour les morts

Ce sentiment de pitié s'exprime d'abord dans l'origine même du texte. Le poète évoque les marins naufragés, dont le nom et le souvenir se sont perdus *« dans les nuits noires »*. Il y a bien là une sorte de paradoxe : Hugo nous parle de ces marins en affirmant que personne n'en parle jamais. Du coup, il nous apparaît comme le seul à en parler, le seul qui pense à eux... Cela crée l'impression d'une véritable fraternité entre l'auteur et les marins disparus, un peu comme si Hugo se faisait leur porte-parole afin de rappeler aux vivants le souvenir des morts.

La compassion du poète s'exprime ensuite dans le mouvement du texte. Commencé sur le mode impersonnel d'un constat affligé, le texte se mue à la troisième strophe, en une **apostrophe** directe et comme spontanée, qui semble traduire un brusque mouvement de sympathie.

Cette apostrophe intervient lorsque Hugo en arrive à évoquer l'objet le plus terriblement concret : les corps sans vie des marins. De la généralité poétique (*« combien de marins »*, « a pris leur vie ») des deux premières strophes, on passe à une image précise, d'un réalisme sinistre : *« pauvres têtes »*, *« vous roulez »*, *« heurtant de vos front morts »*... Il semble que la méditation, commencée par une représentation un peu « intellectuelle », soit prolongée par une vision plus crue qui vient soudain susciter un surcroît de pitié. Le mot *« pauvres »*, synonyme ici de « malheureuses, navrantes », vient d'ailleurs renforcer ce sentiment de compassion affligée.

Cette vision réaliste semble d'ailleurs générée par le vers 10. En effet, les mots *« Nul ne sait votre sort »* reprennent la formule *« Nul ne saura leur fin »* ; tandis que la description des vers 14-15 continue et précise les mots *« dans l'abîme plongée »*. Le mouvement de la pensée hugolienne apparaît donc assez nettement.

La pitié transparaît aussi dans l'évocation de ce que les marins morts ont perdu. Les vivants prennent leurs places auprès des *« belles futures »* qui leur étaient destinées (vers 23), et le mot *« dérobe »* semble faire de ce remplacement un véritable vol, une traîtrise perpétrée « tandis qu'ils dorment ».

Cette notion de vol, de dépossession, est introduite dès la seconde strophe. L'ouragan a dépouillé indûment les marins en « prenant » d'un seul coup *« toutes les pages »* auxquelles ils avaient droit (noter la répétition insistante de *« toutes »* au vers 8 et de *« tout »* au vers 9) ; et les vagues ont achevé le pillage en se partageant le *« butin »*. L'impression ainsi créée est que les naufragés ont été victimes d'une véritable injustice.

Cette injustice se poursuivra jusqu'au bout, puisque même le droit au souvenir leur sera refusé. La septième strophe, scandée par l'anaphore sur *« Pas même »*, insiste ainsi de façon pathétique sur le fait que leur mort en mer a dépouillé les marins de tout, même des choses les plus humbles.

Remarquons enfin le vocabulaire utilisé par Hugo pour traduire son apitoiement sur le sort des marins. Il emploie des termes traduisant directement la tristesse *(« dure et triste fortune »* au vers 4, *« pauvres têtes »* au vers 13, *« fronts morts »* au vers 15). Mais surtout, il insiste sur la solitude définitive à laquelle ces marins sont abandonnés. Celle-ci se traduit par des expressions comme *« à jamais enfouis »* (vers 6), *« Nul ne sait »* (vers 10 et 13), *« Tandis que vous dormez »* (vers 24), *« Rien ne sait plus vos noms »* (vers 38) et la répétition insistante *« Pas même »*. A la tristesse s'ajoute ainsi un sentiment d'irrémédiable qui augmente encore la compassion ressentie pour les malheureux naufragés.

La pitié pour les proches

Pourtant, les naufragés ne sont pas les seules victimes de l'océan. Dans sa compassion, Hugo n'oublie pas les parents des disparus, dont le drame a brisé la vie.

Dès la troisième strophe, le poète évoque ces *« vieux parents »* attendant en vain sur la plage. *« Vieux »*, bien sûr, puisque leurs fils sont déjà grands ; mais aussi parce que cette précision ajoute au tableau un élément dramatique. Ces parents sont, comme les disparus eux-mêmes, en nombre infini ; et ils sont aussi à plaindre. C'est bien ce que suggère la formule *« Oh ! que de... »*, faisant écho à l'anaphore *« Oh ! combien... »* de la première strophe.

L'attente fidèle et tragique des *« vieux parents »* est rendue par une formule que son double sens rend très juste : *« qui n'avaient plus qu'un rêve »*. Cela veut dire à la fois qu'il ne leur restait plus qu'un rêve, un espoir mince et chimérique opposé à une affreuse certitude ; et que ce rêve était leur seule préoccupation, comme on dit de quelqu'un « qu'il n'a qu'une idée en tête ». Cette formule traduit donc à la fois la solitude morale des parents et leur pitoyable obstination.

Le sentiment de compassion s'accroît avec les mots *« Sont morts »*, qui poursuivent lugubrement la phrase et que leur rejet en début de vers met fortement en relief. L'expression *« en attendant tous les jours sur la grève »* renforce l'évocation de l'attente obstinée et rappelle l'image traditionnelle de la mère ou de la femme de marin tournée vers le large, scrutant l'horizon... Enfin l'octosyllabe *« Ceux qui ne sont pas revenus »*, périphrase achevant pesamment le tercet, oppose par une négation et un verbe à l'indicatif la terrible réalité au *« rêve »* qui a soutenu les *« vieux parents »*.

Notons aussi que cette expression dépeint les naufragés du point de vue de ceux qui les attendent, des terriens. La sympathie de Hugo pour les *« vieux parents »* l'amène, le temps d'une strophe, à voir les choses comme eux.

Après les parents des marins, ce sont les *« veuves »* que Hugo choisit d'évoquer dans la sixième strophe. Plus jeunes, elles ont survécu et entretiennent le souvenir de leurs maris morts. Le poète parle tout de même de leurs *« fronts blancs »*, ce qui, joint à la formule *« lasses de vous attendre »*, lui permet d'indiquer que beaucoup de temps s'est écoulé depuis la disparition du mari.

La compassion pour ces femmes naît de leur solitude vulnérable, et du sentiment que leur vie est désormais perdue.

La solitude est manifestée par l'adjectif *« Seules »*, qui ouvre abruptement le vers 33 alors que le terme auquel il se rapporte (*« Vos veuves »*), retardé par l'évocation de l'orage, n'apparaît qu'en rejet au vers 34. Cet adjectif prend ainsi une résonance particulière, due au fait qu'on attend pendant un vers de savoir qui il qualifie. De plus, les femmes sont seules durant la nuit (cf. vers 33), ce qui accroît encore l'impression d'abandon qu'elles nous donnent.

La vulnérabilité est suggérée par la personnification de l'orage *« vainqueur »*, qui semble du fait de cet adjectif écraser les pauvres femmes. De même le mot *« lasses »* (vers 34) laisse imaginer de vieilles femmes (vieilles à cause des *« fronts blancs »*) à la fois fragiles et découragées.

Sur la façon dont les vers 35-36 créent un sentiment de tristesse pathétique, on peut se référer à l'analyse que nous avons faite plus haut dans le paragraphe « Parallèle et parallélismes ». Répétons seulement que Hugo, par un jeu sur les connotations du mot *« cendre »*, nous fait sentir que la vie familiale et affective de ces femmes a été brisée, gâchée... et qu'elles n'attendent plus que la mort (comme le suggère, au vers 37, le mot *« enfin »* qui paraît indiquer une véritable libération).

Enfin, une dernière pensée pour les proches s'exprime dans la strophe finale, avec l'évocation des *« mères à genoux »* (vers 45). L'image renvoie aux *« vieux parents »* du vers 16, attendant en vain sur le rivage, et à l'imagerie classique qui s'y trouve associée. Mais Hugo renforce encore le pathétique de cette évocation en ne parlant, cette fois, que des *« mères »*. Le poète tenait l'amour maternel pour un des sentiments les plus nobles et les plus puissants au monde... L'image de ces mères,

140 / *Les premiers recueils*

attendant avec angoisse le retour de leurs enfants, symbolise pour lui l'absolu de la détresse que connaissent les familles de marins. Nous proposons d'ailleurs, à l'issue de cette analyse, un texte dans lequel Victor Hugo développe ce thème de façon très émouvante.

CONCLUSION

« Oceano nox », sans doute l'un des poèmes les plus célèbres de Victor Hugo, est une œuvre fort riche. On y trouve, au service d'une émotion sincère, une combinaison d'effets de style particulièrement efficace. Hugo s'y montre en pleine possession de sa technique, et prêt à évoquer par ses vers les questions métaphysiques et les thèmes spirituels qui, depuis quelques années, prennent dans ses réflexions une importance croissante.

Certains commentateurs ont voulu voir dans ce poème l'exploitation un peu facile de clichés et de conventions (les *« vieux parents »*, les *« veuves aux fronts blancs »* et tout le « folklore » des ports de pêche…), et ont accusé Hugo de misérabilisme.

La critique n'est pas dénuée de fondement : mais elle est tout de même injuste. Certes, Hugo n'a jamais reculé devant les évocations « faciles » et les clichés poignants. On en trouve maints exemples, du « Petit Paul » de *La Légende des Siècles* à la Cosette des *Misérables*. Mais s'il les a employés, c'est d'abord que ces clichés, à la mesure de son imagination démesurée, lui paraissent refléter l'âme des choses et des êtres. Et c'est aussi, et surtout, pour composer une poésie capable de toucher tous les cœurs ; une poésie qui a fait de lui l'un des plus grands écrivains populaires.

VERS LE COMMENTAIRE COMPOSÉ

L'analyse qui précède fournit les éléments nécessaires à l'élaboration d'un commentaire composé. On peut donc reprendre tel quel le plan que nous avons adopté.

Toutefois, dans le cadre d'un exercice de type scolaire, il n'est pas toujours possible de faire de longs développements. Nous proposons donc également le plan « simplifié » suivant :

— LE PARALLÈLE ENTRE MORT ET OUBLI, correspondant au premier paragraphe de notre première partie ;

— LA MÉTAPHORE DE LA NUIT, correspondant au second paragraphe de notre seconde partie ;

— UN POÈME DE LA PITIÉ, correspondant à notre troisième partie.

Bien entendu on aura soin, chaque fois que cela sera utile, de reprendre des analyses et commentaires présents dans d'autres parties que celles indiquées. Par exemple, l'étude de la métaphore *« la cendre [...] de leur cœur »*, que nous avons donnée en I-2, devra être faite dans la troisième partie du commentaire.

ŒUVRES VOISINES

Victor Hugo a plusieurs fois évoqué le sort des marins et de leurs proches. Voici par exemple un extrait des « Pauvres gens », poème de *La Légende des Siècles*, dans lequel il nous décrit l'angoisse d'une femme de pêcheur, Jeannie, avec des termes très proches de « Oceano nox » :

«Oh ! songer que l'eau joue avec toutes ces têtes,
Depuis le mousse enfant jusqu'au mari patron,
Et que le vent hagard, soufflant dans son clairon,
Dénoue au-dessus d'eux sa longue et folle tresse,
Et que peut-être ils sont à cette heure en détresse,
Et qu'on ne sait jamais au juste ce qu'ils font,
Et que, pour tenir tête à cette mer sans fond,
A tous ces gouffres d'ombre où ne luit nulle étoile,

Ils n'ont qu'un bout de planche avec un bout de toile !
[...]
Jeannie est bien plus triste encor. Son homme est seul !
Seul dans cette âpre nuit ! seul sous ce noir linceul !
Pas d'aide. Ses enfants sont trop petits. - O mère !
Tu dis : « S'ils étaient grands ! - Leur père est seul ! » Chimère !
Plus tard, quand ils seront près du père, et partis,
Tu diras en pleurant : « Oh ! s'ils étaient petits ! »

Sur le même sujet on pourra lire « Pleine mer » et « Les Paysans au bord de la mer » dans *La Légende des Siècles*, ainsi que « Gros temps la nuit » ou « Chanson de bord » dans le recueil intitulé *Toute la lyre*.

A propos de « Oceano nox », il faut citer une œuvre intitulée « La Fin », que le poète Tristan Corbière (1845-1875) composa vers 1873 comme une tardive réponse à Victor Hugo. Corbière, d'origine bretonne, était le fils d'un officier de marine qui, lui-même auteur de romans sur la mer, s'insurgeait avec force contre les « clichés » sur la mer et les marins.

Dans ce texte, caractéristique de son style curieusement haché, Corbière oppose à la vision funèbre de Hugo une image vivante et fière des marins naufragés, éternellement libres d'errer dans les flots plutôt que de pourrir dans un étroit cercueil :

« Eh bien, tous ces marins - matelots, capitaines,
Dans leur grand Océan à jamais engloutis...
Partis insoucieux pour leurs courses lointaines
Sont morts, - absolument comme ils étaient partis.

Allons, c'est leur métier ! Ils sont morts dans leurs bottes,
Leur *boujaron* au cœur, tout vifs sous leur capote !
[...]
- Écoutez, écoutez la tourmente qui beugle !...
C'est leur anniversaire - Il revient bien souvent -
O poète, gardez pour vous vos chants d'aveugle ;
- Eux : le *De Profundis*, que leur corne le vent.

... Qu'ils roulent infinis dans les espaces vierges !...
        Qu'ils roulent verts et nus.
Sans clou et sans sapin, sans couvercle, sans cierges...
- Laissez-les donc rouler, *terriens* parvenus ! »

N.B. : Le « boujaron » était une petite ration d'alcool traditionnellement distribuée aux marins ; le « De Profundis » est un chant liturgique à la mémoire des morts.

Les rapports de l'homme et de la mer ont été pour poètes et écrivains une source d'inspiration très féconde. Le thème a été traité dans des registres fort différents, depuis l'allégorie baudelairienne (« L'Homme et la Mer », dans *Les Fleurs du mal*) jusqu'au réalisme populaire avec *La Légende des flots bleus*, chantée dans les années 30 par Berthe Sylva...

La vie des marins et des pêcheurs a aussi inspiré des ouvrages fameux, parmi lesquels on peut citer *Moby Dick* de l'Américain Herman Melville (1851), *Pêcheur d'Islande* de Pierre Loti (1886), *Capitaines courageux* de Rudyard Kipling (1897), ou *Le Vieil Homme et la mer* d'Ernest Hemingway (1952).

Ces deux derniers titres ont d'ailleurs fait l'objet d'excellentes adaptations à l'écran, le premier en 1937 par Victor Fleming, le second en 1958 par John Sturges ; avec chaque fois Spencer Tracy dans le rôle principal.

Enfin, si l'on souhaite une documentation réaliste sur la vie des pêcheurs de haute mer au début du siècle, on pourra se reporter aux mémoires du capitaine de pêche fécampois Jean Recher, publiés sous le titre *Le Grand Métier* (Plon - 1977).

2

La maturité et l'exil

1. Vieille chanson du jeune temps.

2. «Demain, dès l'aube...»

3. Mors.

4. Chanson.

5. «Sonnez, sonnez toujours...»

1

VIEILLE CHANSON
DU JEUNE TEMPS

VIEILLE CHANSON DU JEUNE TEMPS

1 Je ne songeais pas à Rose ;
  Rose au bois vint avec moi ;
  Nous parlions de quelque chose,
  Mais je ne sais plus de quoi.

5 J'étais froid comme les marbres ;
  Je marchais à pas distraits ;
  Je parlais des fleurs, des arbres ;
  Son œil semblait dire : « Après ? »

  La rosée offrait ses perles,
10 Le taillis ses parasols ;
  J'allais ; j'écoutais les merles,
  Et Rose les rossignols.

  Moi, seize ans, et l'air morose.
  Elle vingt ; ses yeux brillaient.
15 Les rossignols chantaient Rose
  Et les merles me sifflaient.

Rose, droite sur ses hanches,
Leva son beau bras tremblant
Pour prendre une mûre aux branches ;
20 Je ne vis pas son bras blanc.

Une eau courait, fraîche et creuse,
Sur les mousses de velours ;
Et la nature amoureuse
Dormait dans les grands bois sourds.

25 Rose défit sa chaussure,
Et mit, d'un air ingénu,
Son petit pied dans l'eau pure ;
Je ne vis pas son pied nu.

Je ne savais que lui dire ;
30 Je la suivais dans le bois,
La voyant parfois sourire
Et soupirer quelquefois.

Je ne vis qu'elle était belle
Qu'en sortant des grands bois sourds.
35 « Soit ; n'y pensons plus ! » dit-elle.
Depuis, j'y pense toujours.

Paris, juin 1831.

CONDITIONS DE PUBLICATION

Bien que publié en 1855, ce charmant poème a été, si l'on en croit Hugo, composé en 1831. A ce moment, l'auteur a vingt-neuf ans, âge auquel il peut se pencher avec un sourire attendri et moqueur sur ses premières émotions et sur la « stupidité » de l'adolescent qu'il fut :

Vieille chanson du jeune temps / 149

> «En ce temps-là j'étais un garçon rose et bête;
> Je vivais, griffonnant avec une encre honnête,
> Force thèmes latins et peu de billets doux,
> Inflammable, et pour sens ayant des amadous,
> Mais stupide, essuyant ma plume sur ma manche,
> Coupant ma barbe avec des ciseaux le dimanche.»

écrit-il dans un fragment inachevé des *Contemplations*.

De fait, «Vieille chanson du jeune temps» apparaît dans la partie intitulée «Aurore» du premier tome des *Contemplations*, baptisé «Autrefois». Ce poème y est mêlé à d'autres œuvres de même tonalité légère et tendre, comme «Lise», «Vers 1820», «La Coccinelle» ou «La Fête chez Thérèse». Tout suggère donc l'autobiographie, l'évocation de la jeunesse enfuie, le souvenir des moments heureux...

Pourtant on ne trouve pas, dans la vie de Victor Hugo, trace d'une jeune fille prénommée Rose. Ainsi, cette évocation n'est-elle peut-être qu'une anecdote imaginée de toutes pièces pour évoquer l'éternelle histoire d'un jeune homme naïf et d'une jeune fille avertie; ou la transposition d'un souvenir émouvant...

MOUVEMENT DU TEXTE

Le poème, écrit à l'imparfait, est une remémoration. Le narrateur y évoque un épisode de son passé non plus tel qu'il l'a vécu, mais tel qu'il le comprend à présent qu'il a vieilli.

Ce mécanisme doit être bien souligné dans l'explication du texte. C'est un phénomène que chacun connaît: on vit une situation, puis on apprend ou on comprend après coup quelque chose qui fait voir cette situation sous un angle totalement différent. Toute la scène vécue est alors reconstruite par l'esprit et la mémoire, certains éléments négligés prenant soudain une importance essentielle. Quelquefois même, on se rend soudain compte que l'on est apparu aux autres sous un jour peu flatteur.

Ici, comme nous le verrons au cours du commentaire, toute la scène racontée par le narrateur a subi un semblable changement de perspective.

C'est tout bonnement l'histoire d'une occasion manquée, par timidité et par ignorance. Le jeune homme n'a pas saisi, sur le moment, les avances de la jeune fille. Ce n'est qu'après, une fois trop tard, qu'il a compris sa sottise. C'est pourquoi il peut dire, par exemple, *« Je ne vis pas son pied nu »* (vers 28) : s'il ne l'avait pas vu, il ne pourrait pas en parler. En fait il a vu ce pied, mais pas avec la signification qu'il lui accorde maintenant. Le vers veut dire en fait : « Je ne le vis pas comme j'aurais dû le voir. »

De même, avec le recul, le narrateur prête à la nature, aux bois et aux oiseaux une attitude complice ou moqueuse. Il se souvient que *« [le] taillis [offrait] ses parasols »* (vers 10) comme une invitation qu'il n'a pas su voir, et que *« les merles* [le] *sifflaient »* (vers 16) comme un public aurait sifflé le mauvais acteur qu'il se reproche aujourd'hui d'avoir été. Toute l'histoire nous est ainsi racontée sur le mode du « Je comprends maintenant que… »

Du point de vue de la construction, le poème est une véritable petite comédie. Elle se déroule graduellement, la jeune fille tentant des avances de plus en plus précises tandis que le jeune homme passe d'une agitation aveugle à un abattement muet.

Rose, en effet, prend l'initiative d'accompagner le narrateur dans la forêt. *« Je ne songeais pas à Rose »* nous dit-il d'emblée. C'est donc la jeune fille qui a décidé de se joindre à lui. Elle semble avoir une idée précise : son œil brille (vers 14) et semble provoquer ou inviter (vers 8). Elle trouve moyen de laisser apparaître son bras (vers 18), puis sa jambe (vers 25-28). Elle alterne sourires et soupirs (vers 31-32)…

Pendant ce temps, le jeune homme *« froid comme les marbres »* (vers 5) parle de tout et de rien (vers 7), sans avoir véritablement conscience de la situation (vers 20 et 28). Puis, paralysé par la timidité, il se tait peu à peu (vers 29) et perd toute initiative (vers 30).

Le texte se clôt sur une chute à la fois humoristique et nostalgique, avec l'opposition des vers 35-36. Humoristique, par le contraste (ou **antithèse**) entre les termes *« plus »* et *« toujours »*. Humoristique aussi, dans la mesure où le narrateur repense peut-être à l'incident avec le sentiment cuisant de son ridicule. Mais nostalgique, pour les mêmes raisons, si l'on imagine que ce narrateur a connu une vie triste et regrette cette occasion qui aurait pu changer son existence. Dans cette perspective, on pourra évoquer l'émouvant poème d'Antoine Pol, « Les Passantes » (voir en fin de chapitre).

LECTURE SUIVIE

Le poème est composé en heptamètres, vers de sept syllabes donnant à l'œuvre une légèreté musicale. On se souviendra, à ce sujet, du conseil que Verlaine donnera aux poètes, des années plus tard, dans son *Art poétique* :

> **« De la musique avant toute chose,
> Et pour cela, préfère l'Impair »**

Le titre

Dès l'abord, on relève dans ce titre une antithèse entre les mots *« vieille »* et *« jeune »*.

Le *« jeune temps »* désigne ici le temps de la jeunesse, l'adolescence. Quant au terme *« vieille chanson »*, il peut avoir deux significations. D'une part, il peut désigner une chanson évoquant le temps passé, comme si le narrateur considérait qu'il s'agit là d'une époque à jamais enfuie, celle justement de son *« jeune temps »*. Mais d'autre part, il peut s'agir d'une chanson « vieille comme le monde », racontant une histoire éternelle, appelée à se répéter tant qu'il y aura des jeunes gens et des jeunes filles...

On pourra rappeler à cette occasion qu'un poème de Victor

Hugo en forme de déclaration d'amour, daté de 1834 et publié dans *Les Chants du Crépuscule*, s'intitule de la même façon « Nouvelle chanson sur un vieil air ». Comme si, déclarant sa flamme, Hugo avait conscience de rejouer avec des mots neufs une scène mille et mille fois répétées.

Quant au terme *« chanson »*, il indique d'emblée le ton léger du texte. Dans la tradition du folklore français, beaucoup d'auteurs de l'époque, comme par exemple le célèbre Béranger (1780-1857), avaient composé des airs populaires bien connus sur le thème de l'amourette ou des promenades sentimentales. En employant ce mot, Victor Hugo renvoie donc immédiatement son lecteur à un genre familier.

> **« Je ne songeais pas à Rose ;**
> **Rose au bois vint avec moi ;**
> **Nous parlions de quelque chose,**
> **Mais je ne sais plus de quoi. »**

Il s'agit d'une narration à la première personne (*« Je »*) et à l'imparfait, donc le récit d'un souvenir ou d'une anecdote passée. Les personnages sont tout de suite installés : le narrateur et Rose.

Sur cette Rose, nous ne savons rien encore, que son prénom. Aucun détail sur son âge, nous ne savons pas même qu'il s'agit d'une jeune fille. Mais ce prénom, Rose, suggère la fraîcheur et la féminité, en même temps qu'il éveille des souvenirs littéraires classiques comme certains poèmes de Malherbe (« Consolation à M. du Périer ») et surtout de Ronsard (*« Mignonne, allons voir si la rose... »*). Aussi imaginons-nous plus volontiers une adolescente.

N.B. : Une chanson traditionnelle française, qui commence par *« Mon père ainsi que ma mère / N'avaient fille que moi... »*, a pour refrain les mots *« La rose au bois »*. Peut-être y a-t-il eu là pour Hugo une réminiscence, qui aurait joué dans le titre et surtout dans le début du vers 2. N'ayant pas de certitude à ce sujet, nous nous contentons de signaler le fait.

Notons la structure des deux premiers vers : on y trouve les deux termes Je/Moi et Rose en positions symétriques :

« <u>Je</u> ne songeais pas à <u>Rose</u> ;
<u>Rose</u> au bois vint avec <u>moi</u> ; »

Cette figure de construction est appelée **chiasme**. Elle a pour effet ici de nous faire sentir la surprise ressentie par le narrateur à se retrouver accompagné alors qu'il ne l'avait pas prévu. Lui ne demandait rien à personne, elle a pris l'initiative de le suivre dans sa promenade. Passive (complément) dans le premier vers, Rose devient active (sujet) dans le second.

Le chiasme

On appelle « chiasme » une figure de rhétorique consistant à placer de façon symétrique, dans deux membres de phrase successifs, des termes généralement antagonistes. On obtient ainsi une opposition frappante permettant de créer un effet de surprise ou de donner à la formule un aspect indiscutable.

Par exemple, la formule citée par Molière dans *L'Avare* :

« Il faut <u>manger</u> pour <u>vivre</u>, et non pas <u>vivre</u> pour <u>manger</u> »

ou ce vers de Victor Hugo dans le poème « Booz endormi » :

« Un <u>roi</u> chantait <u>en bas</u>, <u>en haut</u> mourait un <u>dieu</u>. »

sont des chiasmes parfaits.

Par extension, on considérera aussi comme des chiasmes les constructions mettant en symétrie des termes de même nature grammaticale. De ce point de vue, ce vers de Baudelaire extrait du poème « Le Voyage » :

« La <u>fête</u> qu'<u>assaisonne</u> et <u>parfume</u> le <u>sang</u> »

sera considéré comme un chiasme, à cause de sa construction symétrique : substantif - verbe / verbe - substantif.

Ici, l'effet de ce chiasme est encore accentué par l'absence de toute liaison entre les deux vers. Le narrateur se retrouve en compagnie de Rose sans avoir bien compris (ou sans bien se souvenir) par quel enchaînement de circonstances il en est arrivé là.

Du reste, sa surprise a été telle qu'il en a oublié les détails de la rencontre, à moins que dans son trouble il ait raconté des choses sans grande importance. En tout cas, les vers 3-4 mettent en évidence chez le jeune homme un certain embarras. Enfin le vers 4, par l'expression *« je ne sais plus »*, nous confirme qu'il s'agit bien du récit d'un souvenir.

« J'étais froid comme les marbres ;
Je marchais à pas distraits ;
Je parlais des fleurs, des arbres ;
Son œil semblait dire : "Après ?" »

La situation se précise. Le narrateur, qui évoque son attitude une fois la surprise passée, se souvient de son trouble. Il nous parle surtout de lui (trois vers, contre un seul pour la jeune fille).

Ce trouble est à la fois indiqué par le vers 4 (le jeune homme est *« froid comme les marbres »*, c'est-à-dire paralysé, glacé par l'émotion) et manifesté par l'attitude du narrateur aux vers 5-6. Il marche *« à pas distraits »*, parlant de tout et de rien, *« des fleurs, des arbres »*, dans un désarroi qui le prive de ses moyens.

Rose, de son côté, ne prête guère attention à ce bavardage décousu. Cela nous est indiqué par le vers 7 (*« Je parlais »*) qui s'oppose au vers 3 (*« Nous parlions »*). Le narrateur fait tous les frais de la conversation tandis que la jeune fille, si l'on en croit le vers 8, semble attendre de lui quelque chose.

Ce vers 8 montre que Rose, à ce moment, pense avoir joué son rôle. Normalement, ce serait maintenant au jeune homme de prendre l'initiative... Le *« Après ? »* signifie là quelque chose comme « Passons à l'étape suivante » ; il manifeste l'attente d'une réponse aux avances qui ont été faites.

Pourtant le mot *« semblait »* suggère que le narrateur n'est pas très sûr de ce qu'il a senti. Il croit avoir perçu une attente, une invitation dans l'œil de sa compagne, mais comme elle n'a rien dit (c'est son *« œil »* qui exprime sa pensée), le doute subsiste. Ainsi le souvenir, à la fin de cette seconde strophe, apparaît encore imprécis.

> « La rosée offrait ses perles,
> Le taillis ses parasols ;
> J'allais ; j'écoutais les merles,
> Et Rose les rossignols. »

La promenade a commencé. Le narrateur, ayant évoqué les personnages et l'état d'esprit de chacun d'eux, évoque à présent l'atmosphère des bois par de légères métaphores.

Nous remarquons tout de suite une complicité de la nature. Celle-ci « offre » aux jeunes gens tout ce qu'il faut pour rendre l'occasion propice : des *« perles »* pour la jeune fille et des *« parasols »* pour une halte agréable. Les oiseaux chantent...

Tout cela peut paraître un cliché un peu convenu. Mais nous ne devons pas oublier qu'il s'agit d'une *« chanson »*, genre qui impose justement certains clichés. Et surtout, il s'agit d'un souvenir. Le narrateur enjolive ; maintenant qu'il a compris ce qu'attendait la jeune fille, il construit rétrospectivement un décor en harmonie avec cette attente. Se reprochant aujourd'hui d'avoir raté l'occasion, le narrateur a l'impression que la forêt tout entière le poussait dans les bras de Rose, qu'il ne tenait vraiment qu'à lui...

Pourtant, dans cette forêt amicale, un détail montre que les jeunes gens n'étaient pas, eux, en parfaite harmonie. Lui écoute *« les merles »*, oiseaux au sifflement plat, tandis qu'elle écoute *« les rossignols »*, au chant poétique et harmonieux. Cette opposition discrète est soulignée par la position des deux noms, *« merles »* et *« rossignols »*, en fin des vers 11 et 12. Le parallélisme ainsi créé fait sentir que les deux personnages restent, pour ainsi dire, chacun dans son coin.

On pourra souligner au passage la similitude entre « Rose » et « rossignol ». On a presque l'impression que les deux mots se répondent. La jeune fille suit la nature, elle est de la même famille que les habitants des bois ; tandis que le jeune homme n'y est pas vraiment à sa place.

Notons aussi, au début du vers 11, le *« J'allais »* brusque, suivant, interrompant presque la description idyllique du bois. Ce mot casse le rythme de la strophe, comme pour faire sentir, face à la nature, l'attitude du jeune homme qui marche sans rien voir.

156 / *La maturité et l'exil*

> « Moi, seize ans, et l'air morose.
> Elle vingt ; ses yeux brillaient.
> Les rossignols chantaient Rose
> Et les merles me sifflaient. »

L'impression d'un manque d'harmonie entre les jeunes gens est ici confirmée. Lui a *« l'air morose »*, mécontent ; affirmation accentuée par l'écriture sèche, « télégraphique », du vers 13. Elle, plus âgée et sans doute plus avertie, suit son idée. L'expression *« ses yeux brillaient »* poursuit l'évocation du vers 8. Rose ne dit rien, mais n'en pense pas moins... On comprend mieux, peut-être, la timidité et l'embarras du jeune homme maintenant que nous connaissons la différence d'âge.

Reconstituant la scène, le narrateur traduit encore une fois son état d'esprit par le décor.

Rose, comme nous le signalions plus haut, est adoptée par les oiseaux de la forêt. Les rossignols la « chantent », ils l'accueillent et lui font un véritable triomphe. A l'inverse, les merles « sifflent » le jeune homme, comme le public le ferait d'un mauvais artiste.

Cette métaphore traduit le sentiment qu'a maintenant le narrateur de son ridicule. Rose était en harmonie avec la nature, qui offrait tout le nécessaire (cf. vers 9-10) ; lui n'a pas su s'accorder et transforme dans son souvenir le chant des oiseaux en une critique moqueuse.

Sur le plan de la construction, toute la strophe marque l'opposition entre les jeunes gens par un parallélisme. La même structure grammaticale est utilisée pour contraster les portraits et les situations, les vers 13-14 et 15-16 se faisant écho :

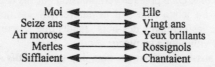

afin de souligner la différence d'état d'esprit entre les personnages.

> « Rose, droite sur ses hanches,
> Leva son beau bras tremblant
> Pour prendre une mûre aux branches;
> Je ne vis pas son bras blanc. »

Après quatre strophes destinées à installer personnages et atmosphère, le narrateur décrit maintenant une action. Il semble que Rose, lassée d'attendre en vain, tente une nouvelle avance.

L'attitude de la jeune fille est curieusement dessinée. D'une part, Rose est assurée, *« droite sur ses hanches »* ; mais d'autre part son bras est *« tremblant »*.

L'assurance de Rose, au vers 17, s'oppose à l'hésitation du garçon qui marche *« à pas distraits »* (vers 6). De plus, l'évocation des *« hanches »* nous précise le portrait de la jeune fille. Les hanches larges sont un élément de beauté particulièrement apprécié à l'époque (comme d'ailleurs la blancheur de la peau, évoquée au vers 20). On peut aussi supposer que, dans le mouvement pour cueillir cette mûre, Rose se met sur la pointe des pieds, ce qui lui fait tendre tout le corps et met en valeur sa silhouette. En tout cas, ces précisions nous font voir Rose comme une jeune fille plutôt attirante.

Quant au mot *« tremblant »*, il peut s'interpréter de diverses manières. Peut-être le bras de Rose tremble-t-il légèrement dans l'effort qu'elle fait pour atteindre la mûre. Peut-être aussi ce tremblement trahit-il une émotion dissimulée, trouble ou désir... Mais peut-être aussi le bras paraît-il tremblant au jeune homme, si ému qu'il ne sait plus très bien ce qu'il voit, ainsi que semble l'indiquer le vers 20 : *« Je ne vis pas son bras blanc. »*

Ce dernier vers semble d'ailleurs contenir une contradiction : si le narrateur n'a pas vu ce *« bras blanc »*, comment peut-il aujourd'hui l'évoquer ? Mais en fait, la contradiction n'est qu'apparente. Le jeune homme a vu le geste de Rose, mais il n'a pas compris l'invitation contenue dans ce geste. Ainsi, il n'a effectivement pas vu à l'époque ce qu'il voit aujourd'hui, lorsqu'il reconstitue la scène.

On notera aussi l'effet de rupture contenu dans cette cinquième strophe. Le mouvement de Rose nous est décrit en trois vers, l'aveuglement du narrateur en un seul. Ce vers 20 acquiert ainsi un impact particulier, encore accentué par la présence du mot *« pas »* au milieu de la phrase, à l'endroit où la voix culmine avant de redescendre.

L'efficacité de ce vers tient également au fait qu'il est composé de monosyllabes, son rythme s'opposant ainsi à celui, plus doux, des trois vers précédents.

« Une eau courait, fraîche et creuse,
Sur les mousses de velours ;
Et la nature amoureuse
Dormait dans les grands bois sourds. »

La promenade se poursuit, amenant les jeunes gens au bord d'un ruisseau. On remarquera que, comme dans les vers 9-10, le narrateur associe le décor à l'émotion qu'il ressent aujourd'hui : la nature est *« amoureuse »* et la mousse évoque le *« velours »* d'un coussin ou d'un canapé accueillant. Le silence des *« bois sourds »* et de la nature « endormie » suggère que rien ne serait venu déranger un tendre tête-à-tête. L'occasion, dans le souvenir du narrateur, était vraiment idéale.

Remarquons les expressions *« nature amoureuse »* et *« bois sourds »*. Ce sont des exemples d'**hypallage**, figure qui consiste à transférer sur une réalité des idées se rapportant à une réalité différente. Ici, ce procédé a pour effet d'humaniser en quelque sorte les bois, de les rendre complices de ce qui aurait pu arriver entre le narrateur et la jeune fille.

On pourra également relever, dans le vers 21, l'expression *« une eau [...] creuse »*. Le ruisseau, nécessaire pour amener la strophe suivante, est décrit de la façon assez conventionnelle qu'exige sans doute l'atmosphère convenue d'une « chanson ». Mais l'adjectif *« creuse »*, employé pour en évoquer la profondeur et l'aspect rocailleux, introduit dans cette description conventionnelle une note d'originalité.

«Rose défit sa chaussure,
Et mit, d'un air ingénu,
Son petit pied dans l'eau pure;
Je ne vis pas son pied nu.»

Cette strophe fait évidemment écho aux vers 17-20. La structure est identique : trois vers sur l'attitude de Rose, un sur l'aveuglement du narrateur. Cette fois encore, le dernier vers est composé de monosyllabes. Comme il reprend exactement les mots du vers 20, on a l'impression que le narrateur s'obstine dans son erreur : *«Je ne vis pas son pied nu»*, pas plus qu'il n'avait su voir son bras.

De fait, il semble que la jeune fille donne une nouvelle chance à son compagnon. Après le bras, elle montre maintenant sa jambe... L'eau fraîche (cf. vers 21) lui en fournit le prétexte ; mais l'expression *«d'un air ingénu»* suggère qu'elle a toujours son idée en tête. Elle prend un air ingénu, c'est-à-dire innocent et naïf, pour ne pas révéler ses intentions réelles. Et le narrateur n'a pris conscience de cela que bien plus tard : comme pour le *«bras blanc»* du vers 20, il ne voit vraiment qu'aujourd'hui ce que signifiait le *«petit pied»* de Rose.

On notera aussi l'emploi des termes *«ingénu»*, *«petit pied»* et *«eau pure»*. Ces mots, par leur association, suggèrent une sorte d'innocence enfantine. Rose n'est pas une fille perverse ou obsédée, ni un démon... C'est une jeune fille qui suit son instinct, en toute bonne conscience.

C'est pourquoi Rose est bien à sa place dans les bois, chantée par les rossignols (cf. vers 15) : elle est en accord avec la nature, à laquelle elle ne fait qu'obéir.

«Je ne savais que lui dire;
Je la suivais dans le bois,
La voyant parfois sourire
Et soupirer quelquefois.»

Ayant manqué plusieurs fois sa chance, le jeune homme est de plus en plus gauche et embarrassé. Alors qu'il parlait de tout et de rien au début de la promenade (vers 3 et 7), il reste à présent silencieux. Le vers 30 nous indique qu'il a perdu toute initiative, se contentant de «suivre». Le parallélisme des vers 29-30 accentue cette impression d'accablement: le narrateur ressent une certaine nostalgie en évoquant l'étendue de son désarroi.

De son côté, Rose se résigne à l'idée qu'il ne se passera rien. Elle tente encore quelques avances, par des «sourires», mais ces sourires laissent graduellement place à des «soupirs», qui peuvent être de déception ou d'agacement devant ce malheureux garçon qui ne comprend décidément rien.

On notera, aux vers 31-32, le chiasme:

«[...] parfois sourire // Et soupirer quelquefois»

qui, par la succession des deux verbes aux sonorités voisines, met bien en relief l'état d'esprit de la jeune fille oscillant entre deux attitudes.

«Je ne vis qu'elle était belle
 Qu'en sortant des grands bois sourds.
 "Soit; n'y pensons plus!" dit-elle.
 Depuis, j'y pense toujours.»

Ce n'est qu'à la fin de la promenade que le narrateur réalise qu'il est passé à côté de quelque chose. Cette beauté de la jeune fille, que son trouble l'empêchait de voir (cf. vers 20 et 28), lui apparaît maintenant en plein. C'est une prise de conscience tardive.

Le vers 34, évoquant *« les grands bois sourds »*, reprend l'expression du vers 24. Mais il y ajoute une nuance nouvelle: ces bois, qui auraient autorisé et encouragé toutes les audaces du jeune homme, deviennent le signe de son échec. On aura d'ailleurs soin, à la lecture de ce vers 34, de mettre en relief les mots *« en sortant »*. Maintenant qu'il est «sorti» des bois, la partie est définitivement perdue pour le narrateur.

Rose en est d'ailleurs bien consciente: sortant du bois, elle se résigne, ainsi que l'indique son *« n'y pensons plus! »*.

Cette phrase, pour le jeune homme, est une révélation. Jusqu'alors Rose n'a rien dit, cherchant seulement à faire comprendre ses intentions par des gestes et des attitudes. Mais lorsqu'elle dit *« n'y pensons plus »*, elle donne la preuve indiscutable qu'elle « y » pensait tout le temps. Le doute n'est plus permis pour le garçon, qui est à présent certain d'avoir manqué une occasion.

Cette certitude engendre un regret qui ne le quittera plus. *« Depuis, j'y pense toujours »*, nous avoue-t-il.

Il faut évidemment souligner l'humour de l'opposition entre les vers 35 et 36, avec ce contraste entre *« plus »* et *« toujours »* qu'accentue le parallélisme des phrases. Cette chute humoristique achève la *« chanson »* par une note d'amertume souriante.

Il faut remarquer le changement de sens du « y ». Dans la bouche de Rose, ce pronom semble renvoyer à une activité bien précise. Mais dans celle du narrateur, il désigne la promenade, l'événement tout entier et surtout Rose elle-même.

Mais au-delà, il faut aussi remarquer comment le dernier vers de ce poème répond au premier : *« Je ne songeais pas à Rose. [...] Depuis, j'y pense toujours. »* Cette chanson nous raconte comment un jeune homme timide a été marqué à jamais par une jeune fille, dont jusqu'alors il ne se souciait pas. Il semble donc que, si le narrateur garde le souvenir de cette promenade, c'est par nostalgie plus qu'à cause du rôle ridicule qu'il a joué. Son *« j'y pense »* renvoie à tout ce qui aurait pu être et qui, faute d'un peu de hardiesse, n'a pas été.

Finalement, ce poème nous raconte la gaucherie d'un garçon face à une jeune fille plus âgée. Mais il nous parle aussi, de façon plus discrète, du pouvoir qu'ont les jeunes filles et les femmes de rendre, en quelques instants, un homme malheureux pour *« toujours »* ou, en tout cas, pour longtemps. C'est pourquoi il s'agit bien d'une *« vieille chanson »*, d'une histoire qui dure de toute éternité.

VERS LE COMMENTAIRE COMPOSÉ

Le commentaire composé devra mettre en forme les différents points relevés au cours de la lecture suivie, de façon à ne rien oublier d'important tout en évitant les redites. On cherchera

162 / *La maturité et l'exil*

aussi à aller du plus évident au plus profond, de façon à maintenir constamment éveillé l'intérêt du lecteur.

Dans cet esprit, nous proposons le plan suivant :
— UN SOUVENIR RECONSTRUIT.
— UNE HISTOIRE ÉTERNELLE.
— LE THÈME DE LA NOSTALGIE.

EN INTRODUCTION, on peut rappeler le génie multiforme de Victor Hugo. A côté de poèmes grandioses et tragiques comme ceux des *Châtiments* ou de *La Légende des Siècles*, le poète a aussi composé des œuvres légères, pleines d'émotion et de sensibilité.

UN SOUVENIR RECONSTRUIT

Dans cette première partie, on rappelle que le poème raconte un souvenir. Le narrateur, quelques années plus tard, évoque un épisode de son adolescence (faire éventuellement un parallèle avec l'âge de Victor Hugo lorsqu'il a écrit le texte, sans toutefois faire la faute d'identifier l'auteur et le narrateur).

Cette évocation se fait avec des mots simples et sur un ton léger (montrer, en particulier, l'humour des répliques finales). Mais tout le vocabulaire traduit une reconstruction du décor et de l'atmosphère. Maintenant qu'il a compris le sens de l'événement (sens qui lui avait alors échappé), le narrateur adopte une perspective nouvelle qui se traduit par ses descriptions.

Cette partie mettra en évidence tout ce qui concerne le décor complice (vers 9-10 et 22-25), la concordance entre les états d'esprit et les oiseaux (vers 11-12, 15-16 et 26-27) et surtout la façon dont le narrateur a maintenant pris conscience de son aveuglement (vers 8, strophes 5 et 7, puis vers 30-35).

Il peut être intéressant d'évoquer, dans cette partie, d'autres œuvres littéraires fonctionnant sur le même mécanisme de reconstruction du souvenir (voir en fin d'explication le paragraphe intitulé « Œuvres voisines »).

UNE HISTOIRE ÉTERNELLE

On a donc montré comment, dans ce poème, la mémoire réoriente et reconstruit la perception et le vocabulaire du narrateur. On va maintenant chercher dans quel sens se fait cette réorientation.

L'histoire est celle d'une occasion manquée. Le jeune homme

a été « mauvais », comme on le dit d'un acteur qui rate sa prestation ; c'est pourquoi il se fait « siffler » (vers 16). On va donc montrer dans cette seconde partie comment sont soulignés :

— les efforts croissants de Rose, qui a pris l'initiative d'accompagner le garçon dans un but bien précis (vers 1-2, vers 8, strophes 5 et 7, vers 31-32) ;
— le trouble du jeune homme (vers 3-7, 13, 29-30 et 33) ;
— le fait qu'ils ne sont pas « sur la même longueur d'onde » (vers 7-8, 11-12, 20, 28 et 35-36).

Mais on montrera aussi comment, dans le poème, le comportement de la jeune fille apparaît naturel, conforme à l'ordre du monde. Le prénom de Rose, sa beauté physique (vers 14, 17-18, 33), l'accord entre les bois et elle (vers 9, 15, 22, 23 et 27), font de la jeune fille une initiatrice. Il n'y a rien de mauvais dans son attitude, simplement dictée par un instinct clair et sain.

De ce point de vue le texte est bien une *« vieille chanson »*, appelée à se répéter tant qu'il y aura des garçons et des filles. L'histoire prend ainsi, comme le suggère son titre, une portée universelle.

LE THÈME DE LA NOSTALGIE

En transition avec cette seconde partie, on peut donc dire que Rose devient ici une figure de la Femme, dans sa dimension à la fois inquiétante et inoubliable.

La dimension inquiétante, dans le poème, est traduite par le trouble du garçon qui ne sait plus très bien quelle attitude adopter, tout en ayant conscience de son ridicule. Quant à l'inoubliable, il apparaît dans le dernier vers ; surtout lorsque ce dernier vers est rapproché du premier. On reprendra donc le texte pour mettre en évidence ces deux aspects.

Tout le poème raconte donc comment le narrateur a été marqué pour *« toujours »* : d'un état initial d'innocence, le garçon se retrouve frappé d'une tristesse, d'un regret qui ne le quitteront plus. Ce thème de la rencontre marquante est un classique ; et il sera intéressant de citer à ce propos certaines œuvres qui l'ont également traité (voir paragraphe suivant).

De plus, la nostalgie introduite par le dernier vers donne, rétrospectivement, un éclairage nouveau à tout le texte. Par exemple les vers 20 et 28 acquièrent quand on connaît la fin du texte une charge émotionnelle particulière. Non seulement le narrateur comprend maintenant qu'il n'a pas « vu » les avances de Rose, mais son constat se double d'un regret cuisant. Ce dernier vers transforme une évocation souriante en évocation émue.

EN CONCLUSION, on voit que le récit de cet épisode, léger dans la forme et finalement triste dans le fond, prend une portée générale et renvoie le lecteur à ses propres souvenirs.

On peut rappeler que le poème appartient au recueil des *Contemplations*, dans la préface duquel Hugo écrivait : *« Ma vie est la vôtre, votre vie est la mienne, vous vivez ce que je vis ; la destinée est une. »* Avec cette vieille chanson, qui est aussi une histoire de toujours, le poète nous en fait la démonstration, à la fois tendre et émouvante.

ŒUVRES VOISINES

Parmi les textes qui ouvrent *Les Contemplations*, Hugo a placé plusieurs poèmes évoquant les premières émotions amoureuses. Mais le jeune homme n'y est pas toujours aussi gauche que dans cette *« Vieille chanson... »*

Voici par exemple un poème, placé presque à la suite de celui que nous avons analysé et dont on appréciera, sur le même thème, la différence de ton et d'inspiration (au passage, on notera les vers 5-6, dont les accents semblent annoncer Baudelaire) :

« **Elle était déchaussée, elle était décoiffée,**
  Assise, les pieds nus, parmi les joncs penchants ;
  Moi qui passais par là, je crus voir une fée,
  Et je lui dis : « Veux-tu t'en venir dans les champs ? »

 Elle me regarda de ce regard suprême
  Qui reste à la beauté quand nous en triomphons,
  Et je lui dis : « Veux-tu, c'est le mois où l'on aime,
  Veux-tu nous en aller sous les arbres profonds ? »

> Elle essuya ses pieds à l'herbe de la rive,
> Elle me regarda pour la seconde fois,
> Et la belle folâtre alors devint pensive.
> Oh! comme les oiseaux chantaient au fond des bois!
>
> Comme l'eau caressait doucement le rivage!
> Je vis venir à moi, dans les grands roseaux verts,
> La belle fille heureuse, effarée et sauvage,
> Ses cheveux dans ses yeux, et riant au travers.»

Toujours sur ce thème de l'invitation amoureuse, on pourra aussi évoquer certaines œuvres du chanteur-compositeur Georges Brassens, en particulier *La Chasse aux papillons*, récit tendre et léger de l'escapade réussie d'un jeune couple dans les bois.

Sur le thème de la femme incarnant l'instinct naturel ou cherchant à initier un garçon plus jeune, on pourra citer certains romans de Colette comme *Le Blé en herbe*, *Claudine à Paris* ou *La Naissance du jour*. On peut aussi se souvenir du joli film de Michel Deville, *Benjamin ou les Mémoires d'un puceau* avec Michel Piccoli et Catherine Deneuve (1968), de celui de l'Américain Robert Mulligan *Un été 42* (1971); ou citer cette boutade de l'humoriste américain Robert Benchley : *«Le printemps est l'époque où les garçons commencent à se douter de ce que les filles ont su tout l'hiver.»*

Sur la reconstruction d'une scène vécue, dont une information nouvelle vient modifier toute la perception, l'œuvre de référence est évidemment *À la recherche du temps perdu*, de Marcel Proust, dans laquelle ce phénomène est souvent évoqué. A titre d'exemple, voici un extrait de «Un amour de Swann», dans le premier tome de *La Recherche*... Swann a pour maîtresse Odette de Crécy, dont il n'a jamais mis en doute la fidélité jusqu'à ce qu'une lettre anonyme le pousse à interroger la jeune femme. Elle lui avoue alors des aventures toutes récentes, qui lui font voir le passé sous de nouvelles couleurs :

> «Jamais il n'avait supposé que ce fût une chose
> aussi récente, cachée à ses yeux, qui n'avaient
> pas su la découvrir, non dans un passé qu'il
> n'avait pas connu, mais dans des soirs qu'il se

> rappelait si bien, qu'il avait vécus avec Odette, qu'il avait crus connus si bien par lui et qui maintenant prenaient rétrospectivement quelque chose de fourbe et d'atroce [...] Et sous tous les souvenirs les plus doux de Swann, sous les paroles les plus simples que lui avaient dites autrefois Odette [...] il sentait s'insinuer la présence possible et souterraine de mensonges qui lui rendaient ignoble tout ce qui lui était resté le plus cher. »

Enfin, sur le thème de la nostalgie née d'une rencontre manquée on peut citer, dans *Les Fleurs du mal*, le poème « A une passante », où Baudelaire décrit l'apparition fugitive d'une femme en deuil et qui se clôt par cet appel :

> « O toi que j'eusse aimée, ô toi qui le savais ! »

Il faut aussi évoquer le superbe texte d'Antoine Pol, « Les Passantes », mis en musique par Georges Brassens :

> « Mais si l'on a manqué sa vie,
> On pense avec un peu d'envie
> A tous ces bonheurs entrevus ;
> Aux baisers qu'on n'osa pas prendre,
> Aux cœurs qui doivent nous attendre,
> Aux yeux qu'on n'a jamais revus.
>
> Alors, aux soirs de lassitude,
> Tout en peuplant sa solitude
> Des fantômes du souvenir,
> On pleure les lèvres absentes
> De toutes ces belles passantes
> Que l'on n'a pas su retenir. »

Quant aux cinéphiles, ils pourront se rappeler une scène douce-amère du film de Woody Allen, *Comédie érotique d'une nuit d'été* (1982). Discutant avec une ancienne amie, le personnage principal découvre que, pendant une promenade sept ans plus tôt, il n'a pas su comprendre le désir de celle qui l'accompagnait et pour laquelle il brûlait lui-même d'un amour inavoué.

2

« DEMAIN, DÈS L'AUBE... »

1 Demain, dès l'aube, à l'heure où blanchit la campagne,
Je partirai. Vois-tu, je sais que tu m'attends.
J'irai par la forêt, j'irai par la montagne.
Je ne puis demeurer loin de toi plus longtemps.

5 Je marcherai les yeux fixés sur mes pensées,
Sans rien voir au dehors, sans entendre aucun bruit,
Seul, inconnu, le dos courbé, les mains croisées,
Triste, et le jour pour moi sera comme la nuit.

Je ne regarderai ni l'or du soir qui tombe,
10 Ni les voiles au loin descendant vers Harfleur,
Et quand j'arriverai, je mettrai sur ta tombe
Un bouquet de houx vert et de bruyère en fleur.

3 septembre 1847.

CONDITIONS DE PUBLICATION

Ce court poème, l'un des plus célèbres de Victor Hugo, apparaît au début du quatrième livre des *Contemplations*, dans la partie intitulée « Pauca meae ». Cette quatrième partie est tout entière consacrée au souvenir de Léopoldine, fille défunte du poète.

Léopoldine, la fille aînée et la préférée de Victor Hugo, était née le 28 août 1824. A l'âge de dix-neuf ans, en février 1843, elle avait épousé le jeune Charles Vacquerie, un ami de la famille Hugo. Et le 4 septembre 1843, lors d'une promenade en voilier sur la Seine, dans la rade normande de Villequier, Léopoldine et son mari s'étaient noyés. La jeune femme était enceinte de quelques mois.

Victor Hugo, en voyage, apprit le drame quelques jours plus tard par la lecture du journal. Le coup lui fut terrible :

> « Oh ! je fus comme fou dans le premier moment
> Hélas ! et je pleurai trois jours amèrement. »

écrit-il dans *Les Contemplations*.

Le recueil des *Contemplations* est sans doute le chef-d'œuvre poétique de Hugo. Il le compose à Jersey, à peu près en parallèle avec *Les Châtiments* (voir, en début d'ouvrage, la biographie de Victor Hugo) et le fait paraître en 1856.

L'ambition du poète est affirmée dès la préface : *Les Contemplations*, qui contiennent vingt-cinq ans de sa vie, sont *« ce qu'on pourrait appeler, si le mot n'avait quelque prétention, les Mémoires d'une âme. [...] Cela commence par un sourire, continue par un sanglot, et finit par un bruit du clairon de l'abîme. Une destinée est écrite là jour à jour. »* Le recueil se compose de deux tomes, intitulés, « Autrefois. 1830-1843 » et « Aujourd'hui. 1843-1855 ». La date charnière de 1843 correspond à la mort de Léopoldine.

La première partie, composée de trois « livres », contient des poèmes évoquant la vie familiale (« Mes deux filles »), l'œuvre de Hugo (« Réponse à un acte d'accusation »), la jeunesse et l'insouciance (« Vieille chanson du jeune temps », dont on trouvera le commentaire dans cet ouvrage)... La seconde partie, contenant elle aussi trois «livres», est marquée d'une tonalité plus grave et, après des poèmes presque philosophiques («Les Mages», «Ce que dit la bouche d'ombre»), se conclut sur une dernière évocation de la jeune disparue («A celle qui est restée en France»).

Le premier livre de la seconde partie a pour titre une formule latine : «Pauca meae». Cette formule peut se traduire de deux manières : «Bien peu d'elle» ou «Bien peu pour elle». Par ce titre ambigu, Hugo exprime donc à la fois sa tristesse (il ne lui reste rien de sa fille, sinon quelques souvenirs) et son désarroi (il ne peut rien faire pour elle, si ce n'est quelques poèmes).

En composant son recueil, Hugo a donc pour souci de l'organiser au mieux, afin de présenter au lecteur un déroulement linéaire de sa vie. Cela le conduit parfois à «tricher» sur les dates de composition inscrites au bas de ses textes. Ainsi, nous savons que *«Demain, dès l'aube...»* fut composé le 4 septembre 1847, jour anniversaire de la mort de Léopoldine. Mais en indiquant la date du 3 septembre, Hugo donne au *«Demain»* évoqué dans le poème une valeur symbolique bien supérieure.

UN MOT D'AVERTISSEMENT

Nous l'avons dit, *«Demain, dès l'aube...»* est l'un des textes les plus célèbres de Victor Hugo. On sait généralement, lorsqu'on en aborde le commentaire, que le poète l'écrit en pensant à sa jeune fille morte et que le but du voyage qu'il se propose est une tombe.

Or, cette connaissance *a priori* du poème risque de mener à de nombreuses erreurs de commentaire.

En effet, rien dans le texte ne nous dit que la *«tombe»* du vers 11 est celle d'une femme, encore moins celle de la fille de celui qui parle. De plus, rien au début du poème (et nous reviendrons sur ce point) ne nous laisse imaginer le but du voyage. Au contraire : aucune tristesse particulière n'est évoquée avant le vers 8, aucune mort avant le vers 11... Dans tout le début du texte, le poète semble s'adresser à une personne bien vivante.

On ferait donc une erreur d'interprétation en « projetant » dans le texte ce que l'on en sait déjà par ailleurs et en voulant, par exemple, reconnaître Léopoldine dans le *« toi »* général et indéterminé auquel s'adresse le poète. Il faut rester fidèle à l'œuvre et ne pas vouloir en tirer davantage de détails ou de précision qu'elle n'en donne.

MOUVEMENT DU TEXTE

Cette courte pièce en alexandrins se compose de trois quatrains. Elle nous décrit le projet d'un voyage dont chaque quatrain marque une étape précise : *« Je partirai »* (vers 2), *« Je marcherai »* (vers 5) et enfin *« j'arriverai »* (vers 11).

Mais ce trajet spatial se double en fait d'une progression psychologique. Le lecteur passe en effet de l'impatience à la tristesse puis à une forme de résignation douce-amère.

Une première partie évoque la perspective d'un voyage vers une personne à laquelle le poète s'adresse sur un ton familier, dans un état d'esprit fait d'ardeur impatiente et exclusive. Une seconde partie nous révèle graduellement le but funèbre de ce voyage, après que l'impatience a laissé place à une forme de renoncement.

Ces deux parties s'articulent autour du huitième vers, dans lequel le poète nous confesse sa tristesse, nous amenant ainsi à interpréter différemment l'attitude décrite aux vers 5-7.

Ce basculement produit par le vers 8 est manifesté par l'opposition *« jour/nuit »*. On passe véritablement, explicitement, du monde de la lumière *(« aube », « blanchit »)* à celui de la tristesse, de l'obscurité *(« Je ne regarderai ni... »)*.

Enfin le dernier vers, par ses évocations de couleur et de vie (*« houx vert », « bruyère en fleur »*), réintroduit une connotation d'espoir ou, en tout cas, d'apaisement.

LECTURE SUIVIE

Ce court poème est composé en alexandrins. Mais il faut souligner que Victor Hugo, capable en d'autres œuvres d'un extraordinaire souffle emphatique, a su trouver ici un rythme fait de douceur et de simplicité.

**« Demain, dès l'aube, à l'heure où blanchit la campagne,
Je partirai. »**

Deux points sont à souligner dans ce début : la progression du premier vers et surtout l'emploi, remarquablement efficace, du rejet.

Le premier vers est bâti sur un rythme 2-2-8. Il commence par deux groupes verbaux brefs dont la succession rapide annonce volonté et détermination; suivis d'une proposition plus longue qui apporte au vers une certaine sérénité.

Par contraste avec cette longue proposition, les mots *« Je partirai »* prennent un relief tout particulier. Rejetés en début de vers 2, ils accentuent fortement l'impression de décision irrévocable déjà créée par l'attaque *« Demain, dès l'aube »*. Le poète semble ainsi nous faire part, non pas d'un constat, mais d'une volonté que rien ne pourrait infléchir. Il partira dès que possible, « à la première heure ». L'emploi du futur simple renforce encore cette impression de détermination.

On pourra souligner la formule *« à l'heure où blanchit la campagne »*. Le texte étant écrit en septembre, on peut supposer que Hugo fait allusion au moment du matin où l'herbe blanchit sous la gelée. La précision horaire se double ainsi de la connotation d'une température froide, ce qui accentue l'idée que rien n'arrêtera la marche déterminée du poète. Cette notation visuelle, juste et précise, introduit aussi une idée de couleur renforçant la signification de « aube » qui vient du latin « alba » : « blanche ».

« ... Vois-tu, je sais que tu m'attends. »

Le second vers fait intervenir un *« tu »*, et révèle ainsi le texte comme s'adressant à une personne indéterminée. Cette personne, le poète la connaît bien, au point de la tutoyer et, surtout, de deviner ses pensées sans risque d'erreur : *« je sais que tu m'attends »*, lui dit-il.

La connivence entre le narrateur et cette personne nous est suggérée de façon très habile par la succession des *« je »* et des *« tu »* :

« **Je** partirai. Vois-**tu**, **je** sais que **tu** m'attends. »

Le recours au tutoiement, l'imbrication des deux pronoms, la certitude qu'affiche le narrateur d'être effectivement attendu, la simplicité du langage employé, tout concourt à nous faire sentir entre le poète et son interlocuteur une familiarité affectueuse.

«J'irai par la forêt, j'irai par la montagne.»

Plus que la description d'un itinéraire, ce vers 3 est l'affirmation réitérée d'une volonté. Le narrateur ira vers son but et rien ne pourra l'en empêcher. Ce sentiment est accentué par le recours à l'**anaphore**, répétition à l'identique de la forme verbale *« J'irai par »* qui nous fait sentir la progression obstinée du voyageur.

Inutile et un peu absurde d'aller chercher ici de quelle forêt ou de quelle montagne il pourrait « véritablement » s'agir. Même si nous savons que Hugo, en écrivant ce texte, pensait à la route du cimetière de Villequier, le texte a une portée beaucoup plus générale. En revanche, il faut souligner que *« forêt »* et *« montagne »* suggèrent habituellement l'idée d'une marche plus difficile, ralentie par davantage d'obstacles que, par exemple, une marche dans la campagne. Aussi ces termes viennent-ils renforcer l'impression de volonté inébranlable qui ressort du texte depuis les premiers mots : le voyageur, pressé d'arriver, prendra au plus court quelles que soient les difficultés de la route.

« Je ne puis demeurer loin de toi plus longtemps. »

Ce vers introduit deux notions nouvelles. La première, une idée d'attraction presque irraisonnée, semblable à celle que l'on peut connaître dans la passion amoureuse (« *Je ne puis demeurer loin de toi* »). La seconde, une information selon laquelle le poète et la personne à laquelle il parle ont été séparés *« loin de toi plus longtemps* »). Le narrateur manifeste donc un double sentiment, fait d'ardeur et d'impatience, qui justifie la détermination dont il paraît faire preuve.

On note que, comme dans le vers 2, les mots *« Je »* et *« toi »* viennent se compléter pour créer comme un échange.

Ce premier quatrain nous montre donc le narrateur fermement décidé à prendre la route pour rejoindre, à travers tous les obstacles, une personne qui lui est chère, qu'il connaît bien et dont il est séparé depuis un temps trop long… En fait, l'interprétation la plus naturelle serait celle d'un rendez-vous amoureux.

« Je marcherai les yeux fixés sur mes pensées,
Sans rien voir au dehors, sans entendre aucun bruit, »

Le second quatrain débute par *« Je marcherai »*, suite logique d'un voyage commencé au premier quatrain avec *« Je partirai »*. Pourtant le poète ne nous fait pas, cette fois, part de ses intentions. Se projetant déjà dans le futur, il décrit plutôt ce que sera son état d'esprit.

L'image employée est d'ailleurs assez curieuse : *« les yeux fixés sur mes pensées, Sans rien voir au dehors »*. Ce marcheur, qui sera donc forcément à l'extérieur, parle néanmoins du *« dehors »*, comme si sa tête, son univers mental constituaient une maison dans laquelle il serait enfermé. Les *« pensées »* sont comme un tableau ou un objet qu'il est possible de contempler à l'exclusion de toute autre chose…

L'effet produit est de nous faire sentir une véritable réclusion, un isolement du voyageur tout au long de sa route. Il ne pourra ni *« voir »* ni *« entendre »*, verbes passifs (par opposition à « regarder » ou « écouter ») indiquant qu'il ne pourra pas être atteint par les sollicitations du *« dehors »*. Absorbé par la perspective de sa rencontre prochaine avec la personne qu'il veut rejoindre, concentré sur son but et sur ses réflexions, le poète sera inaccessible à ce qui pourra l'entourer. Le **parallélisme** du vers 6 (*« sans rien voir* [...] *sans entendre* [...]*»*) renforce encore cette affirmation, tandis que le rythme régulier du vers 5, que scandent les sons en «é» :

« Je marcherai les yeux fixés sur mes pensées, »

et qu'aucune ponctuation ne vient moduler, semble reproduire la marche droite et soutenue du narrateur...

Ces vers confirment donc toute l'importance que le narrateur accorde à sa rencontre prochaine, importance telle qu'elle effacera tout le reste. L'impatience et la détermination sont toujours présentes ; mais il s'y est ajoutée une idée de concentration. Le poète ne pourra accorder d'attention qu'à son but.

« Seul, inconnu, le dos courbé, les mains croisées, Triste, »

Le vers 7 et le rejet du vers 8, précisant l'attitude et l'état d'esprit du marcheur, provoquent chez le lecteur une certaine surprise. Nous sommes en présence d'un homme préparant un voyage vers un être cher, un voyage qu'il envisage avec une impatience et une ardeur telles qu'il ne pourra s'occuper de rien d'autre. Or l'attitude décrite est celle d'un homme accablé de souci, ce que confirme le mot *« Triste »*. Il y a donc une certaine contradiction, une apparente incohérence.

Le vers 7 installe progressivement, par les mots et le rythme, un sentiment d'accablement.

Le mot *« Seul »* semble poursuivre l'affirmation faite au vers 6 : le poète ne verra rien ni personne au cours de son périple. Mais il évoque aussi un certain abandon. Vient ensuite *« inconnu »*, qui mérite d'être souligné. Hugo, en effet, est célèbre et il lui arrive d'être reconnu et abordé dans la rue. Le fait pour lui d'être *« inconnu »* suggère qu'il sera fondu dans la foule, un homme parmi les autres ; mais aussi que personne ne voudra ou ne pourra le reconnaître. Cette indifférence qu'il aura à l'égard du monde, le monde la lui rendra... Ainsi, *« inconnu »* vient préciser *« Seul »* en donnant l'impression que le narrateur sera comme ignoré par ceux qu'il rencontrera.

Les mots *« le dos courbé, les mains croisées »* (que ce soit devant ou derrière le dos) décrivent la posture habituelle de la personne soucieuse ou absorbée dans ses pensées. Pourtant, la précision *« le dos courbé »*, ajoutée aux adjectifs *« Seul »* et *« inconnu »*, se colore d'une certaine lassitude…

Cet effet de lassitude est rendu plus sensible encore par la construction du vers. Le rythme 1-3-4-4 et les allitérations en « k » créent une impression de martèlement, comme si les poids s'accumulaient sur les épaules du narrateur :

« Seul, // in<u>c</u>onnu, // le dos <u>c</u>ourbé, // les mains <u>c</u>roisées, »

Enfin le mot *« Triste »*, remarquablement mis en valeur par le **rejet** en vers 8, vient confirmer l'impression que nous commencions à ressentir.

«… et le jour pour moi sera comme la nuit. »

Avec cette courte proposition, Victor Hugo achève de confirmer le sentiment de tristesse lasse qu'avait fait naître le vers 7. Il le fait en utilisant une **antithèse** (*« jour »/« nuit »*) ce qui, de sa part, n'a rien pour nous surprendre.

Pourtant cette antithèse, très classique, est glissée ici avec infiniment de sobriété. Aucun effet grandiloquent, mais des mots simples et un rythme doux comme un souffle, qu'assourdissent encore les allitérations en « r » du début de la phrase :

« et le <u>r</u>jou<u>r</u> pou<u>r</u> moi se<u>r</u>a comme la nuit. »

Jusqu'au vers 7, nous pouvions continuer à croire que le poète projetait un rendez-vous plus ou moins amoureux. A partir du vers 8, cette hypothèse n'est plus possible. Ce vers est donc bien un point d'articulation du texte. L'antithèse *« jour »/« nuit »* prend ainsi toute sa valeur : avec ce vers 8 nous quittons nettement le *« jour »*, le monde de la joie, pour entrer dans une *« nuit »* dont nous savons seulement, pour l'instant, qu'elle fait du poète un homme *« seul »* et *« Triste »*.

Le second quatrain nous laisse donc dans une certaine perplexité. L'image que nous nous faisions du poète impatient et joyeux de retrouver une personne aimée, laisse place à celle d'un homme marchant avec tristesse, perdu dans des idées sombres.

« Je ne regarderai ni l'or du soir qui tombe, Ni les voiles au loin descendant vers Harfleur, »

Cette phrase semble reprendre l'idée exprimée au vers 6 : *« Sans rien voir au dehors »*. Elle y ajoute pourtant une nuance importante : *« voir »* et *« entendre »* sont des verbes décrivant une situation passive, le fait d'être exposé à un spectacle ou un bruit. Au contraire, « regarder » implique une action volontaire, le fait de tourner son attention vers quelque chose ou quelqu'un.

Ainsi, quand le poète écrit qu'il « ne regardera pas », il manifeste clairement sa volonté de rester fermé à toute sollicitation extérieure. Non seulement ses pensées l'empêcheront de *« rien voir »*, mais encore il refusera de prêter attention au spectacle du monde.

Notons au passage que les tableaux évoqués ne le sont pas au hasard. *« L'or du soir qui tombe »*, c'est le coucher de soleil, donc un tableau offert par la nature ; *« les voiles au loin »*, ce sont des bateaux de pêche ou de plaisance, donc l'activité humaine. Par le recours au **parallélisme** (*« ni l'or* [...] *Ni les voiles... »*), Hugo met ces deux tableaux sur le même plan, afin de mieux les réunir dans son refus.

L'impression de renoncement est d'autant plus forte que les tableaux cités par le poète sont bien propres, en d'autres temps, à lui inspirer admiration et recueillement. Couchers de soleil ou bateaux revenant au port lui ont fourni, par le passé, les sujets de poèmes superbes (voir les commentaires de « Soleils couchants » et « Oceano nox »)... Il faut que sa tristesse soit bien grande pour le faire renoncer à un tel spectacle.

De plus, ces tableaux, Hugo les connaît bien : il évoque *« l'or du soir »* ou les navires *« descendant vers Harfleur »* de façon simple et familière, comme s'il avait déjà eu cent fois l'occasion de les contempler, comme s'il connaissait bien la route et les habitudes des pêcheurs. Il s'agit donc pour lui d'un paysage connu, d'un trajet déjà effectué en d'autres circonstances. La formule *« l'or du soir qui tombe »* comporte même une certaine beauté, suggérant que le poète a eu, déjà, le plaisir d'admirer ce coucher de soleil qu'il refusera demain de contempler. L'impression qui en ressort est que le narrateur connaît la valeur du sacrifice qu'il s'infligera, et donc que son voyage a quelque chose de pressant ou présente pour lui une importance essentielle.

« Et quand j'arriverai, je mettrai sur ta tombe
Un bouquet de houx vert et de bruyère en fleur. »

Le vers 11, tout en conservant le ton de simplicité familière qui caractérise le poème depuis le début, crée un effet de surprise. Le mot *« tombe »*, qui s'insère tout naturellement dans la phrase, prend par sa seule signification un relief saisissant et vient expliquer, d'un coup, le mot *« Triste »* du vers 8 et l'atmosphère de mélancolie dans laquelle le poète avait su nous entraîner. Ce n'est qu'à ce moment que nous découvrons que le poète, depuis les premiers mots, s'adresse à une personne disparue.

La structure du vers accentue encore cet effet de surprise. Les deux propositions successives *(« quand j'arriverai »* et *« je mettrai sur ta tombe »)*, simplement séparées par une virgule, contrastent par leurs significations. Car nous savons depuis le début que le poète attend avec impatience ce voyage si important pour lui : l'arrivée devrait donc en être une satisfaction ou une joie... La pause, marquée par la virgule, accentue l'opposition tragique entre cette joie supposée et l'amère réalité du mot *« tombe »*, que met en relief sa position en fin de vers.

Le dernier vers, comme souvent chez Victor Hugo, est chargé d'une signification particulière qui modifie ou éclaire l'ensemble du poème.

Il est traditionnel de décorer les tombes avec des bouquets ou des couronnes. Souvent, la taille et le prix du bouquet se veulent proportionnels à l'affection que l'on portait à la personne disparue. Ici, au contraire, il s'agit de fleurs simples, *« houx »* et *« bruyère »*, que l'on peut facilement trouver dans les campagnes environnantes et que le voyageur, s'il n'était si pressé, aurait pu cueillir pendant sa marche.

Cette simplicité s'accorde bien avec la tonalité générale du poème, faite de douceur familière. Mais de plus, les fleurs choisies représentent cette nature environnante à laquelle le poète

178 / *La maturité et l'exil*

ne veut plus, dans sa douleur, prêter attention. D'une certaine façon, le monde qui l'entoure n'a plus d'intérêt pour lui que s'il le partage, par l'offre de ce petit bouquet, avec l'être cher qu'il est venu visiter.

Enfin, et c'est là sans doute le plus important, la description du bouquet introduit une double notion de vie et de couleur.

Le houx est *« vert »*, tandis que le mot *« fleur »* connote une idée de couleurs vives. Ces couleurs viennent s'opposer à la *« nuit »* du vers 8 (on notera d'ailleurs les positions symétriques, en fin de quatrain, de ces deux mots). Plus encore, les fleurs et la verdure, à travers l'idée de printemps, évoquent celle de vie, de renaissance. Ainsi, s'opposant à la terrible *« tombe »*, le bouquet du poète apparaît finalement comme un témoignage d'espoir.

QUELQUES THÈMES

Cette lecture nous ayant permis de dégager l'organisation générale du texte et d'en repérer quelques points caractéristiques, nous pouvons maintenant regrouper nos observations autour de quelques idées clés qui nous permettront de bâtir notre commentaire.

Trois thèmes paraissent mériter une étude particulière : la simplicité et la généralité du poème, l'échange entre le poète et la personne disparue, et enfin le thème de l'espoir.

Simplicité et généralité

Ce court poème nous frappe, dès l'abord, par l'absence d'emphase et la simplicité du ton. La chose vaut d'être soulignée chez Victor Hugo dont on connaît le goût et l'habileté en matière d'effets oratoires. Elle se manifeste par le ton naturel, la clarté du vocabulaire employé (termes quotidiens, familiers, excluant les expressions techniques ou savantes) et l'absence de figures de style trop visibles (comme les métaphores ou les accumulations…).

Cela n'exclut pas, bien entendu, la recherche dans le style ou la construction. Nous avons souligné, dans la lecture suivie, le recours aux **parallélismes**, aux **anaphores** et aux **rejets**, ainsi que l'**antithèse** du vers 8. Mais ces effets sont employés ici avec une exemplaire discrétion.

Cette volontaire simplicité donne au texte une grande douceur. Le poète parle à quelqu'un, désigné par le mot *« tu »*, et ce tutoiement s'ajoute à la sobriété des termes pour créer l'impression d'une conversation familière. L'expression *« Vois-tu »* (vers 2), par son aspect spontané et direct, participe au même effet.

L'intimité, la compréhension (manifestée par des phrases comme *« je sais que tu m'attends »*) jouent un rôle essentiel dans l'émotion que dégage le poème. En effet, la mention finale de la *« tombe »* prend d'autant plus de force que nous avons pu sentir, au cours de la lecture, les liens d'amitié ou d'amour qui unissent le narrateur à la personne disparue.

Par ailleurs, la simplicité de l'expression a un effet rétrospectif.

Tant que nous lisons le texte, nous pouvons voir dans cette façon familière de parler le reflet de l'intimité entre le poète et son interlocuteur. Cette intimité contribue d'ailleurs, dans le début du texte, à nous faire penser à quelque rendez-vous amoureux. Mais lorsque nous découvrons, à la fin, que le poète s'adresse à une personne morte, la simplicité de l'expression devient celle d'une douleur tout intérieure, vécue avec dignité et retenue.

Tout le poème s'éclaire alors d'une lueur nouvelle : l'image d'un homme courant à travers *« forêt »* et *« montagne »* pour rejoindre une personne aimée, laisse place à celle d'un homme grave, *« triste »*, abîmé dans un souvenir nostalgique et douloureux. Et les derniers vers expriment alors, grâce à la dignité dont se pare la douleur du poète, une tristesse résignée, tempérée par la douceur amère de ces retrouvailles.

Enfin, la simplicité adoptée par Victor Hugo fait échapper ce poème à son contexte particulier et en fait une œuvre de portée universelle.

Nous avons déjà expliqué les circonstances historiques de la composition : évocation de la tombe de Léopoldine au quatrième anniversaire de sa mort, souvenir des paysages autour de Villequier, sur la côte normande, texte antidaté afin de le rendre plus significatif... Tout cela est bien connu, et les différents commentateurs ne se privent guère de le rappeler.

Mais qu'on y prenne bien garde : rien, absolument rien dans le texte ne permet de déterminer l'âge ou le sexe de la personne à laquelle s'adresse le narrateur, non plus que la nature du lien qui les unit. Plus encore, si l'on excepte le nom de *« Harfleur »*, le texte pourrait se référer à n'importe quelle côte...

Ce texte est donc bien un poème de la douleur, du chagrin devant la mort d'une personne proche ; mais c'est le poème de tous ceux qui ont perdu quelqu'un. L'expression, simple et sans effet, pourrait être celle de chacun. Les circonstances, peu définies, laissent loisir à tout lecteur de se reconnaître dans l'émotion si éloquemment exprimée par Hugo.

Tel était d'ailleurs le dessein du poète, qui écrivait dans la préface des *Contemplations* : « *Nul de nous n'a l'honneur d'avoir une vie qui soit à lui. Ma vie est la vôtre, votre vie est la mienne, vous vivez ce que je vis ; la destinée est une.* [...] *Hélas ! quand je vous parle de moi, je vous parle de vous.* » Circonstance aggravante : Hugo avait perdu Léopoldine en 1843, mais trois ans plus tard, il avait vu sa maîtresse Juliette Drouet perdre sa fille unique, âgée d'une vingtaine d'années. Cette terrible coïncidence ne pouvait que conforter Hugo dans son idée que les hommes sont égaux devant la douleur.

Le vers 7, qui nous dépeint l'attitude du marcheur, est d'ailleurs assez révélateur de cet état d'esprit : *« Je marcherai* [...] *Seul, inconnu, le dos courbé...* »

Le poète sera *« Seul »*, parce qu'il a entrepris un voyage en solitaire, mais aussi parce que sa douleur, qui l'empêchera de *« voir au dehors »*, lui interdira tout partage. Cette solitude, exprimée avec une grande sobriété, nous paraît plus morale que physique. C'est la solitude d'un homme muré dans une douleur profonde, dans une émotion indicible. Il est seul parce que personne ne pourrait partager sa peine.

Aussitôt après *« Seul »*, Hugo ajoute *« inconnu »*. Sans doute ce mot décrit-il l'incognito dans lequel cet homme célèbre voudra rester, tout le temps de sa route, pour se consacrer au culte du souvenir. Peut-être aussi la douleur l'aura-t-elle bouleversé, marqué, au point de le rendre difficilement reconnaissable... On image le poète, vêtu à la hâte et sans recherche après une toilette sommaire (il est parti *« dès l'aube »*), croisant des gens sans leur parler ni être reconnu d'eux, *« inconnu »*.

Mais le mot *« inconnu »* possède à nos yeux une autre dimension. Il semble que, sous la douleur, le poète ait perdu tout ce qui fait sa spécificité, sa célébrité, et qu'il se sente lui-même un homme parmi les autres. *« inconnu »* sonne ici comme « sans rien qui le distingue des autres ». Alors que Hugo (qui faisait grand cas de sa valeur) appartient en 1847 à la haute société, une élite intellectuelle et sociale admirée ou enviée, il se décrit ici comme perdu dans la foule anonyme... C'est que le deuil et la douleur l'ont ramené au simple niveau humain ; qu'il ressent dans cette tristesse la fraternité de tous ceux que le sort éprouve d'une façon ou d'une autre.

Simplicité, sobriété, généralité... Toutes ces qualités font de *« Demain, dès l'aube... »* le poème de ceux qui, ayant perdu un être cher, ont appris avec le temps à accepter leur douleur. Ce n'est plus la souffrance presque physique des premiers jours, celle qui rend *« comme fou dans le premier moment »*, mais une tristesse grave, tempérée par le souvenir et une certaine forme d'espoir.

Un poème de l'échange

Au cours de ce poème, le narrateur semble s'adresser à une personne particulière, dans un pseudo-dialogue qui ferait du lecteur un témoin muet. Il s'agit là d'un procédé classique, utilisé aussi bien dans le passé par Ronsard *(« Quand vous serez bien vieille... »)* ou Corneille (« Marquise ») que de nos jours par Aragon *(« Que serais-je sans toi... »)*, Brel (« Ne me quitte pas ») ou Georges Brassens (« La Non-demande en mariage »). Ce procédé permet de donner une très grande authenticité aux sentiments exprimés, en laissant croire au lecteur qu'il assiste de façon privilégiée à un échange intime, tête-à-tête ou correspondance.

Pourtant, dans le cas précis de ce texte, le procédé va beaucoup plus loin. En effet, le poème met en scène une dynamique entre narrateur et interlocuteur, entre *« je »* et *« tu »*, qui dépasse le simple effet rhétorique pour devenir une forme particulière du souvenir.

Nous l'avons souligné lors de la lecture suivie : le début et la fin du poème sont marqués par un équilibre entre les *« je »* et les *« tu »*. C'est ainsi qu'au second vers le *« Je partirai »* est compensé par *« Vois-tu »* et le *« je sais »* par *« tu m'attends »*. De même, au vers 4, on trouve *« Je ne puis demeurer loin de toi »* et au vers 11 *« je mettrai sur ta tombe. »*

Dans le milieu du texte (vers 5-10), au contraire, les *« je »* sont comme renforcés par les mots *« me »* et *« moi »*, donnant ainsi une réalité grammaticale à l'affirmation du vers 5 selon laquelle le poète sera *« Seul »*. Mais en même temps, on note une fréquente utilisation des parallélismes (aux vers 3, 6 et 9-10).

Ainsi, de façon exprimée ou sous-jacente, la notion de symétrie est constamment présente dans le poème. Car l'idée directrice est celle d'un échange, d'une véritable communion entre le poète et la personne à laquelle il s'adresse.

Il y a d'abord une communion intellectuelle : le narrateur « sait » qu'il est attendu ; il ressent presque physiquement cet appel (cf. vers 4) et cela se traduit par un sentiment d'urgence (vers 3 et 9-10). On dirait qu'il y a entre lui et son interlocuteur une sorte de mystérieux lien, une communication particulière qui donne au poète la certitude d'être attendu.

La communion évolue ensuite vers une véritable osmose. Cette personne, dont nous découvrons à la fin du texte qu'elle est morte, Hugo la fait véritablement vivre, s'adressant à elle tout au long du texte comme si elle pouvait l'entendre et lui répondre. En même temps lui, le vivant, se mure dans ses pensées, se ferme à tout ce qui l'entoure (vers 5-6) et se meut dans une *« nuit »* (vers 8) qui n'est pas sans évoquer celle du tombeau. Ainsi, le texte met finalement en présence un mort-vivant (la personne disparue) et un vivant qui se sent comme mort (le poète).

Cet échange, cette osmose se manifestent particulièrement dans le dernier vers. Nous avons déjà souligné que le *« houx »* et la *« bruyère »* sont des plantes simples, qui poussent sur le chemin emprunté par le poète pendant son voyage. Elles participent donc, comme le coucher de soleil et les voiles, de ce paysage que le poète refusera de regarder (vers 10-11). Détournant ses yeux des beautés qui l'entourent, le narrateur les offrira symboliquement à cette personne aimée qui ne peut plus, désormais, les contempler. On trouve donc à la fin du poème une dernière symétrie, la personne vivante refusant le monde pour elle-même et l'offrant, sous la forme d'un humble bouquet, à la personne morte qui en est privée.

On notera que cette symétrie entre mort et vivant s'amorce dans le texte au vers 8, avec la phrase *« le jour pour moi sera comme la nuit »*. C'est bien ce vers 8 qui, dans l'organisation générale du poème, joue un rôle de charnière.

Mais comment expliquer cet échange, cette communion mystérieuse entre le poète et la personne disparue ? C'est qu'au-delà de la mort, la puissance du souvenir permet aux morts de continuer à vivre... L'expression traditionnelle « Rester vivant dans les mémoires » prend toute sa signification avec ce texte, dans lequel Hugo abolit les frontières de la mort pour communier, de façon à la fois sobre et intense, avec un mort aimé.

Quelques années plus tard, en 1855, Victor Hugo évoquera cette survie qu'offre le souvenir dans un poème intitulé « Dolorosae » :

> **« Nous avons pris la sombre et charmante habitude**
> **De voir son ombre vivre en notre solitude,**
> **De la sentir passer et de l'entendre errer,**
> **Et nous sommes restés à genoux à pleurer.**
> **Nous avons persisté dans cette douleur douce**
> **... »**

Remarquons la *« sombre et charmante habitude »*, la *« douleur douce »*... ces alliances de mots traduisent bien l'ambiguïté liée au souvenir d'une personne aimée et disparue : plaisir de l'évoquer, tristesse de devoir admettre son absence. Tout le mouvement de *« Demain, dès l'aube... »* repose sur ce double sentiment.

Le thème de l'espoir

Ce poème, avons-nous écrit, est celui de la douleur, non pas cette douleur presque physique des premiers temps, mais la douleur intériorisée du deuil sur lequel le temps a passé. Pour s'en convaincre, on peut comparer la sobriété grave de *« Demain, dès l'aube... »* aux accents presque révoltés d'un poème écrit deux ans plus tôt pour le même triste anniversaire, le 4 septembre 1845 :

> « A qui sommes-nous donc ? Qui nous a ? qui nous mène ?
> Vautour fatalité, tiens-tu la race humaine ? [...]
> O vivants, serions-nous l'objet d'une dispute ?
> L'un veut-il notre gloire, et l'autre notre chute ?
>   Combien sont-ils là-haut ? »

A ce moment du deuil, l'idée de retourner sur la tombe de la personne disparue, pour une évocation affectueuse ou un dialogue illusoire, devient réellement une consolation. Consolation un peu dérisoire sans doute, qui bute toujours sur la terrible réalité de la *« tombe »*, mais consolation efficace qui explique le mouvement d'empressement et de joie manifesté par l'auteur au début du poème. Tout le texte est bâti sur cette progression entre la joie des « retrouvailles » et la tristesse d'une absence que l'on est bien forcé d'admettre...

Entre la joie et le réalisme peut se glisser une certaine forme d'espoir. C'est cet espoir qui, de façon discrète, est présent tout au long du poème.

Mentionnons d'abord la vie que le poète prête à son interlocuteur : *« tu m'attends »*, écrit-il au vers 2, avec un accent de certitude *(« je sais que... »)* qui empêche le lecteur d'imaginer la lugubre réalité du dialogue qui semble s'engager. Rétrospectivement, cette affirmation prend une signification pathétique, comme si l'affection ressentie par le poète le poussait à refuser l'idée d'une disparition absolue et définitive.

Victor Hugo a développé très tôt cette idée d'un dialogue entre vivants et morts. Il écrivait par exemple en 1840, évoquant « Le Cimetière de*** » dans *Les Rayons et les Ombres* :

> « Moi c'est là que je vis ! - Cueillant les roses blanches,
> Consolant les tombeaux délaissés trop souvent,
> Je passe et je reviens, je dérange les branches,
> Je fais du bruit dans l'herbe, et les morts sont contents. »

tandis que l'on trouve à propos de Léopoldine, dans un poème des *Contemplations* écrit en 1846 et intitulé « Trois ans après », ce quatrain qui paraît annoncer *« Demain, dès l'aube... »* :

> « Quoi ! lorsqu'à peine je résiste
> Aux choses dont je me souviens,
> Quand je suis brisé, las et triste,
> Quand je l'entends qui me dit : Viens ! »

Ces conceptions devaient d'ailleurs, quelques années plus tard, amener le poète à la pratique du spiritisme (on trouvera plus loin des précisions sur les théories métaphysiques de Victor Hugo, dans le commentaire du poème « Mors »). Ici, il importe de noter que le pseudo-dialogue qui fonde le texte, s'il permet de faire ressentir au lecteur l'obstacle infranchissable de la « *tombe* », manifeste aussi la croyance en une certaine forme de survie.

Cet espoir de survie semble aussi s'exprimer, symboliquement, au dernier vers. Le *« houx vert »* et la *« bruyère en fleur »* connotent tous deux une idée de renaissance, celle de la nature au printemps. Il est vrai que la bruyère fleurit naturellement en automne et que le houx est une plante hivernale (ce qui justifie leur emploi dans un bouquet en septembre) ; mais ici la valeur symbolique des mots nous semble devoir l'emporter sur la précision botanique. S'opposant à la *« nuit »* du vers 8 et à la *« tombe »* du vers 11, les couleurs évoquées par le dernier vers introduisent une note de beauté et de vie.

Enfin, on peut remarquer que tout le poème est écrit au futur simple, temps par excellence de l'espoir... Il n'est pas indifférent non plus, à cet égard, que le texte commence par *« Demain »* et s'achève par *« en fleur »*. Il est ainsi encadré par des mots évoquant, d'une façon plus ou moins nette, des notions d'espérance et de renaissance...

Là encore, on pourra se reporter au commentaire du poème « Mors » que nous proposons plus loin, pour compléter ce que nous avons dit sur les espoirs de Hugo touchant à une vie après la mort.

VERS LE COMMENTAIRE COMPOSÉ

Ce poème, dans sa grande sobriété, dégage une émotion profonde. C'est sans doute pourquoi il est l'une des œuvres les plus connues de Victor Hugo. C'est aussi pourquoi les commentaires qui peuvent en être faits sont variés : la richesse du texte fait que chacun peut choisir de mettre l'accent sur tel ou tel aspect particulier...

Nous proposons trois axes d'explication :
— DE L'IMPATIENCE À LA TRISTESSE.
— SIMPLICITÉ ET GÉNÉRALITÉ.
— L'ESPOIR D'UNE AUTRE VIE.

L'INTRODUCTION pourra situer le poème dans l'histoire et l'œuvre de Victor Hugo, mais sans oublier de préciser qu'il ne faut pas identifier systématiquement la fille du poète et le *« tu »* du texte. On pourra aussi se contenter de dire que Hugo, écrivant ce texte à la date anniversaire d'un deuil terrible, en fait le poème de tous ceux qui (comme sa compagne Juliette Drouet deux ans plus tôt) ont perdu un être cher.

— DE L'IMPATIENCE À LA TRISTESSE

Cette partie analysera la progression du texte, en montrant comment le ton passe graduellement de l'impatience enthousiaste à la tristesse, pour s'achever sur une tonalité d'espoir. Il faudra souligner, en particulier, la façon dont le ton trompeur du premier quatrain permet de faire ressentir avec force le choc de la *« tombe »* aux derniers vers.

On trouvera les éléments nécessaires à la rédaction de cette première partie dans le paragraphe du commentaire intitulé « Mouvement du texte » et dans la « Lecture suivie ».

— SIMPLICITÉ ET GÉNÉRALITÉ

Cette partie reprendra ce que nous disions, sous le même titre, dans notre commentaire, en insistant sur le caractère universel de la douleur dépeinte par Hugo et la volontaire généralité de son texte.

— L'ESPOIR D'UNE AUTRE VIE

Dans cette dernière partie, on pourra montrer comment le poème met en œuvre, par le jeu des symétries, un échange entre le poète et son interlocuteur, échange fondé sur la vie prêtée à la personne disparue et correspondant à l'espoir d'une sorte de survie après la mort.

Les éléments d'analyse composant cette dernière partie se trouvent dans les paragraphes de notre commentaire intitulés « Un poème de l'échange » et « Le Thème de l'espoir ».

EN CONCLUSION, on pourra mettre l'accent sur les multiples facettes du talent de Victor Hugo, capable de l'éloquence la plus emphatique comme de l'émotion la plus sobre.

ŒUVRES VOISINES

De façon évidente, ce poème est à rapprocher des autres textes qui, recueillis dans *Les Contemplations*, évoquent la tombe et la mémoire de Léopoldine Hugo : « A Villequier », « Trois ans après », *« Quand nous habitions tous ensemble... »*, « Dolorosae » et, d'une façon générale, tous les textes recueillis dans le livre quatrième des *Contemplations*.

Par ailleurs, les thèmes de la mort et du deuil sont relativement fréquents en poésie. Il sera intéressant de lire, par exemple, la *Consolation à M. Du Périer sur la mort de sa fille*, composée par Malherbe en 1598 :

> « Mais elle était du monde où les plus belles choses
> Ont le pire destin,

> Et rose elle a vécu ce que vivent les roses,
> L'espace d'un matin. »

ou, sur le thème de la sensibilité que conserveraient les morts par-delà le tombeau, le poème de Baudelaire *« La servante au grand cœur... »* :

> « Les morts, les pauvres morts, ont de grandes douleurs ;
> Et quand octobre souffle, émondeur de vieux arbres,
> Son vent mélancolique à l'entour de leurs marbres,
> Certes, ils doivent trouver les vivants bien ingrats
> De dormir, comme ils font, chaudement dans leurs draps. »

On trouve également, chez différents auteurs contemporains, des adresses à des amis disparus. Ainsi Georges Brassens avec *Le Vieux Léon* ou, dans un registre plus pathétique, Jacques Brel avec les chansons intitulées *Fernand* et surtout *Jojo* :

> « Jojo,
> Voici donc quelques rires,
> Quelques vins, quelques blondes.
> J'ai plaisir à te dire
> Que la nuit sera longue
> A devenir demain.
> Jojo,
> Moi je t'entends rugir
> Quelques chansons marines
> Où des Bretons devinent
> Que Saint-Cast doit dormir
> Tout au fond du brouillard.
> Six pieds sous terre, Jojo, tu chantes encore ;
> Six pieds sous terre, tu n'es pas mort. »

Enfin, on pourra rapprocher la construction de *« Demain, dès l'aube... »* et celles du poème « Clair de lune » (également analysé dans cet ouvrage) ou du célèbre sonnet de Rimbaud « Le Dormeur du val ». Dans les trois textes, en effet, un début joyeux ou bucolique se poursuit sur une tonalité plus grave et s'achève, sans que le lecteur ait conscience d'y avoir été préparé, par l'apparition de la mort.

3

MORS

MORS

1 Je vis cette faucheuse. Elle était dans son champ.
Elle allait à grands pas, moissonnant et fauchant,
Noir squelette laissant passer le crépuscule.
Dans l'ombre où l'on dirait que tout tremble et recule,
5 L'homme suivait des yeux la lueur de la faux,
Et les triomphateurs sous les arcs triomphaux
Tombaient : elle changeait en désert Babylone,
Le trône en échafaud et l'échafaud en trône,
Les roses en fumier, les enfants en oiseaux,
10 L'or en cendre et les yeux des mères en ruisseaux.
Et les femmes criaient : «Rends-nous ce petit être :
Pour le faire mourir, pourquoi l'avoir fait naître?»
Ce n'était qu'un sanglot sur terre, en haut, en bas;
Des mains aux doigts osseux sortaient des noirs grabats;
15 Un vent froid bruissait dans les linceuls sans nombre;
Les peuples éperdus semblaient sous la faux sombre
Un troupeau frissonnant qui dans l'ombre s'enfuit;
Tout était sous ses pieds deuil, épouvante et nuit.

Derrière elle, le front baigné de douces flammes,
20 Un ange souriant portait la gerbe d'âmes.

Mars 1854

190 / *La maturité et l'exil*

CONDITIONS DE PUBLICATION

Ce poème apparaît dans le quatrième livre des *Contemplations*, à la suite de *« Demain, dès l'aube... »* et de « A Villequier », évocation du cimetière dans lequel reposait Léopoldine (voir le commentaire de *« Demain, dès l'aube... »*).

Bien que sept années séparent la composition de « Mors » et celle des deux autres poèmes, on trouve dans les trois textes une sensibilité commune, qui explique sans doute leur regroupement. Victor Hugo y exprime en effet, de façon différente, le même apaisement. Derrière la douleur et l'angoisse, on sent poindre l'acceptation, la soumission face à la mort.

En mars 1854, Léopoldine est morte depuis onze ans et, sous l'influence de son amie Delphine de Girardin, Hugo s'adonne depuis six mois aux expériences de tables tournantes qui lui paraissent confirmer l'existence d'un monde des esprits. *« Pourquoi nier le monde intermédiaire ? Pourquoi trouver surnaturel ce qui est naturel ?* écrit-il au sceptique François-Victor, le 27 avril, à propos des séances spirites. *Pour moi le surnaturel n'existe pas : il n'y a que la nature. Oui, il est naturel que les esprits existent. »*

Quelques mois plus tard, en 1855, Victor Hugo composera le long poème « Ce que dit la Bouche d'ombre », dans lequel il affirme sa vision presque mystique d'un univers dans lequel *« Tout est plein d'âmes. »*

POUR MIEUX COMPRENDRE

Mors est un mot latin signifiant «la mort». La solennité conférée par l'emploi du terme latin convient bien à l'allégorie évoquée par Hugo.

Babylone (vers 7), capitale de l'empire assyrien (actuellement l'Irak), fut une ville puissante entre 2200 et 500 avant J.-C., avant d'être prise par les Perses, puis par les Grecs d'Alexandre le Grand (323 av. J.-C.). Dans la tradition biblique, son nom symbolise les royaumes orgueilleux aux mœurs corrompues.

Un **grabat** (vers 14) est un lit misérable, de mauvaise qualité.

MOUVEMENT DU TEXTE

Ce court poème se présente comme une vision allégorique.
    Victor Hugo y développe d'abord, selon le procédé de l'**élargissement**, une description de plus en plus terrible de la Mort. Celle-ci est représentée, conformément à la tradition médiévale, comme un squelette armé d'une faux, dont la puissance malfaisante s'étend graduellement à toute la Terre.
    Le lugubre tableau de la Mort à l'œuvre se tempère néanmoins d'une note d'espoir. Poursuivant l'image de la moisson suggérée par la *«faux»*, Hugo nous montre un *«ange souriant»*, récoltant les âmes des victimes de la terrible faucheuse. Le poème se clôt ainsi sur une image de douceur et d'apaisement.

On peut ainsi distinguer trois parties dans la construction du poème: description de la Mort à l'œuvre, évocation de ses ravages et conclusion pleine d'espérance.

Symbole, allégorie, mythe...

Il arrive que certaines métaphores, certaines images, soient partagées par toutes les personnes d'une même culture. Ces métaphores, selon leurs caractéristiques, seront désignées par des termes différents.

Le *symbole*, terme dérivé d'un mot grec qui veut dire «signe», est en général un objet ou un animal représentant une idée abstraite. Par exemple, dans notre culture, une balance est le symbole de la Justice, un crâne celui de la Mort, une couronne de lauriers celui de la Gloire...

L'*allégorie* est habituellement un symbole dans lequel l'idée abstraite est personnifiée, humanisée. Ainsi, la Mort représentée comme un squelette armé d'une faux, la République sous les traits de «Marianne», jeune femme coiffée d'un bonnet phrygien, les personnages du *Roman de la Rose* (Envie, Pauvreté, Médisance...) ou l'amour figuré comme un petit enfant armé d'un arc, sont autant d'allégories.

Le *mythe* est un récit populaire ou littéraire, à valeur symbolique, destiné à expliquer les origines de certains phénomènes, ou certains aspects de la condition humaine. Le «Mythe de la caverne», dans *La République* de Platon, en est un exemple.

La *fable* (ou *apologue*) est un récit à tendance humoristique illustrant une vérité morale, souvent en faisant intervenir les animaux pour représenter les humains. Les apologues d'Esope ou de La Fontaine sont les plus célèbres.

La *parabole* est une sorte de fable, mais à caractère plus religieux que moral, dans lequel le parallèle homme/animaux est peu utilisé. Le récit du «Fils prodige», dans l'Évangile selon saint Matthieu, est un exemple de parabole.

Il faut noter que, souvent, les termes *symbole*, *mythe* et *allégorie* tendent à être employés indifféremment les uns pour les autres, mais il est préférable de s'en tenir aux distinctions ci-dessus.

La Mort en marche

Les vers 1-5, de façon assez abrupte, nous présente la vision hugolienne. Aucune introduction ne nous prépare à la description, annoncée par ces simples mots : *« Je vis »*. Notons qu'il n'y a aucune ambiguïté : le titre nous a déjà annoncé le thème de la mort. *« Mors »*. Et le poète nous parle de *« cette faucheuse »*, l'adjectif démonstratif renvoyant justement au titre. Les premiers mots du poème nous mettent donc d'emblée sous les yeux cette allégorie traditionnelle de la mort armée de sa faux. Nous sommes dans le domaine de l'hallucination, du cauchemar.

Soulignons au passage la brièveté lapidaire des deux phrases qui composent le premier vers, avec respectivement quatre et cinq mots. On dirait deux coups de crayon secs et efficaces, suffisant à esquisser un décor inquiétant. Les mots *« faucheuse »* et *« champ »* suggèrent des images agricoles ; mais en même temps la signification symbolique manifestée par le titre donne à ces mots une résonance angoissante.

La brièveté des phrases fait aussi sentir, de façon anticipée, le mouvement saccadé et sifflant de la faux, accentué par les allitérations en « s » et « ch » :

« **Je** vis **ce**tte fau**ch**eu**se**. // Elle était dans **s**on **ch**amp. »

La vision est ensuite précisée, toujours en maintenant un double niveau de lecture : les mots employés dans le second vers *(« grands pas », « moissonnant et fauchant »)* pourraient tout à fait s'appliquer à une scène champêtre, mais ils gardent un caractère inquiétant parce que nous savons à quoi ils se rapportent. En même temps, le rythme du vers évoque celui d'une marche régulière et décidée :

« Elle allait // à grands pas, // moissonnant // et fauchant, »

Ce n'est qu'au vers 3 que la description devient irréelle, hallucinée, avec l'évocation du *« squelette »* ; tandis que les mots *« Noir »* et *« crépuscule »* baignent la scène d'une obscurité imprécise, d'une *« ombre »* où les objets se distinguent mal (cf. vers 4). La précision *« laissant passer »* (vers 3) ajoute un élément de réalisme affreux, en nous faisant voir les trous entre les os du squelette. Dans cette pénombre se détache seulement *« la lueur de la faux »*, l'éclat métallique de la lame en action.

Le vers 5 introduit un second personnage, *« L'homme »* qui regarde la faucheuse. Il ne s'agit apparemment pas du narrateur, qui se situe en dehors du tableau qu'il contemple ; mais plutôt d'un personnage symbolisant l'humanité tout entière. Notons que ce personnage est *« Dans l'ombre »*, au second plan. C'est bien la faucheuse qui constitue l'essentiel de la vision. Les mots *« suivait des yeux »* indiquent que la faux est en perpétuel mouvement.

Ces cinq vers d'ouverture nous ont donc fait voir, par un élargissement progressif du décor, le personnage principal, le site, l'action et l'ambiance sombre baignant la scène, avant de nous révéler un témoin. Le plan général est installé : le poète peut passer à la seconde partie de sa description.

Les ravages de la Mort

Les vers 6 à 18 nous livrent un tableau sinistre des ravages exercés par la Mort sur toute la surface de la Terre. Ce tableau peut lui-même se décomposer en trois mouvements : métamorphoses dues à la Mort, révolte et incompréhension devant elle, universalité de son action.

Les métamorphoses se déploient du vers 6 au vers 10. Elles s'ouvrent par la destruction des grands, des puissants. Le vers 6 marque, par la répétition *« triomphateurs - triomphaux »*, une insistance mettant en relief le terrible *« Tombaient »*, dont le rejet au vers 7 donne l'impression d'une chute sourde. Puis vient le verbe *« elle changeait »*, que suit une longue énumération de transformations. Babylone, la ville orgueilleuse, est anéantie. Les choses les plus précieuses, *« roses »* ou *« or »*, se muent en déchet, *« fumier »* ou *« cendre »*. Le renversement des valeurs, le bouleversement général produit par la Mort est rendu par le vers 8, qui marie **chiasme** et **antithèse** :

« Le <u>trône</u> en <u>échafaud</u> // et l'<u>échafaud</u> en <u>trône</u>, »

Les notions de révolte et d'incompréhension sont introduites au vers 10 par le chagrin des mères dont les enfants sont morts. L'image des yeux maternels changés « *en ruisseaux* » par les larmes constitue la dernière métamorphose, et fournit une transition vers l'idée exprimée aux vers 11-13.

Ce thème de la mort d'un enfant est une véritable obsession pour Victor Hugo, qui vécut plusieurs fois ce drame de façon directe ou indirecte. Cette mort est à ses yeux, nous le verrons plus loin, la suprême injustice. C'est donc tout naturellement qu'il y recourt pour représenter l'incompréhension douloureuse que chacun peut ressentir devant une disparition.

On remarque d'ailleurs que les vers 11-12 vont du particulier au général. Si le vers 11, avec l'expression *« petit être »*, ne peut s'appliquer qu'à des enfants, en revanche la question formulée au vers 12 a la portée la plus large. Elle traduit l'interrogation qui surgit devant toute mort, quelle qu'elle soit. Le parallélisme de la phrase, scandé par la répétition du mot *« pour »*, met en relief l'antithèse « mourir/naître » et souligne ainsi l'apparente absurdité de la destinée humaine :

"<u>Pour</u> le faire <u>mourir</u>, // <u>pourquoi</u> l'avoir fait <u>naître</u>?"

Notons aussi que la phrase la plus classique, du point de vue grammatical, serait : « Pourquoi l'avoir fait naître, si c'était pour le faire mourir ? » Hugo utilise une **inversion**, plaçant le second terme de la phrase avant le premier, afin de concentrer l'expression et de mettre en avant, en commençant par lui, le « scandale » que représente la mort.

A cette incompréhension universelle devant la mort ne peut succéder que le chagrin, lui aussi universel : *« Ce n'était qu'un sanglot »*. Cette formule, ouvrant le vers 13, fournit ainsi à Victor Hugo sa transition vers le troisième mouvement de cette seconde partie. En effet, les vers 13 à 18 nous montrent la Terre entière soumise à la loi de la *« faucheuse »*.

Dès le vers 13, le sanglot des *« femmes »* s'élargit et semble surgir de partout, *« sur terre, en haut, en bas »*. Les victimes se multiplient : d'abord un pluriel *(« Des mains »)*, puis une multitude *(« sans nombre »)*, puis plusieurs multitudes *(« Les peuples »)* qui paraissent représenter toute la population de la Terre. Mais devant la Mort, toutes ces victimes sont équivalentes : *« Les peuples »* ne forment qu'un seul et unique *« troupeau »*.

En même temps qu'elle s'élargit à toute l'humanité, l'évocation se fait de plus en plus angoissante, de plus en plus réaliste. Le poète voit maintenant, tendant *« Des mains aux doigts osseux »*, des agonisants dont les *« grabats »* suggèrent la condition misérable, par opposition aux *« triomphateurs »* du vers 6. Les allitérations en «s» et en «r» du vers 14 traduisent les grincements et les raclements des os (on aura soin, à la lecture, de prononcer les liaisons pour mieux faire ressortir cet effet) :

« Des mains aux doigts osseux sortaient des noirs grabats ; »

tandis qu'au vers 15, la **diérèse** sur le mot *« bruissait »* nous fait entendre le froissement des linceuls agités par ce *« vent froid »* qui accompagne la mort :

« Un vent froid bru-issait dans les linceuls sans nombre ; »

Le vers 18 résume l'ensemble de la vision par un terme à la fois simple et hyperbolique : *« Tout... »* Aucune créature ne peut échapper à la faucheuse dominatrice, écrasant le monde *« sous ses pieds »*. L'accumulation finale *« deuil, épouvante et nuit »* achève la description sur un ton lugubre et désespéré.

Enfin, à mesure que se complète le tableau, l'obscurité semble l'envahir : *« noirs grabats »*, *« faux sombre »*, *« dans l'ombre »* et enfin, terminant le dernier vers, le mot *« nuit »*.

La seconde partie du texte montre donc une destruction générale. Parti des *« triomphateurs »*, le poète a graduellement élargi son champ de vision pour nous révéler finalement l'ensemble des *« peuples »* de la Terre fuyant sans espoir devant une Mort triomphante.

La diérèse

On appelle «*diérèse*» le fait de prononcer un mot en dissociant les voyelles d'une diphtongue, qui compte normalement pour une seule syllabe. On est amené à cette prononciation pour que le vers compte le nombre de syllabes voulu. Par exemple, dans ce vers du «Voyage» de Baudelaire :

« **Et se réfugiant dans l'opium immense** »

on doit, pour faire sonner les douze syllabes, prononcer «réfugi-ant» et «opi-um».

Une diérèse peut avoir différentes fonctions.

Elle peut reproduire un son par harmonie imitative, comme ici le «*bru-issait*» du vers 15.

Elle peut créer une impression d'extension du vers, d'accroissement de l'espace... C'est le cas dans le vers de Baudelaire, qui traduit l'expansion mentale sous l'effet de l'opium.

Elle peut donner une impression désagréable de déchirement, de dissonance, créée par la rencontre de deux voyelles *(«hiatus»)*. C'est également le cas dans le vers de Hugo.

Elle peut enfin, tout simplement, attirer l'attention sur un mot par la prononciation inhabituelle qu'elle provoque.

L'espérance finale

A ce tableau d'apocalypse succède, avec les vers 19-20, une vision de douceur apaisante qui constitue la dernière partie du poème.

Une ligne sautée nous avertit d'un changement de ton, comme si le poète reprenait possession de lui-même après avoir contemplé les terribles images qu'il nous a décrites.

Le vers 19, par les mots « *Derrière elle* », annonce une poursuite de la vision et fait naître chez le lecteur un sentiment de curiosité. La suite du vers prolonge ce sentiment, tout en créant par le vocabulaire *(« baigné »*, *« douce »)* et par les allitérations en « d » et en « f » une impression d'apaisement :

« Derrière elle, le front baigné de douces flammes, »

On notera l'emploi du terme *« baigné »*. On parle en général d'un front « baigné de sueur » (ce qui indique alors fièvre ou émotion), ou d'un front « baigné par un linge » afin, justement, de calmer une fièvre. Ici, l'association des mots *« baigné »* et *« douces »* connote plutôt la seconde expression et suggère un apaisement, la fin d'une fièvre ou d'une angoisse...

Le vers 20, en nous révélant la présence d'un *« ange souriant »*, confirme cette impression de retour à la paix. La vision, maintenant achevée, se clôt donc par une antithèse entre le *« Noir squelette »* (vers 3) et cet *« ange »* baigné de lumière.

De plus, poursuivant la métaphore agricole, cette dernière partie introduit une véritable espérance : c'est la Mort qui fauche, mais c'est l'ange qui porte *« la gerbe »*, qui récolte... La Mort travaille en fait pour lui. Le mot *« âmes »*, qui achève le poème, laisse ainsi le lecteur sur un sentiment de confiance, presque de sérénité, que semble justifier le « sourire » de l'ange. Malgré les terribles apparences, la Mort ne triomphe pas et les âmes lui échappent.

La description effrayante contenue dans les vers 1 à 18 n'est donc qu'une partie de la vision hugolienne. L'élargissement progressif du récit, s'il nous fait passer par l'horreur et la révolte, nous conduit finalement à une certaine forme de paix. Le mouvement du poème traduit ainsi l'évolution même de la pensée de Victor Hugo, d'abord révolté par la mort de sa fille et trouvant finalement, avec le temps, apaisement et espoir.

UNE DANSE MACABRE

On appelle « Danse macabre » un thème de sculpture, de peinture et de poésie très répandu dans le nord de l'Europe au cours du XVe siècle. Le thème général en est l'égalité finale des personnes de tous âges et de toutes conditions; l'idée que les hiérarchies humaines perdent toute signification devant la Mort.

Une danse macabre montre ainsi, se tenant la main et faisant la ronde, un seigneur, un manant, une jeune et belle femme, un bourgeois, un chevalier... La danse est menée par la Mort, squelette ricanant drapé dans un suaire, tenant une faux et parfois un sablier symbolisant le temps qui s'écoule. Ces danses, peintes ou sculptées, apparaissaient sur les façades d'églises ou sur les murs de cimetières comme celui des Innocents à Paris.

« Mors », par la personnification de la Mort et la description de ses ravages, est composé un peu à la façon de ces représentations allégoriques du Moyen Age. La Mort est figurée dans la tradition médiévale : un squelette armé d'une faux et moissonnant sans répit les êtres vivants. Et surtout, sous son action fatale, toutes les valeurs humaines sont renversées.

Ce renversement s'exprime par une succession d'antithèses : *« désert/Babylone »*, *« trône/échafaud »*, *« rose/fumier »*, *« or/cendre »*... Celles-ci sont d'autant plus fortes que la structure de la phrase, rendant inutile la répétition du verbe *« changeait »*, rapproche les termes opposés, simplement séparés par le mot *« en »*. On perçoit ainsi la facilité, la vitesse avec lesquelles la Mort accomplit ces métamorphoses.

La faucheuse s'attaque en premier lieu aux puissants, aux *« triomphateurs »* (on a déjà souligné la construction des vers 6-7) et à *« Babylone »*, symbole de toutes les villes riches et orgueilleuses. Puis, dans la logique de son œuvre, elle s'en prend au *« trône »* qu'elle transforme en *« échafaud »*.

Nous ne reviendrons pas sur la structure de ce vers, déjà commentée dans la partie précédente. En revanche, sa signification mérite qu'on s'y arrête.

Que le trône puisse se muer en échafaud, on le sait depuis les exécutions de Charles Ier en Angleterre (1649) et de Louis XVI en France (1793), sans compter les exemples de souverains de l'Antiquité, tels que César, Caligula, Néron, Claude... qui ne finirent pas à proprement parler sur l'échafaud, mais furent tout de même assassinés ou contraints au suicide par leurs partisans de la veille.

Mais comment l'échafaud peut-il se faire trône ? A cette question, deux réponses nous paraissent possibles.

D'abord, dans les traditions monarchiques, un nouveau roi succède au roi défunt. L'échafaud sur lequel un roi meurt se fait donc, d'une certaine façon, trône pour son successeur. Mais cette explication néglige l'hypothèse d'une révolution, et elle repose sur une notion de continuité plutôt que de bouleversement. C'est pourquoi elle ne nous paraît pas très satisfaisante.

Ensuite, et cette explication nous semble la plus convaincante, on peut prendre le mot *« trône »* au sens figuré, pour signifier la reconnaissance de la postérité. Les hommes pour lesquels l'échafaud se fait trône seraient alors tous ceux qui, d'une façon ou d'une autre, ont fait de leur condamnation à mort un témoignage exemplaire : le philosophe grec Socrate (470-399 avant J.-C.), les apôtres chrétiens comme saint Paul et saint Pierre, le réformateur religieux Jean Huss (1369-1415), le théologien espagnol Michel Servet (1511-1553)... Peut-être même Victor Hugo a-t-il songé à Jésus-Christ, celui par excellence dont l'échafaud s'est changé en trône.

Les changements dus à la Mort s'exercent dans tous les domaines de la création. Après les puissances, ce sont les symboles de beauté, d'innocence et de valeur qui tombent à leur tour. Les *« roses »*, nées de l'humus, y retournent sous forme de *« fumier »* : les âmes des *« enfants »* retournent au Paradis sous la forme idéalisée *« d'oiseaux »* ; *« l'or »*, généralement considéré comme indestructible et précieux, redevient une méprisable *« cendre »*. Ainsi — exception faite de l'enfant, sur lequel nous aurons à revenir — la Mort fait des biens et des valeurs terrestres autant d'objets méprisables.

Notons au passage que la rose, dans la tradition littéraire française, est un symbole de pureté et de beauté fréquemment associé à l'image de la femme. Qu'on songe par exemple au *Roman de la Rose* composé au XIIIe siècle, ou au célèbre

« Mignonne, allons voir si la rose... » de Ronsard (1524-1585). Les *« roses »* du vers 9 peuvent donc se lire au propre ou au figuré, ce qui rend le mot *« fumier »* d'autant plus choquant et prépare l'évocation de la mort des enfants.

Le poème, conformément aux danses macabres du Moyen Age, nous montre donc bien le bouleversement des valeurs humaines : puissants jetés à bas, condamnés portés aux nues, vanités humaines réduites en poussière... Mais de plus, toujours comme dans les danses macabres, nous voyons la Mort exercer uniformément ses ravages.

Rien n'est épargné : avec l'or, les roses et les enfants, les représentants des trois domaines minéral, végétal et humain (animal) sont également frappés par la terrible faux. Celle-ci, qui a commencé par abattre les *« triomphateurs »* et les *« Babylone »*, pour s'attaquer ensuite aux *« enfants »*, s'en prend finalement aux misérables étendus sur leurs *« noirs grabats »*... L'égalité devant la Mort se manifeste particulièrement dans les vers 13 *(« Ce n'était qu'un sanglot »)* et surtout 16-17 lorsque, sous la menace de la faux, *« Les peuples »* de la Terre ne font plus qu'un seul *« troupeau »* uni par l'épouvante.

DES ACCENTS D'APOCALYPSE

Si le poème « Mors » évoque les danses macabres du XVe siècle, il rappelle aussi, par sa construction et son vocabulaire, le texte de *L'Apocalypse* que Hugo, familier de la Bible, connaissait sans doute fort bien.

L'Apocalypse fut rédigé aux environs de l'an 95 par l'apôtre chrétien saint Jean, alors exilé sur l'île grecque de Pathmos. C'est le récit d'une vision allégorique, lourde en symboles obscurs et en images effrayantes. Tableau du Jugement dernier, *L'Apocalypse* décrit la destruction des puissants, la Terre livrée aux fléaux de la maladie et de la guerre, et finalement l'accueil des Justes dans le royaume de Dieu.

Dans son déroulement, « Mors » suit la même construction : c'est une vision, qui commence par le spectacle effrayant d'une Mort spectrale étendant ses ravages à toute la Terre et s'achève par une note d'espoir et de lumière.

Les grands thèmes de *L'Apocalypse* réapparaissent d'ailleurs dans le poème. C'est d'abord la chute des *« triomphateurs »* (vers 6) :

> « **et les rois de la terre, et les hauts personnages, et les grands capitaines, et les gens enrichis, et les gens influents, et tous enfin, esclaves ou libres, ils allèrent se terrer dans les cavernes ou parmi les rochers** ». (6 - 15)

puis la chute des villes à la richesse insolente et aux mœurs corrompues, représentées par Babylone (vers 7) :

> « **Elle est tombée, elle est tombée, Babylone la Grande ; [...] en un seul jour, des plaies vont fondre sur elle : peste, deuil et famine ; elle sera consumée par le feu.** » (18 - 2 à 8)

et même l'image d'un ange moissonnant la Terre et amassant une récolte symbolique (vers 19-20) :

> « **Puis un autre Ange sortit du temple et cria d'une voix puissante à celui qui était assis sur la nuée : "Jette ta faucille et moissonne, car c'est l'heure de moissonner, la moisson de la terre est mûre". Alors celui qui était assis sur la nuée jeta sa faucille sur la terre, et la terre fut moissonnée.** » (14 - 15)

avant que ne soit annoncée une ère de joie et de paix éternelles :

> « **(Dieu) essuiera toutes larmes de leurs yeux : de mort, il n'y en aura plus ; de pleur, de cri et de peine, il n'y en aura plus.** » (21 - 4)

De plus, le vocabulaire employé par Victor Hugo renvoie lui aussi à *L'Apocalypse*. C'est le cas, évidemment, de *« Babylone »*, mais aussi de l'évocation des « trônes », de la terre laissant échapper *« un sanglot »*, des *« linceuls sans nombre »*, des « *peuples éperdus* »… Toute cette terminologie semble empruntée à la vision de saint Jean. Celui-ci, en effet, évoque par exemple « *une foule immense, impossible à dénombrer, de toutes nations, races, peuples et langues* » (7 - 9) ou des « *cadavres* [qui] *demeurent exposés aux regards des peuples* » (**10** - 9).

Ainsi, en jouant habilement sur le registre des écrits bibliques, Victor Hugo confère à son poème une dimension à la fois grandiose et mystique. Soulignons néanmoins qu'il fait œuvre originale : si les images et la terminologie de « Mors » empruntent à *L'Apocalypse*, son inspiration et son traité, en particulier dans le jeu des antithèses aux vers 6-10, restent typiquement hugoliens.

LA MORT DE L'ENFANT

Dans la destruction universelle dont il a la vision, Hugo fait une place privilégiée à la mort des enfants. C'est qu'il s'agit pour lui d'un thème récurrent, tant par ses significations que pour des raisons personnelles.

En octobre 1822, âgé de vingt et un ans, Victor Hugo épouse Adèle Foucher dont il est passionnément amoureux depuis déjà quatre ans. Neuf mois après ce mariage, en juillet 1823, naît le petit Léopold. L'enfant mourra à l'âge de trois mois.

Il est vrai qu'à cette époque les morts d'enfants en bas âge étaient relativement courantes. Victor Hugo, la première douleur passée, supporte assez bien le drame. Mais sa poésie en gardera toujours trace : « A l'ombre d'un enfant » dans *Odes et Ballades,* « La Ville prise » ou « La Douleur du pacha » dans *Les Orientales*, « Écrit sur le tombeau d'un petit enfant… » dans *Les Rayons et les Ombres*, « Souvenir de la nuit du 4 » dans *Les Châtiments*. « A la mère de l'enfant mort » dans *Les Contemplations*… Ce thème prendra une force accrue avec la mort de Léopoldine en septembre 1843 puis, en juin 1846, avec celle de Claire, fille unique de Juliette Drouet, la maîtresse du poète.

Au-delà de ces événements personnels, Hugo considère la mort d'un enfant comme la plus choquante qui soit. D'une part, elle frappe un être innocent et adorable (on connaît l'affection de Victor Hugo pour les enfants); d'autre part elle blesse l'amour maternel, ce sentiment que le poète considère comme le plus respectable et le plus pur. La mort d'un enfant apparaît donc comme une double injustice. Elle illustre de façon exemplaire le caractère scandaleux, incompréhensible de la mort. Ainsi Hugo apostrophe-t-il Dieu dans « A Villequier » :

> « Je sais que vous avez bien d'autres choses à faire
> Que de nous plaindre tous,
> Et qu'un enfant qui meurt, désespoir de sa mère,
> Ne vous fait rien, à vous ! »

Dans « Mors », toutes ces notations apparaissent nettement. Les enfants, sous l'action de la mort, ne se transforment pas en quelque chose de vil ou de répugnant. La pitié et l'affection qu'éprouve pour eux le poète lui font choisir une image plus gracieuse : ils se changent *« en oiseaux »*. De même, dans « A Villequier », évoquant la mort de Léopoldine, Hugo parle du jour où il l'a vue *« ouvrir son aile et s'envoler »*.

La métaphore enfants/oiseaux est fréquente chez Victor Hugo (cf. *« Lorsque l'enfant paraît... »* dans *Les Feuilles d'automne* ou « A des oiseaux envolés » dans *Les Voix intérieures*). Mais elle se double ici d'un symbole propre à l'imagerie chrétienne, qui représente l'âme sous la forme d'un oiseau blanc. L'image du vers 9 unit donc plusieurs idées en nous montrant les enfants, êtres innocents et charmants, dont les âmes retournent au ciel. Cette image anticipe ainsi sur les deux derniers vers, en laissant deviner que la mort n'est pas réellement victorieuse.

Mais cet éclair d'optimisme est rapidement effacé par l'autre aspect de la mort des enfants : le désespoir de leurs mères. Ce désespoir devient, sous la plume du poète, représentatif de la révolte face à la disparition de tout être cher. A l'affliction qui change *« les yeux des mères en ruisseaux »* s'ajoutent le refus et l'incompréhension. Comme nous l'avons montré en première partie, les vers 11-12 font passer de la mort de l'enfant (« *Rends-nous ce petit être* ») à une interrogation de portée générale sur le mystère de la mort.

Il faut remarquer une évolution non seulement dans la portée, mais également dans l'adresse du vers 12 par rapport à celles du vers 11. La question est en effet : « *Pour le faire mourir, pourquoi l'avoir fait naître ?* » Or, la Mort, par définition, ne « *fait naître* » personne : elle se borne à détruire... Si une entité supérieure fait réellement naître les enfants, ce ne peut être que le Créateur, Dieu lui-même. C'est donc bien à Dieu que s'adresse la question formulée au vers 12, question en forme de reproche qui constitue la réaction universelle devant la disparition d'une personne aimée.

LA MORT, ET ENSUITE...

Mais la révolte et les sanglots ne durent pas. Le mouvement général du poème nous conduit, ainsi que nous l'avons vu, d'un sentiment de désolation et de révolte à une impression finale d'apaisement due à la présence de cet « *ange souriant* » recueillant les « *âmes* » des êtres fauchés par la Mort.

Quelle est la signification de cette vision ultime ?

Dans la conception chrétienne, la mort marque la fin de l'existence terrestre et permet à l'âme de rejoindre l'au-delà dans lequel, selon ses mérites, elle connaîtra les tourments de l'Enfer, la contemplation de Dieu au Paradis ou l'attente au sein du Purgatoire... Cette âme attend ainsi le jour de la Résurrection, le Jugement dernier au cours duquel son corps lui sera rendu. Cette conception suppose dans l'homme une part immatérielle, inaccessible à la Mort et à la décomposition.

Victor Hugo souscrit pleinement à cette idée consolatrice. Ainsi, dans *La Légende des Siècles*, il écrit un long poème sur la pourriture finale de toute chose qu'il intitule « L'Épopée du ver ». Mais il fait suivre ce texte d'une apostrophe au même ver de terre, apostrophe qui commence par ces mots :

« **Non, tu n'as pas tout, monstre ! et tu ne prends point l'âme.** »

De même, lorsque la fin des *Misérables* nous fait assister à la mort de Jean Valjean, ancien forçat devenu un véritable saint, Hugo nous laisse deviner le sort réservé à son héros dans l'au-delà : *« Sans doute, dans l'ombre, quelque ange immense était debout, les ailes déployées, attendant l'âme. »* La notion d'une âme survivant à la disparition physique est donc bien acceptée par le poète.

Mais la conception chrétienne suppose aussi l'idée d'un jugement, d'un véritable tribunal post-mortem. Or, un tel tribunal n'est pas compatible avec la vision hugolienne d'un *« ange souriant »*, qui recueille les âmes avec une sorte d'affection. Hugo refuse l'idée d'un Enfer dans lequel les damnés subiraient des peines éternelles, pour des fautes de toute façon temporaires. De plus, cette conception chrétienne ne permet pas d'expliquer l'injustice des morts innocentes…

En fait, Victor Hugo partage plus ou moins la conception de l'univers connue sous le nom de *métempsychose*.

Cette doctrine professe que l'âme, immortelle, se réincarne, d'existence en existence, non seulement dans des êtres humains mais également dans les corps d'animaux ou même dans des objets inanimés. La nature de la réincarnation et les maux subis pendant une existence dépendent des fautes ou des mérites des existences antérieures. L'âme a ainsi la possibilité de se racheter peu à peu jusqu'à ce qu'une dernière existence lui permette de rejoindre Dieu.

Dans cette perspective, tous les malheurs subis s'interprètent comme les expiations de fautes commises dans une existence précédente. Le Mal n'est pas une injustice, mais une punition : il n'y a donc pas d'injustice divine… Autre conséquence : tout ce qui se trouve sur Terre possède une âme, et même les objets dissimulent des êtres en quelque sorte conscients.

Toutes ces croyances, Victor Hugo les exprime de façon plus ou moins nette dans les poèmes qui forment *Les Contemplations*. Dès le premier livre du recueil, dans un texte daté d'août 1835, il évoque ses dialogues avec les objets qui composent la nature :

> « Oui, je suis le rêveur ; je suis le camarade
> Des petites fleurs d'or du mur qui se dégrade,
> Et l'interlocuteur des arbres et du vent. [...]
> Ne vous étonnez pas de tout ce que me dit
> La nature aux soupirs ineffables. Je cause
> Avec toutes les voix de la métempsycose. »

Comme on voit, le mot « métempsycose » est bel et bien employé... Quant à l'idée que tout sur Terre, animé ou non, participe de la vie consciente, le poète l'affirme dans « Ce que dit la Bouche d'ombre », composé en 1855, moins d'un an après « Mors » :

> « Tout parle. Et maintenant, homme, sais-tu pourquoi
> Tout parle ? Écoute bien. C'est que vents, ondes, flammes,
> Arbres, roseaux, rochers, tout vit !
>   Tout est plein d'âmes. »

A partir de cette conception métaphysique, la mort n'est plus à craindre. Elle marque pour le disparu, au pire le début d'une existence, donc d'une chance nouvelle de s'amender, au mieux l'union avec Dieu... C'est ce que Victor Hugo, en 1847, exprimait déjà dans le poème « A Villequier » :

> « Je dis que le tombeau qui sur les morts se ferme
>   Ouvre le firmament ;
> Et que ce qu'ici-bas nous prenons pour le terme
>   Est le commencement ; »

Quant à ceux qui restent, la douleur qu'ils éprouvent est une épreuve, une expiation qui contribue à leur propre amélioration. Aussi pénible soit-elle, cette douleur est donc justifiée, voire nécessaire. Là encore, reportons-nous à « Ce que dit la Bouche d'ombre » :

> « Pas de deuil infini, pas de maux incurables,
>   Pas d'enfer éternel !
> Les douleurs vont à Dieu comme la flèche aux cibles ;
> Les bonnes actions sont les gonds invisibles
>   De la porte du ciel. »

La Mort, finalement, est beaucoup plus effrayante par son aspect que par la réalité qu'elle recouvre. Elle accomplit les plus terribles métamorphoses, provoque douleur et révolte, traîne derrière elle *« deuil, épouvante et nuit »* ; mais elle

208 / *La maturité et l'exil*

marque en fait un renouveau. Les métaphores agricoles de la moisson et de la gerbe sont donc particulièrement pertinentes : les âmes recueillies en *« gerbe »* par un *« ange souriant »* seront semées et feront naître de nouvelles vies.

Ainsi, Victor Hugo réussit à retourner l'allégorie antique et terrifiante de la *« faucheuse »* pour en tirer, en poussant l'image jusqu'au bout, une idée rassurante et consolatrice.

VERS LE COMMENTAIRE COMPOSÉ

La structure de ce poème, formé de trois parties bien distinctes, en rend l'étude relativement aisée. Il faudra toutefois prendre garde à ne pas faire un commentaire composé qui épouse servilement le mouvement du texte. N'oublions pas que le commentaire doit être **composé**, c'est-à-dire mettre en évidence certains axes que l'on suivra tout au long du poème.

Nous proposons le plan de commentaire suivant :
— UNE VISION D'APOCALYPSE.
— UNE DANSE MACABRE.
— DE L'HORREUR À L'ESPOIR.

En INTRODUCTION, on situera « Mors » à la fois dans la vie de Victor Hugo et dans *Les Contemplations*. Il n'est pas indifférent que ce poème, dans le recueil, voisine avec *« Demain, dès l'aube... »*

— UNE VISION D'APOCALYPSE
Dans cette partie, on partira des premiers mots du poème *(« Je vis »)* pour montrer comment fonctionne la vision hugolienne : un élargissement progressif qui nous mène du *« champ »* où évolue la Mort (vers 1-5) à l'ensemble des peuples de la Terre (vers 16) en passant par les *« trônes »* et les *« grabats »*, pour finalement dévoiler, en antithèse, la présence rassurante d'un *« ange souriant »*.

Cette partie soulignera l'aspect allégorique et cauchemardesque de la vision : la *« faucheuse »*, les *« lueurs de la faux »*, l'obscurité... ainsi que les termes rappelant *L'Apocalypse* de saint Jean.

— UNE DANSE MACABRE

Cette partie étudiera de façon plus poussée les ravages de la Mort tels que les dépeint Victor Hugo : le bouleversement des valeurs et l'universalité de son action.

Le bouleversement des valeurs est exprimé particulièrement dans les vers 6-10 ; l'universalité dans les vers 13-18. Pour la rédaction de cette seconde partie, se reporter à notre commentaire.

— DE L'HORREUR À L'ESPOIR

Cette dernière partie reprendra le mouvement général du texte, en analysant non plus le mécanisme visuel mais le cheminement émotionnel. Victor Hugo nous fait en effet passer du cauchemar (le *« Noir squelette »*) à la révolte, à l'horreur et enfin à l'apaisement.

On soulignera en particulier l'évocation des morts d'enfants (vers 11-12), en rappelant la valeur symbolique de ces morts pour le poète et en montrant comment l'interpellation au vers 12 devient celle de Dieu lui-même.

Enfin, on montrera que l'image finale poursuit la métaphore agricole des vers 1-2 pour en faire, avec la *« gerbe d'âmes »* et l'éventualité de nouvelles semailles, une promesse rassurante.

EN CONCLUSION, on soulignera que le mouvement du poème reproduit l'évolution de Victor Hugo lui-même, d'abord égaré et révolté par la mort de sa fille, avant de trouver peu à peu apaisement et consolation...

ŒUVRES VOISINES

Pour illustrer ce que sont les « danses macabres » du XVe siècle, voici un extrait du *Grand Testament*, écrit à la suite de sa condamnation à mort par le poète-voyou François Villon (1431-1463 ?) :

> « Je connais que pauvres et riches,
> Sages et fous, prêtres et lais,
> Nobles, vilains, larges et chiches.
> Petits et grands, et beaux et laids,
> Dames à rebrassés collets,
> De quelconque condition,
> Portant atours et bourrelets,
> Mort saisit sans exception. »

Dans le même esprit, on pourra s'intéresser au tableau du peintre allemand Holbein (1497-1543), intitulé *Les Ambassadeurs*. On y voit deux hommes richement vêtus, entourés de tous les instruments du savoir et des arts. A leurs pieds, sur le sol, une curieuse tache jaunâtre. Lorsqu'on s'éloigne du tableau et qu'on le regarde de biais, un effet de perspective se produit et la tache devient un crâne ricanant, symbole de la vanité des activités humaines...

Les danses macabres ont aussi inspiré les musiciens modernes. La plus célèbre est sans doute celle composée en 1875 par Camille Saint-Saëns, sur un texte du médecin-poète français Henri Cazalis (1840-1909) :

> « Zig et zig et zig, la Mort en cadence,
> Frappant une tombe avec son talon,
> La Mort à minuit joue un air de danse,
> Zig et zig et zig, sur son violon,
> Le vent d'hiver souffle et la nuit est sombre,
> Des gémissements sortent des tilleuls,
> Des squelettes blancs se glissent dans l'ombre,
> Courant et sautant sous leurs grands linceuls.
> Zig et zig et zig, chacun se trémousse,
> On entend claquer les os des danseurs... »

Pour une personnification de la mort plus riante que celle de Victor Hugo, on pourra écouter la chanson *Oncle Archibald*, dans laquelle Georges Brassens (1921-1981) l'a décrite :

> « Aguichant les hommes en troussant
> Un peu plus haut qu'il n'est décent
> Son suaire. »

Le cinéma fournit une œuvre très proche de « Mors » avec *Le*

Septième sceau, superbe film réalisé en 1956 par le metteur en scène suédois Ingmar Bergman. On y voit, dans un Moyen Age en proie à la peste et aux convulsions mystiques, un chevalier défier la Mort dans une partie d'échecs. Le titre de ce film est d'ailleurs une référence... au début de *L'Apocalypse*.

Enfin, à propos de l'ange *« souriant »* du dernier vers, il faut évoquer celui sculpté sur la façade de la cathédrale de Reims, merveille de grâce et de beauté léguée par le XVe siècle.

Tout faux...

Dans *La Vie des charançons est un peu monotone* (Éditions Calmann-Lévy), Corinne Bouchard, professeur de lettres, évoque ses tribulations d'enseignante avec un comique un peu désabusé. Voici, entre autres mésaventures, ce qu'elle raconte à propos de « Mors » :

« Vous avez cherché, avec cette conscience professionnelle qui caractérise le corps enseignant, un beau texte, bien écrit, bien structuré [...]. C'est, disons, *Mors*, de Victor Hugo.

[...] ce texte parle de la mort (*mors*, en latin) représentée conformément à la tradition comme un squelette armé d'une faux, c'est-à-dire sous une forme allégorique.

Et que croyez-vous qu'il devienne, ce texte, commenté par les élèves ? Eh bien, la « faucheuse », c'est une moissonneuse-batteuse, et la preuve, c'est qu'elle est dans son champ.

Variante : c'est une petite esclave noire (?) trimant dans un champ de coton tandis que le maître la regarde.

De là, il s'ensuit que le texte est un hymne à la libération de la femme (?) ou des peuples (???). Victor Hugo y manifeste un souci écologique (???) et tout ça est bien beau. »

4
CHANSON

CHANSON

1 Sa grandeur éblouit l'histoire.
   Quinze ans, il fut
Le dieu que traînait la victoire
   Sur un affût ;
5 L'Europe sous sa loi guerrière
   Se débattit. —
Toi, son singe, marche derrière,
   Petit, petit.

Napoléon dans la bataille,
10   Grave et serein,
Guidait à travers la mitraille
   L'aigle d'airain.
Il entra sur le pont d'Arcole,
   Il en sortit. —
15 Voici de l'or, viens, pille et vole,
   Petit, petit.

Berlin, Vienne, étaient ses maîtresses ;
  Il les forçait,
Leste, et prenant les forteresses
  Par le corset ;
20 Il triompha de cent bastilles
  Qu'il investit. —
Voici pour toi, voici des filles,
  Petit, petit.

25 Il passait les monts et les plaines,
  Tenant en main
La palme, la foudre et les rênes
  Du genre humain ;
Il était ivre de sa gloire
30   Qui retentit. —
Voici du sang, accours, viens boire,
  Petit, petit.

Quand il tomba, lâchant le monde,
  L'immense mer
35 Ouvrit à sa chute profonde
  Son gouffre amer ;
Il y plongea, sinistre archange,
  Et s'engloutit. —
Toi, tu te noieras dans la fange,
40   Petit, petit.

Jersey, Septembre 1853.

CONDITIONS DE PUBLICATION

Neveu de Napoléon Bonaparte, Louis-Napoléon avait réussi, après bien des difficultés, à se faire élire président de la République en décembre 1848. Victor Hugo comptait parmi ses partisans (voir la biographie de Victor Hugo en début de livre).

Mais très vite, Louis-Napoléon manifesta des aspirations à la dictature. Entre le 2 et le 4 décembre 1851, un coup d'État, accompagné d'une répression sanglante, lui donna les pleins pouvoirs. Victor Hugo, qui était devenu l'un des plus farouches opposants à Louis-Napoléon, prit alors le chemin de l'exil...

Réfugié sur l'île de Jersey, Hugo y rédigea des pamphlets contre le nouveau dictateur. Ce fut d'abord un ouvrage en prose, *Napoléon le Petit*, puis *Les Châtiments*. Dans ce second recueil, Victor Hugo alterne les œuvres tragiques ou emphatiques («Souvenir de la nuit du 4», «L'Expiation» ou «Pauline Roland») avec les écrits caricaturaux tournant en ridicule Napoléon III et ses ministres.

Nous avons choisi un exemple de chacun des genres avec cette «Chanson» et, au chapitre suivant, le célèbre *« Sonnez, sonnez toujours... »*.

Pour mieux apprécier ce poème, il faut se rappeler l'un des derniers discours prononcés par le député Victor Hugo à l'Assemblée nationale, le 17 juillet 1851, à quelques mois du coup d'État. Face à des parlementaires incrédules ou partisans, le poète dénonçait le «complot contre la République» qu'il sentait se préparer :

> **«Quoi! parce qu'il y a eu un homme qui a gagné la bataille de Marengo, et qui a régné, vous voulez régner, vous qui n'avez gagné que la bataille de Satory!... Quoi! après Auguste, Augustule! Quoi! parce que nous avons eu Napoléon le Grand, il faut que nous ayons Napoléon le Petit!»**

Hugo reprendra les mots de ce discours pour servir de titre au pamphlet en prose qu'il écrira sitôt arrivé à Jersey. Quant à l'opposition qu'il marque ici entre la grandeur de Napoléon Ier et la situation du futur Napoléon III, elle deviendra le thème central des *Châtiments*.

N.B. : **Marengo** est le nom d'une bataille remportée par Bonaparte sur les Autrichiens en 1800.

Lors d'une revue militaire au camp de **Satory**, quelques mois avant le coup d'État, la troupe avait été encouragée en sous-main à crier «Vive Napoléon»; le général Changarnier, commandant en chef de la ville de Paris, s'était opposé à ces manifestations au nom de l'indépendance de l'armée et avait été destitué par Louis-Napoléon, alors président de la République.

Auguste, petit-neveu de César, fut le premier et le plus grand des empereurs romans. Le suffixe «-ule» sert à marquer une diminution péjorative, comme par exemple dans le mot «groupuscule»; «Augustule» est donc une imitation ridicule d'Auguste.

POUR MIEUX COMPRENDRE

L'**affût** du vers 4 est un affût de canon, c'est-à-dire la pièce de bois munie de roue qui supporte et permet de transporter le canon lui-même.

L'**aigle** (vers 12) était l'un des symboles de l'Empire.

Arcole est le nom d'une des premières batailles auxquelles Bonaparte participa comme général, le 15 novembre 1796, pendant la campagne d'Italie. La légende raconte que, pour entraîner ses troupes à l'assaut d'un pont, il s'élança le premier, sous les tirs de l'ennemi, en brandissant un drapeau tricolore. Cet épisode, immortalisé par un tableau du peintre Gros, est l'un des plus fameux de l'épopée napoléonienne.

La **palme**, la **foudre** et les **rênes** évoqués au vers 27 sont des objets symboliques utilisés dans l'art de l'Antiquité. La palme, ou branche de palmier, symbolisait la victoire. La foudre était l'attribut de Jupiter, avec lequel il frappait ses ennemis. Les rênes, qui servent d'habitude à mener un cheval, symbolisaient la conduite du peuple.

Le mot **fange** désigne la boue putride que l'on trouve au fond des étangs ou des mares. Mais, au sens figuré, ce mot désigne aussi une condition ou un comportement avilissants et abjects : *« se rouler dans la fange »*.

IDÉE GÉNÉRALE

Ce poème se présente comme une «chanson», genre populaire très en vogue au XIXe siècle. La forme du texte, cinq couplets marqués par le retour d'un refrain, va bien dans ce sens.

Mais cette structure anodine est au service d'une dénonciation, ou plutôt d'une imprécation. Victor Hugo cherche à insulter, à ridiculiser Napoléon III en le comparant à son illustre oncle. Strophe après strophe, Hugo accroît l'infamie du nouveau souverain (ridicule, puis voleur, jouisseur et enfin assassin) en opposant le comportement qu'il lui prête aux épisodes les plus glorieux de la légende impériale.

Notons qu'à aucun moment le poète n'avance d'argument rationnel en faveur de ses affirmations. Nous sommes là dans le registre de l'opposition absolue, de l'invective.

UN GENRE POPULAIRE

Lorsqu'il écrit *Les Châtiments*, Victor Hugo est animé par deux sentiments d'égale violence. C'est d'abord la haine pour Louis-Napoléon, parjure et tyran ; haine d'autant plus vive que le poète a cru de bonne foi en cet homme et a milité pour son élection à la présidence de la République. C'est ensuite la volonté de réveiller le peuple français, qui paraît avoir accepté le coup d'État avec passivité, voire indifférence.

Aussi Hugo va-t-il glisser dans son livre dix poèmes, intitulés «Chanson». Ces textes, destinés à être repris par le public, portent même parfois l'indication de la musique sur laquelle ils doivent être chantés. Sans doute Hugo espère-t-il sincèrement que ces textes connaîtront un succès populaire et que, devenus autant d'hymnes frondeurs, ils entretiendront un esprit de révolte.

Cet espoir n'est d'ailleurs pas absurde : le pouvoir d'une chanson est bien réel. Qu'on pense par exemple à *La Marseillaise*, à *L'Internationale* ou au *Chant des Partisans*... Participant à la révolution de 1848, Victor Hugo a pu entendre les émeutiers entonner sur leurs barricades le *Chant des Girondins* composé par Alexandre Dumas. Il ne pouvait ignorer, en tout cas, le succès de Béranger (1780-1857).

Celui-ci avait connu entre 1820 et 1845 une extraordinaire popularité grâce à ses chansons anticléricales, antigouvernementales ou évoquant la légende napoléonienne *(Le Roi d'Yvetot, Le Vieux Sergent, Le Dieu des pauvres gens...)*. Élu « malgré lui » député en 1848, Béranger avait démissionné pour garder sa liberté d'action, mais son influence était restée très grande ; et ses œuvres avaient eu un réel pouvoir politique.

L'exemple de Béranger, en 1853, est bien propre à exalter Victor Hugo, pour qui *« le peuple chante / comme le lion rugit »* («L'Art et le peuple»). Certaines chansons, comme celle que nous étudions ici, sont donc de véritables armes.

D'une chanson, ce poème a d'abord la structure. Il est composé en vers alternatifs de huit et quatre syllabes, ce qui lui donne un rythme léger et sautillant. Les cinq strophes correspondent à autant de couplets, le refrain étant constitué par l'avant-dernier vers et par le *« Petit, petit »* qui revient régulièrement.

Notons que, à la lecture, on est presque obligé de ralentir et de prononcer ce *« Petit, petit »* plus lentement que le reste du texte. L'insulte railleuse est ainsi soulignée, amplifiée... Le mouvement des lèvres se change lui-même, dans la prononciation, en une moue méprisante.

De même, l'avant-dernier vers des quatre premières strophes est écrit de façon un peu hachée :

«Toi, // son singe, // marche derrière,»
«Voici de l'or, // viens, // pille // et vole,»
«Voici // pour toi, // voici des filles,»
«Voici du sang, // accours, // viens boire»,

afin de marquer un rythme sautillant, moqueur et dédaigneux, par opposition au rythme plus ample des six premiers vers.

On remarquera aussi le parallélisme des vers 15, 23 et 31, introduits par le mot *« Voici »*. L'un des effets de ce parallélisme est de marquer le retour du refrain.

Le genre «chanson» explique aussi la syntaxe parfois relâchée (vers 2-3 ou 19-20) et le sens qui, parfois, paraît sacrifié à la rime (vers 6, 13-14 et 22).

Le vocabulaire, relativement simple, évite les termes savants. Toutes les formules employées par Hugo, en particulier celles renvoyant à l'épopée napoléonienne, étaient immédiatement compréhensibles par un public populaire. Des mots comme *« l'aigle d'airain »*, *« Arcole »*, *« bastilles »* pouvaient immédiatement faire naître des images exaltantes dans l'esprit d'auditeurs encore imprégnés de la légende impériale. Même l'évocation du vers 27, *« La palme, la foudre et les rênes »*, renvoie à une symbolique de puissance très employée dans la sculpture de l'époque et ne posait donc pas de problème particulier (qu'on songe, par exemple, aux statues de Rude ornant l'Arc de triomphe de l'Étoile, à Paris).

On remarque néanmoins que le vocabulaire se fait toujours beaucoup plus simple dans les deux derniers vers de chaque strophe. Nous reviendrons sur ce point dans la seconde partie.

Enfin, le poème est une invective. Il attaque directement Napoléon III, par l'insulte et le mépris, sans chercher à fonder ou à justifier la moindre accusation. C'est une **imprécation**, un discours par lequel Hugo décharge sa rancœur et appelle le malheur sur son adversaire.

Sans doute le poète peut-il penser que, par son coup d'État et les violences qui l'ont accompagné, Louis-Napoléon a suffisamment fait la preuve de son infamie pour qu'il ne soit pas nécessaire d'y revenir. Mais surtout il respecte (sans peut-être en avoir conscience) un grand principe de la communication de masse : pour être efficace, exprimer une seule idée, de façon frappante, en préférant l'illustration à la rationalisation. D'une strophe à l'autre, Victor Hugo répète la même idée (Napoléon III est indigne de se comparer à Napoléon Ier), et choisit des images choquantes *(« singe »*, *« pille et vole »*, *« voici des filles »*, *« viens boire* [du sang] *»*, etc.) pour donner plus de force à son propos. Tout le poème est ainsi bâti sur des symboles, grandioses ou odieux. L'auteur cherche à emporter l'adhésion de son lecteur en frappant l'imagination plutôt qu'en s'adressant à la raison.

Par sa structure répétitive, son rythme léger et son vocabulaire simple, ce poème s'apparente donc bien à une chanson populaire. Mais par son contenu polémique, par l'idée simple et même simpliste qu'il répète et illustre de différentes façons, il se rattache plutôt aux œuvres de propagande. *« Ce n'est pas avec de petits coups qu'on agit sur les masses*, écrit Victor Hugo le 6 février 1853 à Hetzel, l'éditeur des *Châtiments*. *J'effaroucherai le bourgeois, peut-être, qu'est-ce que cela me fait si je réveille le peuple ? »* Cette « chanson », répétons-le, est une arme de guerre.

LE FONCTIONNEMENT DE L'ANTITHÈSE

Le poème développe donc une idée simple : la comparaison de la grandeur napoléonienne avec l'infamie réelle ou supposée du « petit » Napoléon III. Il s'agit bien d'une **antithèse**, figure familière du style hugolien. Mais ici, cette antithèse est présente à tous les niveaux du texte : dans la structure, dans le ton, dans le vocabulaire et dans les situations évoquées.

L'antithèse dans la construction du poème

La structure globale du poème oppose Napoléon le Grand et Napoléon le Petit. Les premiers mots sont *« Sa grandeur »* (vers 1) et les derniers *« Petit, petit »* (vers 40), tout le texte étant ainsi contenu dans une opposition.

Chaque strophe de huit vers en consacre six à Napoléon Ier et deux seulement à Napoléon III. Encore l'un de ces deux vers est-il toujours le même. Cette construction produit un double effet. D'une part, bien sûr, elle semble réduire Napoléon III à peu de chose face à son illustre oncle. Mais surtout, elle permet un effet de rupture.

Victor Hugo évoque Napoléon Ier sur un rythme ample et emphatique, déployant ses phrases sur deux, trois ou quatre vers (vers 2-4, 9-12 ou 33-36). Par contraste, le vers consacré dans chaque strophe à Napoléon III, avec son rythme sautillant et moqueur, fait sentir le ridicule et la petitesse du personnage.

Cette construction présente un risque. Hugo a choisi des rimes alternées (de type ABAB). Il va donc être amené par les exigences de la versification à faire rimer, aux cinquième et septième vers de chaque strophe, des termes se rapportant l'un à l'oncle et l'autre au neveu. Cela risque de nuire à sa volonté d'opposer, de séparer les deux personnages le plus nettement possible.

La solution est superbe. Puisque les termes se rapportant à Napoléon Ier et à son neveu doivent forcément rimer, Hugo choisit des termes assez forts pour que l'opposition soit frappante. Nous trouvons ainsi les couples :

dans lesquels tous les mots consacrés à Napoléon Ier rappellent sa légende (jusqu'au terme divin *« archange »*), tandis que ceux réservés à Napoléon III évoquent une atmosphère triviale de bas-fonds *(« filles »*, *« boire »*, *« fange »* et même l'ambigu *« derrière »*). Avec une maîtrise supérieure, Victor Hugo tourne ainsi à son avantage la difficulté inhérente à la construction de ses strophes, et se paye en plus le luxe de rime « pour l'œil », c'est-à-dire présentant une ressemblance à la fois sonore et orthographique.

L'antithèse dans le ton et le vocabulaire

La différence de ton est, elle aussi, particulièrement nette. Victor Hugo, évoquant Napoléon Ier, parle de lui à la troisième personne, tandis qu'il s'adresse directement à Napoléon III, le tutoyant comme un inférieur, l'apostrophant même d'un *« Toi »* irrespectueux (vers 7 et 39) avant de lui donner un ordre *(« marche derrière »).*

L'évocation du grand empereur se fait à l'aide de symboles, de figures glorieuses : *« la victoire »* (vers 3), *« L'aigle d'airain »* (vers 12), *« La palme, la foudre et les rênes »* (vers 27), *« sa gloire »* (vers 29)… et d'hyperboles comme *« Le dieu »* (vers 3), *« cent bastilles »* (vers 21), *« les monts et les plaines »* (vers 25), le *« genre humain »* (vers 28), *« Lâchant le monde »* (vers 33) qui culminent avec l'**oxymore** du vers 37 : *« sinistre archange ».*

A l'inverse, pour Napoléon III, Hugo emploie des mots simples et même vulgaires, voire carrément injurieux : *« singe »* (vers 7), *« de l'or »* (vers 15), *« des filles »*, c'est-à-dire des prostituées (vers 23), *« du sang »* (vers 31) et finalement *« la fange »* (vers 39) qui évoque une souillure à la fois physique et morale.

Dans son évocation de Napoléon Ier, Hugo utilise habilement des noms ou des événements fortement liés à l'histoire de l'Empereur. C'est le cas de *« l'aigle »* emblématique du vers 12, du légendaire *« pont d'Arcole »* (vers 13-14), de *« Berlin »* et surtout de *« Vienne »* (vers 17), capitales de pays soumis par Napoléon et dont les noms rappellent les traités qu'il y fit signer. Le mot *« bastilles »* (vers 21) est mis ici pour « forteresses » mais, faisant penser à la prise de la Bastille, il renvoie à l'image d'un Napoléon héritier de la Révolution française et « libérateur » des peuples d'Europe. Enfin, *« l'immense mer »* du vers 34 évoque l'exil sur l'île de Sainte-Hélène, perdue dans l'océan Atlantique. Le poète se sert ainsi de la légende existante pour exalter encore davantage Napoléon Ier.

Notons-le au passage, la gloire de l'Empereur est telle qu'il n'est même pas utile de le nommer. Hugo peut ainsi passer toute une strophe avant d'écrire le nom de Napoléon, qui n'apparaît qu'une seule fois, au vers 9. Peut-être y a-t-il là une réminiscence de la chanson de Béranger, *« Parlez-nous de lui, Grand-mère »*, qui évoquait le souvenir de Napoléon, avec une admiration nostalgique, sans citer son nom une seule fois.

Par ces oppositions de ton et de vocabulaire, Victor Hugo place l'oncle et le neveu sur des plans complètement différents.

Le premier évolue dans un monde mythologique, où il est confronté à des puissances personnifiées. Il *« éblouit l'histoire »* (vers 1), est traîné par *« la victoire »* (vers 3), lutte contre *« L'Europe »* (vers 5), tandis que les forteresses se font femmes pour lui (vers 17-20)... Il atteint une dimension surhumaine : c'est un *« dieu »* (vers 3) brandissant les symboles de la toute-puissance (vers 26-27). Même la fin de Napoléon, *« archange »* victime d'une *« chute profonde »*, rappelle celle de Lucifer précipité du Paradis.

Napoléon III n'a pas accès à ce monde surhumain. Il ne touche que des choses concrètes, de la matière (*« or »*, *« sang »*, *« fange »*) ; et au lieu de figures symboliques, il a des *« filles »*, des prostituées que l'on traite comme des marchandises. L'aspect méprisable de tout ce à quoi il touche est encore accentué par le *« Voici »* qui ouvre les vers 15, 23 et 31. On a l'impression que l'or, les filles et le sang lui sont jetés comme des os à un chien.

L'antithèse naît ainsi d'elle-même, sans qu'il soit nécessaire d'expliquer quoi que ce soit. Napoléon Ier est un demi-dieu ; Louis-Napoléon Bonaparte est un individu abject qui ne peut que singer son modèle.

L'antithèse dans les situations

Pourtant, Victor Hugo va encore accentuer l'opposition entre les deux Napoléon par un parallèle mordant entre leurs situations. Le neveu est le *« singe »* de l'oncle ; or on sait que le propre du singe est d'imiter ridiculement ce qu'il voit faire. Le poète va donc montrer, strophe après strophe, comment Napoléon III, à son niveau et à sa façon, imite l'Empereur.

La première strophe nous montre Napoléon « traîné » par la victoire sur un affût de canon (vers 3-4), comme le général victorieux, dans la Rome antique, était traîné sur un char triomphal. A cette image de triomphe s'oppose, au vers 7, celle de Napoléon III « marchant », allant à pied derrière son oncle comme un participant médiocre du défilé. Le mot *« singe »*, qui fait écho au *« dieu »* du vers 3, accentue encore cette idée. En plus de l'insulte, il suggère l'image d'un animal curieux, rapporté par le conquérant et intégré à son cortège pour y ajouter un peu d'exotisme.

La seconde strophe évoque la bravoure de Napoléon, n'hésitant pas à s'exposer sous la mitraille ennemie. Cette évocation s'appuie sur l'exemple «historique» du pont d'Arcole. Une bravoure qui semble désintéressée : Napoléon, *«grave et serein»*, n'est motivé que par la gloire ; *«l'aigle d'airain»* n'a de valeur que symbolique, étant d'un métal sans importance particulière.

A cette attitude s'oppose celle de Napoléon III, qui n'hésitera pas à «voler» l'or qu'il trouve. Le rythme haché, sautillant du vers 15, contraste avec l'attitude de l'Empereur (vers 10), tandis que *«l'or»* vénal fait un écho matérialiste à *«l'airain»* glorieux et (peut-être) au plomb de *«la mitraille»*.

La troisième strophe nous propose une **métaphore filée** : Victor Hugo compare les villes conquises aux maîtresses de l'Empereur et poursuit cette comparaison tout au long des six vers. Les forteresses sont ainsi personnifiées, Napoléon devenant une sorte de séducteur brutal et irrésistible qui accumule les conquêtes.

Napoléon III, par opposition, ne cherche pas la moindre conquête, ni militaire ni féminine. Il se contente, pour assouvir ses passions, des *«filles»* publiques qu'il suffit de payer et qu'une main indéterminée lui fournit (comme l'indique le *«Voici»* débutant le vers 23). Le mot *«filles»* fait ainsi écho aux *«maîtresses»* du vers 17, ces capitales européennes conquises de haute lutte par Napoléon le Grand.

La quatrième strophe, assez proche de la première sur le fond, permet d'introduire une nouvelle opposition de situations, cette fois-ci par des métaphores relatives à la boisson. Napoléon Ier était *«ivre de sa gloire»* (vers 29), assoiffé de pouvoir et de renommée. Son neveu, lui, est assoiffé de *«sang»*, au point d'accourir pour s'en repaître. Le tableau est évidemment odieux, le mot *«ivre»* du vers 29 se trouvant contrebalancé par le *«viens boire»* du vers 31.

La cinquième strophe permet de magnifier Napoléon en comparant son destin à celui de Lucifer, l'archange révolté que Dieu précipita aux Enfers. Les expressions *« immense mer »*, *« gouffre »*, *« s'engloutit »*, l'**hypallage** *« chute profonde »* et l'oxymore *« sinistre archange »* donnent à cette évocation un ton épique et grandiose, tandis que l'hyperbole *« lâchant le monde »* rappelle à la fois la gloire et le destin tragique de l'Empereur dont l'exil à Sainte-Hélène devient une chute dans les flots.

Le vers 39 introduit le reflet méprisable de cette fin grandiose. Napoléon III « se noiera dans la fange », c'est-à-dire qu'il finira sa vie dans l'abjection et le ridicule. Le mot *« fange »* fait écho à *« l'immense mer »* du vers 34, précisant l'antithèse oncle-neveu.

L'hypallage

L'hypallage est une figure de style par laquelle on associe des termes se rapportant habituellement à des réalités différentes, transférant ainsi des caractéristiques ou des évocations d'un objet vers un autre.

Ici par exemple, les mots « *chute profonde* » condensent l'expression « chute dans un gouffre profond ».

L'hypallage a généralement un fort pouvoir évocateur, grâce au rapprochement, au transfert d'idées qu'il permet. Un bel exemple en est ce vers du poète latin Virgile, décrivant les morts aux Enfers :

« Ils s'en allaient, obscurs, sous la nuit solitaire »

mais on peut également citer Victor Hugo dans « Booz endormi » :

« Sa gerbe n'était point avare ni haineuse »

ou, dans « Clair de lune » :

« La lune était sereine et jouait sur les flots »

Notons que Hugo utilise ici un futur simple : *« tu te noieras »*. Plutôt que par un souhait ou une malédiction, il achève son texte par une prédiction. Le ton simple et mesuré de ce vers 39 en accentue la force, comme si c'était le constat objectif d'une fin inévitable.

Ainsi, le poème propose à chaque strophe une démonstration de la façon dont Napoléon III contrefait les actions glorieuses de son oncle, et en sera jusqu'à la fin une imitation grotesque. L'antithèse est ainsi développée, strophe après strophe, à tous les niveaux du texte.

DU RIDICULE À L'ODIEUX

Arme dirigée contre Napoléon III, cette « chanson » développe la même idée au long de cinq strophes. C'est ce qu'on appelle en rhétorique une **expolition**, c'est-à-dire la reprise d'un unique argument sous des formes légèrement différentes.

Cet argument, on l'a vu, est une antithèse entre la gloire de Napoléon Ier et l'abjection de son neveu. Mais cette abjection, Victor Hugo se contente de l'affirmer. Plus exactement, il la suggère ou y fait croire, par un ton méprisant et par un procès d'intention.

La familiarité est introduite dès le vers 7 par l'apostrophe *« Toi »*. Alors que le poète vient d'évoquer une figure grandiose, qu'il ne nomme pas mais que chacun reconnaît, le brusque changement de ton provoqué par cette apostrophe ramène le discours à un niveau trivial. Hugo interpelle Napoléon III comme un inférieur, qu'il est inutile de nommer lorsqu'on lui donne un ordre.

L'apposition *« son singe »* ajoute carrément l'insulte au mépris induit par le tutoiement et l'impératif. L'ordre, *« marche derrière »*, est en lui-même insultant. Il est donné sur un ton de dédain, et implique que celui à qui il est adressé n'est digne que des dernières places. Enfin les mots *« Petit, petit »*, manifestant eux aussi une familiarité hautaine, renforcent encore l'impression créée au vers 7.

Ce procédé de l'**apostrophe**, à la fois méprisante et autoritaire, se retrouve à la fin des strophes 2 à 4. Chaque fois, Hugo emploie pour s'adresser à Napoléon III cette deuxième personne de l'impératif caractéristique du discours à un inférieur : *« viens »*, *« pille »*, *« accours »*...

Plus encore, ainsi que nous l'avons déjà signalé, le mot *« Voici »* suggère que l'on présente ou que l'on jette quelque chose au souverain. Ce mot, joint au rythme haché et sautillant des vers, fait penser à la démarche frétillante d'un chien (ou d'un singe...) se précipitant joyeusement vers sa gamelle. L'impression est encore accentuée par le *« Petit, petit »* du refrain, qui fait penser au cri de la fermière appelant les volailles auxquelles elle jette du grain. Une évocation de plus pour ajouter au ridicule de Napoléon III.

Mais ces vers 15, 23 et 31 dotent également le poème d'une dimension supplémentaire. Faisant mine de proposer quelque chose d'infâme, ils suggèrent que le souverain est capable de se rendre à cette invitation, qu'il n'attend qu'elle. Proposant du sang, Hugo affirme en fait que son adversaire trouve plaisir à s'en repaître... Ce procédé, appelé **épitrope**, est l'équivalent rhétorique du procès d'intention.

On pourra objecter que Napoléon III, faisant tirer sur la foule lors du coup d'État du 2 décembre, a ainsi prouvé sa cruauté. Le fait est indéniable. Mais Hugo le caricature sciemment en montrant (vers 31) le souverain comme un être assoiffé de sang. De même, il fait habilement croire à l'avarice et à la paillardise du nouvel empereur par les propositions odieuses qu'il lui adresse *(« pille et vole »*, *« voici des filles »*...).

Ainsi, par différents procédés de style, Hugo ajoute l'abject au ridicule dans son portrait-charge de Napoléon III. Mais de plus, il organise son poème pour montrer le souverain sous un jour de plus en plus révoltant.

La première strophe se contente d'insulter Napoléon III et de le placer loin *« derrière »* son oncle. La seconde fait de lui un voleur, un être cupide que la vue de l'or met en joie. La troisième pousse encore le trait, ajoutant la luxure à l'avarice. Victor Hugo — sa vie le montre — n'a rien contre les femmes :

mais le souverain satisfait ses passions avec des *« filles »*, de la façon la moins noble qui soit.

La quatrième strophe nous montre un Napoléon III non seulement meurtrier, mais avide du sang dont il peut se repaître. Avec le *« viens boire »* du vers 31, la caricature atteint son paroxysme. Enfin, la *« fange »* du vers 39, avec sa signification à la fois physique et morale, vient clore logiquement cette gradation dans l'infamie.

Au long de cette chanson, Victor Hugo réussit donc à faire de Napoléon III un personnage de plus en plus odieux, par la seule force de son style et de sa rhétorique. Car, répétons-le, il n'y a pas le moindre argument rationnel, pas la moindre démonstration de quoi que ce soit dans le texte. Comme souvent dans la caricature et la propagande, c'est l'affirmation répétée qui tient lieu de preuve.

VERS LE COMMENTAIRE COMPOSÉ

A partir de l'analyse structurée que nous venons de faire, on peut dégager deux plans de commentaire composé.

Le premier reprendrait les trois parties que nous avons développées, à savoir :
— LE REGISTRE POPULAIRE : POURQUOI, COMMENT.
— L'ANTITHÈSE, THÈME FONDAMENTAL DU TEXTE.
— LES PROCÉDÉS CARICATURAUX.

Dans ce premier plan il conviendrait, pour des raisons d'équilibre, de moins détailler la seconde partie que nous ne l'avons fait.

Par ailleurs ce premier plan demande, pour être correctement développé, quelques références culturelles sur le rôle et l'histoire de la chanson ou de la caricature, ainsi que des connaissances sur les autres écrits de Victor Hugo contre Napoléon III *(Napoléon le Petit, Histoire d'un crime...)*.

Aussi, on peut choisir de concentrer le commentaire sur la figure centrale du texte, l'antithèse entre Napoléon Ier et Napo-

léon III. Dans ce cas, le plan pourrait être celui que nous avons adopté pour notre seconde partie :
— L'ANTITHÈSE DANS LA CONSTRUCTION DU POÈME.
— L'ANTITHÈSE DANS LE TON ET LE VOCABULAIRE.
— L'ANTITHÈSE DANS LES SITUATIONS.

Dans ce cas, il faudra néanmoins évoquer en introduction l'origine du poème et la raison d'être du titre. La conclusion pourra, quant à elle, rappeler son aspect polémique et caricatural.

ŒUVRES VOISINES

L'opposition entre Napoléon III et son oncle forme l'axe central des *Châtiments*. On y trouve donc de nombreux poèmes qui, sous une forme ou une autre, développent la même idée. Mais le mot *« singe »*, employé par Victor Hugo dans cette « Chanson », nous incite à vous livrer un autre texte des *Châtiments*, imité de La Fontaine.

FABLE OU HISTOIRE

«Un jour, maigre et sentant un royal appétit,
Un singe d'une peau de tigre se vêtit.
Le tigre avait été méchant; lui, fut atroce.
Il avait endossé le droit d'être féroce.
Il se mit à grincer des dents, criant : «Je suis
Le vainqueur des halliers, le roi sombre des nuits!»
Il s'embusqua, brigand des bois, dans les épines;
Il entassa l'horreur, le meurtre, les rapines,
Égorgea les passants, dévasta la forêt,
Fit tout ce qu'avait fait la peau qui le couvrait.
Il vivait dans un antre, entouré de carnage.
Chacun, voyant la peau, croyait au personnage.
Il s'écriait, poussant d'affreux rugissements :
«Regardez, ma caverne est pleine d'ossements;
Devant moi tout recule et frémit, tout émigre,
Tout tremble; admirez-moi, voyez, je suis un tigre!»

> Les bêtes l'admiraient, et fuyaient à grands pas.
> Un belluaire vint, le saisit dans ses bras,
> Déchira cette peau comme on déchire un linge,
> Mit à nu ce vainqueur, et dit : « Tu n'es qu'un singe ! »

Le pamphlet, dont *Les Châtiments* sont un exemple, est un genre littéraire avec ses lois propres. Parmi celles-ci figurent, peut-être, l'agressivité et la mauvaise foi. De grands noms se sont illustrés, du XVIIIe au XXe siècle, dans la littérature pamphlétaire. On pourra se reporter, entre cent autres, aux écrits ironiques, mordants ou exaltés de Marat, de Paul-Louis Courier, de Louis Veuillot, de Rochefort, de Léon Bloy, de Léon Daudet, d'Octave Mirbeau, d'Henri Jeanson...

Il nous a paru amusant de montrer Victor Hugo victime, à son tour, d'un satiriste. Voici donc un article publié par le journaliste Edmond About, en juin 1871 (pour apprécier la mauvaise foi polémique du texte, on pourra comparer ce texte à la biographie de Victor Hugo, au début de ce livre) :

> « Vicomte par la grâce de Charles X, pair de France par la faiblesse de Louis-Philippe, napoléonien par amour du clinquant et par je ne sais quel appétit de l'énorme, poète par une libéralité du ciel mal tombée, millionnaire par la générosité des badauds et sa propre avarice, demi-dieu par vocation, non sans quelque rivalité contre les droits antérieurs de Dieu le Père, Monsieur Victor Hugo, quoi qu'il puisse penser de lui-même et quelque admiration qu'il inspire aux niais, n'est qu'un homme de phrase, un marchand de paroles bariolées, une cymbale de charlatan [...] On le dit versatile, on a tort : il a toujours été fidèle à lui-même et à lui seul [...] Il s'est mis en colère à propos, il a déballé le pamphlet en temps utile et tenu boutique de fiel aussitôt que le fiel a été demandé sur la place.
>
> Proscrit après le 2 décembre par la sottise de son ancien candidat qui n'avait pas su le faire duc et ministre, il s'est fait, sur la roche fertile de Jersey, un nid confortable et propice à la

> ponte des œufs d'or. [...] nous l'avons vu jouer jusqu'à la fin le rôle d'émigré pour affaires. »

Enfin, nous avons évoqué plusieurs fois l'univers des caricatures politiques. Celles-ci atteignirent en effet, en particulier à la fin du XIXe et au début du XXe siècle, une violence bien proche du *« Voici du sang, accours, viens boire »* hugolien. Des dessinateurs comme Caran d'Ache, Forain, Jossot ou Hermann Paul ont produit, dans ce domaine, des œuvres d'une extraordinaire virulence. On en trouvera quelques exemples dans des ouvrages comme *La Belle Époque et son envers* (Éditions André Sauret - 1980), *La Caricature populaire de 1830 à 1913* (Musée d'Art Moderne A. Malraux - 1991) ou *La Caricature sous la IIIe République* (Éditions Armand Colin).

5

« SONNEZ, SONNEZ TOUJOURS... »

Sonnez, sonnez toujours, clairons de la pensée.

Quand Josué rêveur, la tête aux cieux dressée,
Suivi des siens, marchait, et, prophète irrité,
Sonnait de la trompette autour de la cité,
Au premier tour qu'il fit, le roi se mit à rire ;
Au second tour, riant toujours, il lui fit dire :
— Crois-tu donc renverser ma ville avec du vent ?
A la troisième fois l'arche allait en avant,
Puis les trompettes, puis toute l'armée en marche,
Et les petits enfants venaient cracher sur l'arche,
Et, soufflant dans leur trompe, imitaient le clairon ;
Au quatrième tour, bravant les fils d'Aaron,
Entre les vieux créneaux tout brunis par la rouille,
Les femmes s'asseyaient en filant leur quenouille,
Et se moquaient, jetant des pierres aux Hébreux ;
A la cinquième fois, sur ces murs ténébreux,
Aveugles et boiteux vinrent, et leurs huées
Raillaient le noir clairon sonnant sous les nuées ;
A la sixième fois, sur sa tour de granit
Si haute qu'au sommet l'aigle faisait son nid,
Si dure que l'éclair l'eût en vain foudroyée,
Le roi revint, riant à gorge déployée,
Et cria : — Ces Hébreux sont bons musiciens ! —
Autour du roi joyeux riaient tous les anciens
Qui le soir sont assis au temple et délibèrent.

A la septième fois, les murailles tombèrent.

19 mars 1853, Jersey.

232 / *La maturité et l'exil*

CONDITIONS DE PUBLICATION

Ce poème, comme le précédent, est tiré des *Châtiments*. Mais il se différencie nettement de « Chanson », tant par le ton que par le traité.

Avant de publier *Les Châtiments* en novembre 1853, Victor Hugo avait d'abord publié en août 1852 un pamphlet en prose intitulé *Napoléon le Petit*, dans lequel il fustigeait le prince-président (sur tout ce contexte, se reporter au paragraphe « Conditions de publication » du poème précédent).

Un exemplaire de l'ouvrage fut remis à Napoléon III alors qu'il donnait une réception à Saint-Cloud. Le souverain prit le livre, le parcourut en silence puis, après quelques instants, le montra à l'assistance en disant sur un ton ironique : « Voici *Napoléon le Petit* par Victor Hugo, le Grand. »

Ce trait d'esprit, rapporté par les journaux français, fut certainement très mal ressenti par Hugo, dont l'orgueil était immense. L'un des poèmes des *Châtiments*, intitulé « L'Homme a ri », se veut explicitement une réponse à ce trait de mépris de Napoléon III. Mais le comportement du roi de Jéricho, dans le poème que nous allons étudier, est probablement lui aussi une évocation de cet épisode.

« Sonnez, sonnez toujours... » / 233

POUR MIEUX COMPRENDRE

Ce poème se réfère à un épisode tiré de l'Ancien Testament. Le *Livre de Josué* y raconte en effet la conquête de la Palestine par le peuple hébreu, conquête qui débute par la prise de Jéricho.

Avant de combattre, et suivant les instructions de Yahvé, leur dieu protecteur, les Hébreux organisent une procession autour de Jéricho. En tête viennent des soldats, suivis de sept prêtres jouant de la trompe, puis l'arche d'alliance qui sert de demeure à Yahvé et enfin l'arrière-garde de l'armée. Cette procession fait le tour de la ville, puis se disperse. La même manœuvre se reproduit le lendemain, et les jours suivants.

Le septième jour, la procession fait sept fois le tour de Jéricho. Au septième tour, sur l'ordre de Josué, tout le peuple pousse un cri de guerre. A ce cri, les murailles de Jéricho s'écroulent ; les Hébreux attaquent et prennent la ville (*Josué*, **6 - 1 à 20**).

Notons que Victor Hugo a resserré l'action, ne conservant que les événements du septième jour. Il a également imaginé l'attitude du roi et des habitants de Jéricho, dont la Bible ne fait pas mention.

L'**arche** dont il est question aux vers 8-10 est l'arche d'alliance, grand coffre sacré qui contenait les Tables de la Loi et « la puissance de Yahvé ».

Aaron, évoqué au vers 12, était le frère de Moïse. Il était mort depuis plusieurs années quand eut lieu la bataille de Jéricho. L'expression « les fils d'Aaron » désigne les Hébreux.

Le mot **créneaux** (vers 13) désigne des ouvertures pratiquées au sommet d'une muraille pour tirer sur les assaillants tout en restant à l'abri.

La **quenouille**, dont il est question au vers 14, était un long bâton autour duquel on enroulait la laine destinée à faire du fil. Filer la laine était traditionnellement une activité féminine.

MOUVEMENT DU TEXTE

Tout le poème apparaît comme une description, dans laquelle les notations familières se mêlent aux éléments épiques, c'est-à-dire aux exagérations propres aux récits héroïques du Moyen Age. Mais le premier vers nous avertit immédiatement qu'il s'agit en réalité d'une **allégorie**, d'un récit qui doit s'interpréter au sens figuré et contient un enseignement moral.

Ce premier vers évoque en effet les *« clairons de la pensée »*. Il s'agit d'une **métaphore** : les clairons symbolisent les manifestations de la pensée, de la Vérité ; et sans doute plus particulièrement les œuvres de Victor Hugo lui-même. L'effet typographique souligne encore la parabole : la ligne sautée entre les vers 1 et 2 marque un changement de ton, une pause, et fait ainsi apparaître le poème comme une illustration de la première phrase.

Il est d'ailleurs intéressant de noter que le texte tout entier se compose de trois phrases seulement : une phrase d'introduction (un vers), une phrase de conclusion (un vers) et, entre les deux, une longue phrase descriptive constituant le corps du poème. Les éléments essentiels du texte, l'introduction et la « surprise » finale, sont ainsi parfaitement mis en valeur.

Le corps du poème (vers 2 à 25) est construit sur un double effet : une progression dramatique vers le dénouement, une opposition entre l'attitude des Hébreux et celle des habitants de Jéricho.

Une progression dramatique

La progression dramatique suit les tours que font les Hébreux autour de la ville. Hugo en rythme les étapes par des expressions comme *« Au premier tour »* ou *« A la troisième fois »* placées en début de vers. Notons que dans les vers 5 et 6, consacrés au roi de Jéricho, le poète utilise des groupes verbaux de quatre syllabes : *« Au premier tour »*, *« Au second tour »*.

L'action des Hébreux en paraît plus anodine, moins grandiloquente ; c'est un début… Mais à partir du troisième tour, Hugo utilise systématiquement un groupe verbal de six syllabes, afin de rythmer son texte de façon plus puissante : *« A la troisième fois »*, *« Au quatrième tour »*…

Cette progression est également marquée par le nombre des vers consacrés à chaque tour :

Premier tour	1 vers (5)
Second tour	2 vers (6 - 7)
Troisième tour	4 vers (8 - 11)
Quatrième tour	4 vers (12 - 15)
Cinquième tour	3 vers (16 - 18)
Sixième tour	7 vers (19 - 25)
Septième tour	1 vers, mis en relief par un saut de ligne.

Les deux premiers tours, on l'a dit, prennent un aspect un peu anodin. Du troisième au cinquième, la longueur à peu près identique de chaque partie produit un effet de redondance qui fait bien sentir l'action répétitive des Hébreux. Enfin, la longueur de la description attachée au sixième tour a pour fonction de créer un effet de rupture, un contraste avec la simplicité lapidaire du dernier vers. (Sur l'effet de rupture, voir le chapitre sur « Le Style de Victor Hugo ».)

Enfin, cette progression correspond à un aveuglement croissant des habitants de Jéricho, qui viennent les uns après les autres se moquer des Hébreux. Le roi envoie d'abord un messager à Josué (cf. vers 6 : *« il lui fit dire »*), ce qui est tout de même, malgré la raillerie, une façon de le prendre comme interlocuteur. Mais très vite le roi disparaît et nous voyons intervenir les *« petits enfants »* (vers 10), par définition inconscients et irresponsables. Viennent ensuite *« les femmes »* (vers 14), normalement plus raisonnables que les enfants. Au vers 17, ce sont les infirmes, *« aveugles et boiteux »* mais qui devraient néanmoins pouvoir apprécier le danger. Enfin l'hilarité et l'inconscience finissent par gagner jusqu'aux plus sages, les *« anciens »* qui servent de conseillers au roi (vers 24-25).

Notons que ces intervenants successifs (petits enfants, femmes, infirmes, vieillards), dont aucun n'hésite à se moquer des Hébreux, ont en commun la faiblesse physique. Victor

Hugo montre ainsi le peu de crainte que les Hébreux inspirent aux habitants, qui se sentent à l'abri derrière leurs murailles et ne comprennent pas les agissements de l'ennemi.

Ainsi le mouvement du texte est un élargissement progressif de l'hilarité et de l'aveuglement à toute la population de Jéricho, jusqu'à la catastrophe finale.

De façon plus subtile, on remarquera comment Hugo prépare l'effet spectaculaire du dernier vers en magnifiant progressivement les murailles de Jéricho. Ce sont d'abord des *« vieux créneaux »* rouillés (vers 13), puis des *« murs ténébreux »* (vers 16) et finalement une tour indestructible dont la description démesurée (vers 19-21) rend la victoire des Hébreux encore plus éclatante.

Un contraste entre les Hébreux et la ville

Cette progression se double d'une opposition entre les deux groupes constitués d'un côté par les Hébreux, de l'autre par les habitants de Jéricho.

Il faut d'abord noter que Victor Hugo se place (et par conséquent nous place) en observateur extérieur à l'événement. Si l'on excepte une mention un peu ambiguë au vers 3 (*« prophète irrité »*), aucune indication ne nous est donnée sur l'état d'esprit des personnages. Nous n'avons que des descriptions d'actions et de comportements. Ce parti pris renforce l'efficacité de la scène, en nous laissant imaginer les pensées des protagonistes. Il prend toute sa valeur au dernier vers, dans lequel Hugo donne une description simple et froidement objective du fait essentiel : *« les murailles tombèrent »*.

Pourtant, il faut remarquer que Victor Hugo n'emploie pas les mêmes procédés pour décrire les Hébreux et les habitants de Jéricho.

Le vocabulaire employé pour caractériser ces derniers est

simple, sans périphrase ni hyperbole (sauf aux vers 20-21, pour une raison déjà évoquée). De nombreux détails familiers viennent préciser le tableau : les enfants soufflent dans des trompes (vers 11), les murs sont *« brunis par la rouille »* (vers 13), les femmes filent la laine (vers 14), le roi rit *« à gorge déployée »* (vers 22). Ces précisions, unies à de nombreux verbes d'action *(« cracher », « soufflant », « imitaient », « bravant », « jetant », « vinrent », « raillant »*…), font des vers 10 à 18 un ensemble vivant, coloré et animé.

Par contraste, les Hébreux nous apparaissent singulièrement massifs. Victor Hugo ne nous dit rien sur leur réaction aux insultes et aux crachats. Leur troupe nous est d'abord décrite sommairement (vers 8-9), pour devenir au vers 12 une entité collective (*« les fils d'Aaron »*) et enfin se réduire au vers 18, par un effet de concentration (le terme technique est *synecdoque*), à son élément essentiel : *« le noir clairon »*.

De leurs actes, nous savons seulement qu'ils continuent la procession, ce qui nous est indiqué de façon indirecte par le retour régulier, répétitif du groupe verbal *« A la …ième fois »*. Victor Hugo, qui a d'abord évoqué Josué, consacre ensuite deux vers (8-9), à la description de la procession. Par la suite, dans les deux derniers tiers du poème, il ne nous parlera plus que des habitants de Jéricho, laissant de côté toute description des assaillants.

Cette absence de précision, laissant croire à une absence de réaction, produit une impression de puissance sereine, de certitude inébranlable. Nous sentons la « force tranquille » des Hébreux, sûrs de la victoire et indifférents aux affronts.

Il y a d'ailleurs un artifice dans ce procédé. A l'époque, l'épisode biblique des trompettes de Jéricho était connu de toute personne un peu cultivée. Par conséquent, le lecteur savait dès le début du texte ce qui arriverait au septième tour. En comptant les tours, en indiquant à chaque fois où en sont les Hébreux, Victor Hugo fait alors monter la tension dramatique, d'autant plus efficacement que le lecteur sait qu'il approche du drame final.

(On pourra rapprocher ce procédé de la théorie du célèbre metteur en scène anglais Alfred Hitchcock : le suspense est beaucoup plus fort si le spectateur connaît le danger vers lequel le héros se dirige, lui, en toute ignorance.)

La synecdoque

On appelle *« synecdoque »* un procédé rhétorique par lequel on emploie, pour désigner un ensemble, une partie contenue dans cet ensemble ; ou à l'inverse l'ensemble pour désigner une partie.

Par exemple, *« L'Italie a gagné par 3 à 0 »* est une synecdoque, « l'Italie » désignant ici « l'équipe d'Italie de football ». De même, *« un troupeau de cent têtes »* est une synecdoque, la tête désignant l'animal tout entier.

L'impression de force sereine que dégage l'armée de Josué est encore accentuée par le vocabulaire qu'utilise Victor Hugo. En effet, alors que les habitants de Jéricho sont décrits à l'aide de mots simples et de notations quotidiennes, les termes associés aux Hébreux ont pour effet de les magnifier : *« toute l'armée en marche »* (vers 9), *« les fils d'Aaron »* (vers 12), *« le noir clairon sonnant sous les nuées »* (vers 18). Nous ressentons ainsi l'armée de Josué comme une masse grandiose, puissante et majestueuse qui s'oppose au groupe mouvant et irresponsable des habitants de la ville.

Victor Hugo recrée ainsi un véritable drame biblique, avec une remarquable économie de moyens. Pas de description flamboyante, aucune de ces énumérations grandioses dans lesquelles il est passé maître, mais un récit mesuré dans lequel l'intensité dramatique naît d'une savante construction.

Un récit symbolique

Si Victor Hugo se montre si sobre dans son récit, c'est sans doute qu'il entend privilégier l'histoire au détriment du détail. Il ne s'agit pas pour lui de brosser une grande fresque, mais de raconter un événement qui illustrera son propos : l'inévitable victoire de la Vérité.

En effet, on passerait à côté de ce poème si on négligeait sa signification symbolique.

Nous avons déjà signalé la métaphore qui ouvre le poème : l'auteur nous parle des *« clairons de la pensée »*. L'histoire de Josué détruisant la ville ennemie au son des trompes est donc ici l'image de la Pensée, de la Vérité victorieuse de ses ennemis. Les railleries des habitants figurent alors les sarcasmes dont sont couverts ceux qui ont raison trop tôt, ou au mauvais moment.

Bien entendu Victor Hugo, exilé à Jersey, se projette tout entier dans cette parabole. Il s'agit d'un texte vengeur : le rire du roi, au vers 5, évoque directement l'attitude de Napoléon III devant les pamphlets du poète qui, en retour, lui prédit que son empire s'écroulera comme la ville de Jéricho. Peut-être aussi Hugo puise-t-il un certain réconfort dans l'exemple biblique, qui lui permet d'espérer une prochaine revanche. Mais ce poème s'applique en fait à toutes les époques et à tous les lieux dans lesquels la raison d'État fait traquer la Vérité.

LECTURE SUIVIE

Le poème est composé en alexandrins, le vers classique par excellence, dont le rythme sonore et emphatique convient bien à l'évocation d'un grand épisode de la Bible.

« Sonnez, sonnez toujours, clairons de la pensée. »

Ce vers d'introduction est remarquable à la fois d'un point de vue rhétorique et d'un point de vue rythmique.

Sur le plan rhétorique, il combine trois figures : l'apostrophe, la répétition et la métaphore.

Victor Hugo **apostrophe** les *« clairons »*, s'adressant à eux comme à des êtres vivants. Il leur confère ainsi une personnalité, il les magnifie, tout en créant chez le lecteur un sentiment de surprise qui éveille l'intérêt.

La **répétition** du mot *« Sonnez »* contribue à cet effet d'exaltation. On a l'impression que le poète exhorte les clairons, qu'il les encourage. Il leur donne le signal comme le ferait un chef d'orchestre, ce qui correspond bien à l'idée que Victor Hugo se faisait de la fonction du poète, prophète et détenteur de la Vérité.

Enfin, nous avons déjà évoqué le rôle de la **métaphore** *« clairons de la pensée »*. Celle-ci établit immédiatement que le récit qui va suivre est une parabole, que les clairons de Josué représentent en fait la Pensée, la Vérité à l'œuvre.

Sur le plan rythmique, il faut noter que le vers est construit sur une progression régulière du nombre des syllabes :

<u>**Sonnez**, sonnez toujours, clairons de la pensée</u>.
  2   4   6

Cette construction crée un effet sonore particulièrement heureux. On a l'impression qu'à l'appel du poète les clairons se réveillent, se mettent à jouer de plus en plus nombreux. Sans faire de jeu de mots, on pourrait presque dire qu'il s'agit d'une ouverture en fanfare.

N'oublions pas de mentionner qu'une ligne blanche sépare ce vers de ceux qui le suivent. Le poète marque une pause, avant d'attaquer son récit.

« Quand Josué rêveur, la tête aux cieux dressée,
 Suivi des siens, marchait, et, prophète irrité,
 Sonnait de la trompette autour de la cité, »

Le changement de ton, amorcé par la ligne séparatrice entre les deux premiers vers, est frappant. Plus d'impératif, mais un récit à l'imparfait. Nous sommes ici, non plus dans le registre de l'apostrophe, mais dans un registre descriptif. C'est maintenant au lecteur que le poète s'adresse directement. Plus exactement, il évoque un épisode qu'il suppose connu du lecteur.

Le mot *« Quand »*, au début du second vers, semble introduire un souvenir ou une connaissance communs à l'auteur et au lecteur. Victor Hugo cite ensuite Josué, puis fait référence à l'épisode des trompettes (vers 4) sans donner davantage de précisions, comme si cela suffisait au lecteur pour comprendre. Et en effet, à l'époque où il a écrit ce texte, la Bible était très bien connue des lecteurs cultivés et cette référence ne posait aucun problème de compréhension.

Cette façon de procéder montre bien que l'auteur a choisi cet épisode pour sa valeur démonstrative, pour le symbole qu'il contient ; et non comme prétexte à un tableau grandiose comme ceux qu'il peindra, par exemple, dans *La Légende des Siècles*.

Les vers 2-3 installent l'action. C'est d'abord un nom *(« Josué »)*, puis une physionomie *(« rêveur »)*, puis une attitude *(« la tête aux cieux dressée »)*, puis une situation globale *(« suivi des siens »)* et enfin un verbe *(« marchait »)*. On dirait qu'une caméra, ouvrant en plan serré sur le visage du prophète, a progressivement reculé pour nous faire découvrir l'ensemble de la scène. Ce procédé, en termes littéraires, est appelé **élargissement**.

Les mots employés ne sont pas neutres et suivent, eux aussi, une progression. Le mot *« rêveur »* montre que Josué est en partie indifférent à la réalité, qu'il a « la tête ailleurs ». Le groupe verbal suivant intensifie et précise cette idée : Josué a la tête tournée vers les *« cieux »*. Cet « ailleurs » est donc un « au-dessus », une réalité supérieure, ce que viendra confirmer le mot *« prophète »* au vers 4. Sa tête n'est d'ailleurs pas tournée mais *« dressée »*, ce mot donnant une certaine impression de force et de volonté.

Ensuite, Josué est *« suivi »* par le peuple, qu'il guide et dont il a la confiance. Cette idée de confiance est accentuée par l'expression *« des siens »*, qui évoque une famille soumise. Enfin arrive le verbe *« marchait »*, bien mis en valeur par sa place centrale dans le vers et la façon dont il a été séparé du sujet *(« Josué »)* par trois appositions successives. Ce *« rêveur »* inspiré, ce guide est donc aussi un homme d'action dont le rôle est de mener le peuple.

Derrière ce tableau idéalisé du prophète biblique, on reconnaît le poète tel que le voyait Victor Hugo : un « rêveur sacré » auquel « Dieu parle à voix basse » et qui fait « flamboyer l'avenir » *(Les Rayons et les Ombres*, I). L'identification est donc manifeste : c'est bien du poète en général, et de lui en particulier, que Hugo veut parler dans ce texte.

Cette identification se poursuit d'ailleurs avec les mots *« prophète irrité »*, employés pour qualifier Josué. Dans la Bible, Josué est un conquérant menant son peuple contre l'ennemi, mais il n'est pas *« irrité »*. En revanche Hugo, contraint à l'exil sur son rocher anglo-normand, l'est bel et bien... La présence du mot en fin de vers montre d'ailleurs l'importance que lui accorde le poète, qui a voulu le mettre en relief et (peut-être) l'opposer à *« cité »*.

Ces vers 2-3, s'ils plantent le décor, créent aussi un sentiment d'attente. Cela est dû à l'emploi des nombreuses appositions (groupes de mots indépendants entre deux virgules) qui allongent la phrase ; et au mot *« Quand »*, après lequel on s'attend logiquement à une suite.

Ce sentiment d'attente est accentué par le vers 4, qui n'est entrecoupé par aucune ponctuation, et paraît curieusement long après le rythme haché des deux vers précédents. Cette impression de longueur accroît encore notre impatience de savoir ce qui est arrivé (nous disons « qui est arrivé » car le poème, écrit à l'imparfait, raconte une histoire qui a déjà eu lieu).

Notons enfin que l'auteur ne cite pas le nom de Jéricho. Il y a sans doute là une volonté de conserver à l'histoire sa valeur exemplaire, en la rendant la plus universelle possible. Victor Hugo nomme Josué pour situer l'histoire dans l'esprit du lecteur : mais il peut dès lors éviter de nommer Jéricho et préfère parler de *« la cité »* (vers 4).

« Au premier tour qu'il fit, le roi se mit à rire ; »

Ce vers se caractérise par une rupture dans la construction de la phrase : on s'attendrait à ce que « Josué » soit le sujet d'une partie de la phrase, alors que ce sujet est « le roi ». Ce défaut volontaire de construction, appelé **anacoluthe**, permet à Hugo de mettre le personnage du roi en relief par une intervention soudaine, inattendue...

L'aspect soudain de cette intervention est encore accentué par l'inversion des deux segments de la phrase. *« Au premier tour qu'il fit »* étant placé en tête.

Cette inversion a pour effet de prolonger encore notre attente. Celle-ci dure en fait depuis le début du vers 2, puisque *« le roi se mit à rire »* vient en fait compléter *« Quand Josué [...] marchait, et [...] sonnait de la trompette »*. Or le groupe verbal *« Au premier tour qu'il fit »*, ainsi placé, allonge encore la phrase. De ce fait les mots *« le roi se mit à rire »*, rejetés en fin d'un groupe de quatre vers, prennent un relief remarquable :

« Quand Josué // [...] // [...] //
[...] // marchait, // et, // [...] //
Sonnait de la trompette autour de la cité,
// [...] // le roi se mit à rire ; »

En particulier l'expression *« se mit à rire »*, par son côté trivial, offre un contraste choquant avec l'emphase des vers précédents.

En second lieu, grâce à cette inversion, Hugo peut placer en tête de vers les mots *« Au premier tour »*. Il prépare ainsi l'effet de répétition qui lui permettra de rythmer son poème tout en faisant progresser l'action.

Sur le rire du roi, on se rappellera l'anecdote que nous avons évoquée en début d'analyse.

L'anacoluthe

Avant d'être l'une des injures favorites du capitaine Haddock, l'anacoluthe est une figure de rhétorique par laquelle on introduit volontairement, dans une phrase, un défaut de construction. Par exemple, dans cette pensée de Blaise Pascal :

« Le plus grand philosophe du monde, sur une planche plus large qu'il ne faut, s'il y a au-dessous un précipice, quoique sa raison le convainque de sa sûreté, son imagination prévaudra. »

le mot « philosophe » semble devoir être le sujet de la phrase, alors que ce sujet est finalement « son imagination ». Le désordre de la formule semble ainsi refléter le désordre dans l'esprit du malheureux en proie au vertige !

> « Au second tour, riant toujours, il lui fit dire :
> — Crois-tu donc renverser ma ville avec du vent ? »

L'attitude du roi se précise. Au rire s'ajoute la raillerie, avec peut-être une nuance d'incrédulité face à un ennemi qui ne se comporte pas comme les autres, qui ne joue pas le jeu habituel. Le son des trompes n'est pour le souverain que *« du vent »*, mot qui désigne au sens propre l'air qui fait résonner les clairons et au sens figuré, de façon péjorative, un verbiage inutile et vide : « Ce n'est que du vent. » Là encore, nous pouvons voir une dénonciation du mépris de Napoléon III pour les écrits de Victor Hugo.

Dans le même esprit, notons aussi le mot *« renverser »*. Habituellement, on ne « renverse » pas une ville ; mais on parle de renverser un trône, ou de renverser un régime, ou un souverain… On dirait que Hugo, avec cette impropriété, a laissé voir sa pensée véritable.

Le début du vers 6, avec l'expression *« Au second tour »* met en place la structure répétitive du poème. Les sonorités en « r » font entendre le rire du souverain :

> « Au second tou<u>r</u>, <u>r</u>iant toujou<u>r</u>s, il lui fit di<u>r</u>e : »

tandis que le tutoiement et l'expression *« lui fit dire »* (vers 7) traduisent bien son mépris pour le chef des Hébreux.

> « A la troisième fois l'arche allait en avant,
> Puis les trompettes, puis toute l'armée en marche, »

Rien ne nous est dit sur la réaction de Josué face aux sarcasmes du roi. Mais l'expression *« A la troisième fois »* nous indique clairement que les Hébreux continuent leur procession.

Cette expression renchérit sur les mots *« Au premier tour »* et *« Au second tour »* des vers 5 et 6. Placée au début du vers 8, elle achève d'installer la démarche systématique employée par Victor Hugo : désormais, nous nous attendrons à la mention des tours suivants. Enfin, avec six syllabes contre quatre pour les deux premières indications, ce groupe verbal donne à la procession qui se répète une nouvelle ampleur.

Cette ampleur est d'ailleurs justifiée par le texte. Si les vers

4-6 pouvaient nous laisser croire que seul Josué tournait autour de la ville (comme semble l'indiquer le singulier des verbes *« sonnait »* et *« fit »* aux vers 4 et 5), nous découvrons cette fois l'importance de la procession. Pour nous l'indiquer, Hugo a recours au même procédé d'élargissement qu'il avait déjà employé au début du texte. Nous voyons d'abord *« l'arche »*, que nous pouvons imaginer portée par un ou deux hommes (le singulier nous suggère un petit groupe) ; puis *« les trompettes »*, au pluriel, ce qui suggère un groupe plus important ; et enfin *« toute l'armée »*, le mot *« toute »*, servant ici à évoquer une grande foule. Le vers 9 est du reste construit en deux parties d'inégale longueur (cinq syllabes - sept syllabes), afin de bien faire sentir cet effet d'élargissement.

Par ailleurs, le mot *« toute »* montre aussi la ferveur, la dévotion des Hébreux : il indique que pas un soldat n'est resté à l'écart, que la procession est une œuvre collective. *« Toute »*, ici, amplifie et magnifie l'action ; de même que l'expression *« en marche »*, qui suggère la volonté des soldats en même temps que l'idée d'une masse difficile à arrêter. Ce *« en marche »* répond d'ailleurs à l'expression *« allait en avant »* du vers 8, qui contient aussi une idée de détermination, de progression obstinée.

Notons au passage que *« l'arche »* est citée par Victor Hugo sans un mot d'explication. Comme précédemment pour Josué ou les trompettes (vers 2 et 4), le poète suppose que son lecteur connaît l'histoire de Jéricho et sait de quelle « arche » il s'agit.

« Et les petits enfants venaient cracher sur l'arche, Et, soufflant dans leur trompe, imitaient le clairon ; »

Ces vers s'opposent aux deux précédents, de façon à créer un effet de surprise et de dérision. Ils nous montrent comment, à la suite de leur roi, les habitants de Jéricho commencent à se moquer des Hébreux, accentuant ainsi l'opposition entre la ville et l'armée de Josué.

Il y a d'abord un contraste entre *« les petits enfants »* et *« toute l'armée »* (vers 9). Ce contraste est d'autant plus fort que les deux groupes verbaux se succèdent, séparés seulement par le mot *« Et »* qui fait attendre plutôt une suite qu'une opposition.

246 / *La maturité et l'exil*

Le verbe *« cracher »* surprend lui aussi. C'est un mot bref, assez trivial, qui s'oppose à la majesté des vers 8-9. Le mot *« arche »*, placé à la fin du vers 10, acquiert ainsi un relief particulier tout en créant avec le vers 8 une sorte d'écho qui augmente l'effet de contraste. Cette arche qui *« allait en avant »* avec une certaine grandeur, devient objet de mépris.

Notons aussi les allitérations en « r » et en « ch », qui font véritablement entendre les crachats des enfants, par l'emploi d'une **harmonie imitative** :

« **Et les petits enfants venaient c**r**a**ch**er su**r **l'a**r**ch**e, »

Le vers 11, poursuivant la description, commence lui aussi par *« Et »*, ce qui donne une impression d'accumulation, comme si les moqueries s'additionnaient. Il se termine par *« clairon »* comme le vers 10 se termine par *« arche »*, dans la même volonté de contraste, d'opposition entre les attitudes des enfants et des Hébreux. L'auteur réalise ainsi une opposition terme à terme :

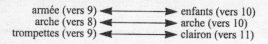

dans laquelle arche et trompettes des Hébreux sont tournées en dérision.

Remarquons que Victor Hugo ne qualifie pas l'attitude des uns ou des autres. Il adopte un ton apparemment impartial, comme s'il rapportait des faits. Son récit gagne ainsi en réalisme et en force dramatique, le lecteur étant (si l'on peut dire) libre de ses réactions.

« **Au quatrième tour, bravant les fils d'Aaron,**
  Entre les vieux créneaux tout brunis par la rouille,
Les femmes s'asseyaient en filant leur quenouille,
  Et se moquaient, jetant des pierres aux Hébreux ; »

Alors qu'il nous a décrit en deux vers les moqueries des enfants, l'auteur ne nous indique toujours rien sur les réactions des Hébreux. Seuls les mots *« Au quatrième tour »* évoquent leur marche, tranquille et obstinée.

Remarquons au passage l'emploi du mot *« tour »*. Hugo l'a

choisi parce que *« quatrième »* compte quatre syllabes. Avec un mot masculin, il peut dire *« Au »* (une syllabe) au lieu de *« à la »* (deux syllabes), et ainsi conserver un groupe verbal de six syllabes pour scander la progression des Hébreux.

Après les enfants, ce sont maintenant les femmes de Jéricho qui viennent rire des Hébreux. Il y a une gradation : les femmes sont plus raisonnables que les enfants ; ce sont des adultes. Le fait que ces adultes ajoutent leurs moqueries à celles des enfants montre que l'inconscience s'étend dans Jéricho. De plus les femmes, de même que les enfants, sont considérées comme faibles physiquement. Or ces faibles sont les premiers à rire de l'ennemi. Les hébreux le font donc par peur.

Notons que l'intervention des femmes est construite, elle aussi, de façon à nous surprendre. Victor Hugo emploie d'abord un verbe au participe présent *(« bravant »)*, puis retarde la révélation du sujet en intercalant un vers entier et enfin, en début de vers 14, nous dit qui « brave » ainsi l'ennemi.

Les termes employés par Hugo pour décrire les femmes marquent d'ailleurs une gradation dans l'audace. Le mot « braver » caractérise une attitude : il indique que les femmes, protégées par les *« créneaux »*, dominent leur crainte. Puis ces femmes s'enhardissent et « se moquent » de l'ennemi. Enfin, sûres de leur impunité, elles vont jusqu'à « jeter des pierres ».

Cette agressivité contraste d'ailleurs avec le tableau pacifique des femmes *« filant leur quenouille »* (vers 14). Par cette précision, le poète met bien en relief la méchanceté railleuse des habitantes de Jéricho. D'une part, le groupe verbal *« Et se moquaient »* se trouve rejeté en tête du vers 15, afin d'accentuer le contraste avec l'impression paisible créée par la description des femmes au long du vers 14. D'autre part, les verbes *« filant leur quenouille »* et *« jetant des pierres »* sont mis sur le même plan, comme si ces deux occupations étaient aussi normales l'une que l'autre : deux façons utiles de passer le temps...

Au vers 12, la périphrase *« les fils d'Aaron »* remplit une double fonction. Elle produit d'abord un effet d'emphase, en magnifiant les Hébreux par l'évocation de leur origine mythique. Elle fait ensuite de ces Hébreux un groupe soudé. La périphrase joue alors le même rôle que, au vers 9, le mot *« toute »* : faire sentir au lecteur la cohésion de la collectivité. Plus loin, au vers 15, nous retrouvons la même démarche « globalisante » avec l'emploi du terme générique *« aux Hébreux »*.

Attardons-nous enfin sur le vers 13. Hugo nous donne ici une indication sur les murailles de Jéricho, indication qui a son importance pour la suite et surtout la fin du poème. Ce sont de *« vieux créneaux tout brunis »*, description réaliste indiquant qu'ils sont anciens et ont, sans doute, résisté à de nombreux assauts.

Cette indication a aussi pour fonction d'expliquer, de justifier l'inconscience des habitants de Jéricho : derrière ces *« vieux créneaux »*, ils se sentent à l'abri, sûrs de leur force. Même les femmes peuvent « jeter des pierres » à l'ennemi et néanmoins se sentir suffisamment tranquilles pour « filer leur quenouille ».

Ainsi, loin d'être gratuite, la description proposée par ce vers 13 joue un rôle important dans la construction du poème tout entier.

Une remarque, pourtant, sur la *« rouille »*. En général, et surtout aux temps bibliques, les murailles et les créneaux étaient faits de pierre ou d'argile. On peut donc s'interroger sur l'emploi du mot *« rouille »* (qui suppose la présence de métal) et se demander si Hugo n'a pas, dans ce cas précis, sacrifié la vraisemblance à la rime.

« A la cinquième fois, sur ces murs ténébreux,
 Aveugles et boiteux vinrent, et leurs huées
 Raillaient le noir clairon sonnant sous les nuées ; »

Ce groupe de vers marque, sur différents points, une progression par rapport à ceux qui précèdent.

C'est d'abord, évidemment, une progression dans la marche des Hébreux, manifestée par la répétition *« A la cinquième fois »*. Nous avons suffisamment insisté sur cette construction répétitive pour qu'il soit inutile d'y revenir. Notons seulement que, cette fois encore et toujours dans le même but, Hugo ne nous dit rien sur les réactions des Hébreux.

C'est aussi une progression de l'inconscience du danger

parmi la population de Jéricho. Les rieurs sont maintenant les hommes, certes pas les guerriers mais tout de même, *« Aveugles et boiteux »*, une partie des habitants « responsables » de la cité. Ces habitants infirmes, donc aussi faibles physiquement que les enfants et les femmes, ne craignent pas de venir insulter l'ennemi. L'auteur manifeste ainsi, par cette précision, le mépris que les Hébreux inspirent aux habitants de Jéricho.

C'est également une progression dans la description des murailles de la ville. Les *« vieux créneaux »* du vers 13 ont laissé la place à des *« murs ténébreux »*, expression moins descriptive et plus émotionnelle. L'adjectif *« ténébreux »*, qui signifie à la fois « sombre » et « perfide », donne aux murailles un caractère à la fois inquiétant, impressionnant et grandiose.

C'est enfin une progression dans l'évocation des Hébreux. Dans les vers précédents, Hugo magnifiait l'armée de Josué tout en faisant d'elle une masse compacte. Cette démarche est ici à son point culminant.

L'ensemble de l'armée et des sonneurs de trompe se résume maintenant à un seul *« clairon »*, devenu l'élément représentatif par excellence. Mais la description de ce clairon lui confère une majesté effrayante et grandiose. Il est *« noir »*, ce que nous lisons plus au sens figuré qu'au sens propre. Le clairon prend ici une dimension lugubre, presque funèbre. Cette impression est accentuée par les mots *« sonnant sous les nuées »*. Ces *« nuées »*, associées au mot *« noir »*, évoquent d'impressionnants nuages d'orage. Du coup, c'est toute la scène qui prend, avec ces quelques mots, un aspect plus grandiose. L'armée des Hébreux devient une masse compacte, sombre et menaçante.

Notons que, pour le lecteur qui connaît la Bible, ces *« nuées »* évoquent aussi la « colonne de nuées », forme sous laquelle Yahvé se matérialisait pour guider son peuple (*Exode*, **40 - 36**). L'allusion à Yahvé renforce encore, dans ce cas, l'impression grandiose en y ajoutant une dimension religieuse : c'est Dieu lui-même qui guide l'armée des Hébreux.

Sur le plan de la construction, on remarquera la façon dont Victor Hugo met en relief les mots *« aveugles et boiteux »* (vers 17) et *« raillaient »* (vers 18), en les plaçant en début de vers. Il utilise pour cela le procédé du **rejet**, particulièrement net dans la phrase *« et leurs huées / Raillaient... »*.

> « A la sixième fois, sur sa tour de granit
> Si haute qu'au sommet l'aigle faisait son nid,
> Si dure que l'éclair l'eût en vain foudroyée, »

Ce groupe de vers se différencie du reste du poème par un changement de ton. La description quitte le registre réaliste du début (les vers 8-9 ou le vers 13, par exemple) pour un registre épique. La tour royale est magnifiée par l'exagération : bâtie dans du solide *« granit »*, elle devient une véritable montagne, quasiment indestructible.

Cette exaltation de la tour royale est accentuée par la répétition de la structure *« Si... que... »*. Ce procédé, appelé **parallélisme**, permet de renforcer une idée en redisant la même chose sous des formes un peu différentes. Ici, l'aspect imposant de la tour est amplifié par une description excessive de sa hauteur et de sa solidité. C'est l'aboutissement de la progression commencée avec l'évocation des *« vieux créneaux »* (vers 13) puis des *« murs ténébreux »* (vers 16).

On peut souligner, au passage, l'emploi de l'article défini pour parler de *« l'aigle »* et de *« l'éclair »*. En s'exprimant ainsi, Victor Hugo donne à ses affirmations une portée universelle. L'aigle et l'éclair ne désignent plus des objets réels, mais les symboles, l'un de la puissance de vol et l'autre de la force destructrice.

> « Le roi revint, riant à gorge déployée,
> Et cria : — Ces Hébreux sont bons musiciens ! — »

Retour, ici, à un registre réaliste, avec l'expression *« à gorge déployée »*. Ce choix montre que Victor Hugo voulait magnifier, non pas les habitants de Jéricho, mais seulement les murailles.

Après la description épique qui précède, la figure et le comportement du roi, par contraste, apparaissent presque dérisoires. On dirait que ce souverain n'est pas à la hauteur de sa ville. Perdant tout sens de son rang, il s'oublie jusqu'à « crier » ses moqueries, alors qu'au début il dépêchait un messager (cf. le vers 6).

L'attitude du roi, riant au point d'en perdre toute mesure,

manifeste un aveuglement total face à la menace qui pèse sur lui. La phrase qu'il prononce est évidemment ironique : le souverain affecte d'oublier que les Hébreux sont des ennemis, des assaillants, pour ne plus retenir que le fait qu'ils jouent de la musique. Il nie ainsi leur valeur militaire et le risque que ces Hébreux peuvent représenter.

Cette formule représente donc une évolution par rapport à la première réaction du roi (vers 7). Alors qu'au début il considérait Josué comme un attaquant cherchant à le *« renverser »*, le souverain s'est maintenant convaincu qu'il n'y a aucun danger, au point de ne même plus mentionner, de traiter par le mépris les intentions belliqueuses des Hébreux.

Or, nous en sommes au sixième tour, et le lecteur « cultivé » sait que la ville s'est effondrée au septième. La phrase que Victor Hugo met dans la bouche du roi prend donc, pour ce lecteur, une résonance presque pathétique : jamais le roi n'a été si inconscient, ni si proche de sa perte... Son aveuglement est ainsi ressenti avec une intensité extrême.

Sur le plan formel, notons que pour respecter les douze syllabes du vers 23, le lecteur est contraint de prononcer « mu-si-ciens », en séparant les voyelles de la diphtongue finale. Cet effet, appelé **diérèse**, permet ici de faire ressortir le mot *« musiciens »*, qui symbolise l'inconscience du roi. Il permet aussi de faire entendre la façon dont le souverain, du sommet de son immense tour, crie en articulant chaque syllabe pour que sa plaisanterie soit entendue de tous.

« Autour du roi joyeux riaient tous les anciens
Qui le soir sont assis au temple et délibèrent. »

Avec ces deux vers, Hugo précise le tableau du roi riant du sommet de sa tour. Les *« anciens »*, les sages de la ville rient eux aussi, en compagnie du souverain.

Cette indication met le point final à l'inconscience des habitants de Jéricho. Après les enfants, les femmes et les infirmes, ce sont maintenant les conseillers du roi qui se moquent des Hébreux. L'hilarité, l'aveuglement, ont touché toute la ville. Ainsi, l'image de ces *« anciens »* riant au sommet de la tour constitue le point culminant de la progression dramatique.

Notons d'ailleurs la façon dont Victor Hugo amène cette dernière précision de façon graduelle. Ayant d'abord évoqué le roi dans les vers 22-23, il élargit une fois de plus la scène *(« Autour du roi joyeux »)*, nous montre un groupe qu'il agrandit par une discrète hyperbole *(« riaient tous les anciens »)*, puis qualifie ce groupe par deux verbes dont le dernier, en écho à *« les anciens »*, évoque la sagesse et la réflexion *(« sont assis »,* puis *« délibèrent »).*

Les mots *« les anciens »*, *« au temple »* et *« délibèrent »* suffisent à nous décrire ce groupe rieur comme celui des conseillers, des sages préposés à toutes les grandes décisions. Ici ces mots, et en particulier le verbe *« délibèrent »* que Hugo fait bien ressortir en fin de vers 25, créent un contraste avec le *« riaient »* du vers 24. Le lecteur qui connaît la fin de l'histoire ressent ainsi une sorte de mépris apitoyé devant l'aveuglement de ces *« anciens »* qui devraient incarner la sagesse et sont inconscients du risque couru par leur ville.

Notons aussi que la description correspondant au sixième tour est plus longue que celle des tours précédents : sept vers contre trois ou quatre auparavant. Le poète allonge ici sa description pour préparer la surprise finale, pour augmenter l'impact de son dernier vers par un effet de rupture.

« A la septième fois, les murailles tombèrent. »

Ce dernier vers, d'une remarquable sobriété, constitue à la fois la chute (si l'on ose dire) et la morale de tout le poème.

La phrase marque évidemment la victoire des Hébreux et le couronnement de leurs efforts. Mais elle le fait sur un ton strictement descriptif, presque détaché. Le poète nous parle seulement des *« murailles »*, sans mentionner ni les habitants de Jéricho, ni les assaillants. Il n'explique pas le phénomène, et n'en donne ni justifications, ni commentaires. Il se borne à enregistrer un fait, laissant au lecteur le soin d'en imaginer les suites et d'en tirer les conclusions.

Cette étonnante simplicité, cette écriture lapidaire donnent à la phrase un impact formidable.

Il y a d'abord contraste entre la brièveté de la phrase et l'énormité de ce qu'elle décrit. Les remparts de la ville, ces

« *murs ténébreux* », cette « *tour de granit* », s'effondrent soudain. Et Hugo nous dit cela tout naturellement, comme si la chose allait de soi.

Cet impact est fortement accentué par l'effet de rupture que nous avons déjà souligné. Après sept vers pour évoquer l'attitude méprisante du roi et des « *anciens* », Hugo en utilise un seul pour évoquer la catastrophe finale, d'où un contraste frappant. Notons d'ailleurs que ce vers est séparé du reste par une ligne blanche, qui le met en valeur par une pause.

La construction même du vers 26 accentue l'effet de surprise. Cet alexandrin est en effet constitué de deux hémistiches séparées par une virgule, de telle sorte que le milieu de la phrase est marqué par un arrêt, correspondant à la montée de la voix. Après les mots « *septième fois* », la voix s'arrête puis retombe, donnant au groupe verbal « *les murailles tombèrent* » le ton d'un constat à la fois grave et indiscutable, définitif.

Enfin, le contraste entre ce dernier vers et celui qui le précède est accentué par une différence de rythme. Le vers 25 est un **trimètre**, c'est-à-dire qu'il est constitué de trois parties. Au contraire le vers 26 est constitué de deux parties :

« Qui le soir // sont assis au temple // et délibèrent.

A la septième fois, // les murailles tombèrent. »

Cette différence se ressent à la lecture comme à l'audition. Elle contribue à renforcer l'opposition des deux derniers vers, et par conséquent l'impact de la phrase finale.

Bien entendu, il faut souligner la signification symbolique de ce dernier vers. Au-delà de la victoire des Hébreux, dont la patience et la foi sans faille sont ainsi récompensées, c'est la puissance invincible de la Vérité qu'Hugo entend affirmer par l'évocation de cet épisode biblique.

De ce point de vue, on peut rapprocher le dernier vers du premier, ainsi que le suggère d'ailleurs la construction typographique du texte. Ce dernier vers apparaît alors comme l'illustration, la démonstration du premier : les « *clairons de la pensée* » ne sonnent jamais en vain, les « *murailles* » même les plus hautes (cf. vers 19-21) finissent toujours par céder sous leurs assauts.

254 / *La maturité et l'exil*

VERS LE COMMENTAIRE COMPOSÉ

Le plan du commentaire composé pourrait reprendre les trois thèmes que nous avons mis en évidence dans le paragraphe intitulé « Mouvement du texte » : progression dramatique rythmée par la marche des Hébreux autour de la ville, évocations contrastées des Hébreux et des habitants, signification symbolique du récit.

On pourra aussi s'attacher à la construction du texte. Dans ce cas, il paraît indiqué de mettre en évidence la progression dramatique et l'emploi fréquent de l'élargissement :
— dans les descriptions de scènes (vers 2-4, 8-9 et 22-25),
— dans l'évocation des habitants de la ville, l'inconscience et la moquerie progressant jusqu'aux plus sages.
Bien entendu, il ne s'agira pas de simplement constater l'emploi de ce procédé par Victor Hugo. Il faudra en indiquer l'intérêt et montrer l'effet recherché.

Dans la conclusion, on pourra dire quelques mots sur le génie visionnaire du poète. En effet tout ce poème est rigoureusement descriptif, comme le serait le récit d'un témoin oculaire. Or, il s'agit évidemment d'une reconstitution imaginaire... On ne peut qu'être frappé de la façon dont Victor Hugo réussit à faire revivre un épisode biblique comme s'il le voyait se dérouler sous ses yeux.

ŒUVRES VOISINES

Ce poème, situé dans la dernière partie des *Châtiments*, est un hymne à la force de la Vérité. Il peut donc être rapproché d'autres œuvres de Victor Hugo sur le même thème.
On rappellera, entre autres, un texte de *La Légende des Siècles* intitulé précisément « La Vérité » :

«Par instants un chercheur fait l'annonce sacrée,
Et dit : — La Vérité, qui guide, échauffe et crée,
Haute lueur par qui l'âme s'épanouit.
Vivants, va revenir bientôt dans votre nuit :
Attendez-la. Soyez prêts à la voir paraître. —
La terre alors se met à rire. »

ou, toujours dans *La Légende des Siècles* le poème « La Comète », un texte sur la comète de Halley. Victor Hugo évoque l'astronome anglais Halley (1656-1742) qui, ayant osé prédire le retour d'une comète à une date précise, est victime de la risée et de l'incrédulité publique. Puis :

«Trente ans passèrent.
On vivait. Que faisait la foule ? Est-ce qu'on sait ?
Et depuis bien longtemps personne ne pensait
Au pauvre vieux rêveur enseveli sous l'herbe.
Soudain, un soir, on vit la nuit noire et superbe,
A l'heure où sous le grand suaire tout se tait,
Blêmir confusément, puis blanchir, et c'était
Dans l'année annoncée et prédite [...]»

et la comète, illuminant le ciel, vient prouver aux hommes que Halley avait raison. Là encore, le récit a une portée symbolique : la comète dissipe la nuit comme la Vérité dissipe l'obscurantisme...

On notera d'ailleurs que Hugo affabule pour donner plus de poids à sa démonstration : si Halley ne fut pas forcément cru par ses collègues, il ne fut pas pour autant tourné en ridicule. Il fut même nommé en 1720 astronome royal, alors que ses « prédictions » sur la comète dataient de 1682.

En ce qui concerne l'évocation biblique, on pourra rapprocher le portrait de Josué dans les vers 2-3 de celui qu'Alfred de Vigny compose, dans son célèbre poème « Moïse » (publié dans le recueil *Poèmes Antiques et Modernes*). Vigny nous montre le patriarche s'adressant à Dieu et lui demandant le repos, après avoir évoqué son œuvre comme chef et guide des Hébreux.

On pourra aussi comparer le Josué « pensif » de Hugo à

celui, calme et sûr de soi, que dépeint Paul Claudel dans « Magnificat », la troisième de ses *Cinq grandes odes*.

Enfin, à propos de l'aspect visuel du poème et de la reconstitution à laquelle se livre Hugo, on pourra citer les grands films hollywoodiens d'inspiration biblique. En particulier, on se rappellera les scènes de miracle, comme le passage de la mer Rouge dans *Les Dix commandements* de Cécil B. de Mille (dans la version de 1955).

3

Derniers recueils

1. Saison des semailles, le soir.

2. *«Jeunes gens, prenez garde...»*

3. *«Géométrie! algèbre!...»*

1
SAISON DES SEMAILLES, LE SOIR

SAISON DES SEMAILLES, LE SOIR

1 C'est le moment crépusculaire.
J'admire, assis sous un portail,
Ce reste de jour dont s'éclaire
La dernière heure du travail.

5 Dans les terres, de nuit baignées,
Je contemple, ému, les haillons
D'un vieillard qui jette à poignées
La moisson future aux sillons.

Sa haute silhouette noire
10 Domine les profonds labours.
On sent à quel point il doit croire
A la fuite utile des jours.

Il marche dans la plaine immense,
Va, vient, lance la graine au loin,
15 Rouvre sa main, et recommence,
Et je médite, obscur témoin,

Pendant que, déployant ses voiles,
L'ombre, où se mêle une rumeur,
Semble élargir jusqu'aux étoiles
20 Le geste auguste du semeur.

Entre La Roche et Rochefort, 23 septembre.

CONDITIONS DE PUBLICATION

Ce poème est extrait du recueil *Chanson des Rues et des Bois*, paru à Paris en octobre 1865, mais reprenant de nombreux textes composés vers 1859.

En préface de ce recueil, Victor Hugo évoque ce moment de la vie où l'on est mis *« en présence de deux âges dans le même homme, de l'âge qui commence et de l'âge qui achève »*. L'ouvrage, reflet de cet état d'esprit, mêlera donc les textes joyeux ou nostalgiques évoquant des souvenirs d'adolescence, avec des méditations plus graves sur la vie et la condition humaine.

Dans cette même préface, Victor Hugo avertit : *« La réalité est, dans ce livre, modifiée par tout ce qui dans l'homme va au-delà du réel. »* Un avertissement qui, on le verra, prend tout son sens avec le poème que nous allons étudier.

POUR MIEUX COMPRENDRE

Le mot **auguste**, employé au dernier vers du poème, est un adjectif signifiant « sacré, vénérable, admirable, digne de respect ». Il vient de l'adjectif latin « augustus », qui servait à désigner ce qui était relatif à l'empereur.

Saison des semailles, le soir / 261

MOUVEMENT DU TEXTE

Ce texte, qui frappe par un ton de solennité paisible et grave, produit tout son effet au dernier vers, avec ce *« geste auguste du semeur »* tellement fameux qu'il est pratiquement passé en proverbe. On a le sentiment de parvenir, à l'issue des cinq strophes, à une véritable transfiguration, au cours de laquelle ce geste, somme toute commun, prend sous le regard du poète une dimension cosmique.

De fait, si l'on s'attache à la progression du texte, on constate que le poème raconte, ou plutôt suggère, une évolution graduelle du regard et de l'attitude de l'auteur. Face au travail du semeur, Hugo réagit d'abord en simple témoin, avant d'apercevoir dans le spectacle qui s'offre à lui une signification presque allégorique.

L'histoire, si l'on peut dire, est simple. Le poète admire la lumière du crépuscule (première strophe). Puis son attention se porte, à la seconde strophe, sur un semeur dont l'âge et les pauvres vêtements provoquent une vague compassion : *« Je contemple, ému, les haillons »*, lisons-nous au vers 6. Mais la nuit qui tombe efface ces particularités pour ne plus laisser voir qu'un semeur au travail, une *« silhouette noire »* (vers 9).

Du coup, dans la troisième strophe, le poète reporte son attention de l'homme vers le geste, ce geste efficace et déterminé qui fait « sentir » la foi en l'avenir, cette *« fuite utile des jours »* évoquée au vers 12. Ce geste, le poète nous le décrit en trois vers, plus qu'il n'en a consacré au personnage. La nuit est maintenant tout à fait tombée : l'ombre s'est étendue (vers 18) et les étoiles se sont allumées (vers 19). Sur ce fond de ciel étoilé, le geste de l'homme prend, sous les yeux du poète qui *« médite »*, une valeur symbolique : il semble que le semeur jette à poignées les étoiles.

L'attitude du poète, d'abord passive au vers 2 *(« J'admire »)*, se fait plus attentive au vers 4 *(« Je contemple »)* et finalement active au vers 16 *(« je médite »)*. Lors de cette évolution, l'auteur tourne progressivement son regard de ce qui l'environne vers son monde intérieur, passant de l'admiration à la méditation. Il va cesser graduellement de voir le semeur « réel » pour imaginer ou visualiser le semeur symbolique. En fait, ce poème nous montre à l'œuvre le pouvoir transfigurateur de Victor Hugo, capable de distinguer dans la moindre chose des prolongements invisibles.

Cette transfiguration se réalise grâce à une double évolution : évolution de la description du semeur et évolution du décor.

Au long du texte, l'image du semeur se fait de plus en plus majestueuse. Nous avons d'abord la description relativement réaliste d'un *« vieillard »* habillé de *« haillons »* (vers 6-7) ; puis ce semeur devient une *« haute silhouette »* (vers 9), avant de s'effacer derrière son seul geste (vers 13-14-15), dont la description culmine en majesté à la fin du poème.

Dans le même temps, le décor évolue et gagne en ampleur. Ce sont d'abord des *« terres »* (vers 5), puis au vers 10 de *« profonds labours »*, au vers 13 une *« plaine immense »* et pour finir l'infini du ciel nocturne. Ainsi, l'élargissement du décor, puissamment achevé dans la dernière strophe avec les verbes *« déployant »* et *« élargir »*, accompagne la transfiguration du semeur pour fournir un final grandiose.

Au sujet des deux derniers vers, on pourra évoquer le poème « Booz endormi » dont le dernier vers compare lui aussi le ciel étoilé à un champ de moisson, décrivant la lune comme :

« Cette faucille d'or dans le champ des étoiles. »

On pourra aussi rapprocher ce poème, par son mouvement et son symbolisme, d'un autre texte célèbre de Hugo, « Le Mendiant », dans lequel le vêtement déchiré d'un pauvre homme devient sous les yeux du poète une image du ciel (on trouvera un extrait de ce texte en fin de commentaire).

Il reste à s'interroger sur la valeur symbolique qu'accorde Victor Hugo au geste qu'il contemple. Sur ce point, rien ne nous est dit de façon explicite. Pourtant, certains indices nous mettent sur la voie.

Le semeur est un *« vieillard »* (vers 7). C'est donc un homme sur la fin de sa vie, ce que suggère (mais ce n'est qu'une association d'idées) le rapprochement entre le semeur et le « *moment crépusculaire* » du premier vers.

Par opposition à cette vie finissante, nous trouvons plusieurs notations évoquant l'avenir. Ce sont, bien sûr, l'évocation de « *la fuite utile des jours* » (vers 12), mais aussi celle de « *la moisson future* » au vers 8 et peut-être (bien que ce soit plus discutable), le fait que le semeur lance sa graine « *au loin* » (vers 14). N'oublions pas aussi que les semailles sont un acte de fécondation, donc de vie. Cette opposition mort/vie est particulièrement nette au vers 12 dans l'expression « *fuite utile des jours* », qui constitue presque un **oxymore** : la « fuite des jours » est une image classique évoquant la mort inéluctable, tandis que le mot « *utile* » vient affirmer que le temps sert les hommes dans leur ensemble.

Ainsi, le spectacle que contemple Hugo est celui d'un vieillard travaillant pour le futur, sans être sûr de jouir lui-même du fruit de son labeur. Il y a, sous-jacente, une antithèse entre l'état « passager » de l'homme et l'éternité du monde, éternité manifestée par ces « *étoiles* » du vers 19.

Le geste du semeur est donc admirable, grandiose et respectable, « *auguste* », dans la mesure où il évoque la fraternité humaine et, au-delà de cette fraternité, la grande chaîne des générations qui se succèdent sur la Terre.

Là encore, on pourra rapprocher cette idée de celle présente dans « Booz endormi », qui montre un vieillard élu de Dieu, rêvant à sa postérité future.

L'oxymore

On appelle « oxymore » ou « oxymoron », ou encore « alliance de mots » une figure de rhétorique par laquelle se trouve réunis deux termes de significations opposées ou, en tout cas, très contrastées. Un exemple fameux est le vers de Corneille dans *Le Cid* :

« Cette obscure clarté qui tombe des étoiles »

Mais certaines expressions usuelles, comme « *un silence éloquent* », « *une joie amère* », « *un clown triste* »... sont aussi des oxymores.

LECTURE SUIVIE

Il s'agit d'un poème composé en octosyllabes, c'est-à-dire des vers de huit syllabes. Ce vers a une sonorité moins grandiloquente que celle de l'alexandrin. Son emploi correspond à la volonté de garder une certaine simplicité, bien accordée à la description d'une scène champêtre. Une simplicité qui pourtant, comme nous le verrons, n'exclut pas la solennité.

Le titre

Le titre, à première vue, semble froidement objectif : deux indications de temps, qui permettent de mieux situer le propos qui va suivre. Pourtant, ces indications ne sont pas innocentes.

L'expression *« saison des semailles »* (en général, pour le blé, fin septembre ou début octobre) renvoie au vocabulaire agricole. Elle pourrait être employée par un paysan pour indiquer le bon moment, l'époque exacte où il convient de semer. C'est donc une expression qui évoque, pour le lecteur sensible, le rythme de la Nature. Quant au *« soir »*, c'est un moment synonyme de calme et d'apaisement ; l'heure de la fin du travail...

Ainsi, par la rencontre de ces deux précisions temporelles, l'auteur crée immédiatement un climat d'harmonie et de sérénité. On notera par ailleurs que le titre est lui-même un octosyllabe, composé d'une « montée » de six syllabes et d'une « descente » de deux, ce qui produit un effet de pause, de repos coïncidant avec le mot *« soir »*.

« C'est le moment crépusculaire. »

Là encore, il s'agit d'une indication de temps. Mais ce vers précise le titre. Nous ne sommes pas au *« soir »* mais au crépuscule, à ce moment incertain où la nuit n'est pas encore tombée. Il s'agit d'un temps bref, ce que souligne l'emploi du mot *« moment »*.

L'emploi du présent *(« C'est le moment »)* nous transporte et nous installe dans ce climat déjà suggéré par le titre. Le vers, correspondant à une phrase simple, prend la valeur d'une affirmation indiscutable, encore renforcée par le *« C'est »* placé au tout début.

Enfin l'expression *« moment crépusculaire »*, volontairement lourde, introduit un ton de gravité solennelle. Cette impression de solennité se trouve soulignée par la construction du vers, dont le seul mot *« crépusculaire »* constitue toute la seconde partie. La prononciation de ce mot s'accompagne d'une tombée de la voix en fin de phrase qui évoque superbement la paix du crépuscule.

« J'admire, assis sous un portail,
 Ce reste de jour dont s'éclaire
 La dernière heure du travail. »

Description d'une situation. Le poète, immédiatement présent par le « Je », nous indique où il est et ce qu'il voit.

Les termes utilisés restent, comme le *« crépusculaire »* du premier vers, dans le registre d'une certaine grandeur. Ainsi l'expression *« sous un portail »* évoque l'idée de porche, de porte imposante. De même, *« Ce reste de jour »* est une expression plutôt noble ; tandis que la précision *« La dernière heure »* donne au travail qui s'accomplit sous les yeux du narrateur un caractère plus émouvant.

Notons aussi, au vers 3, l'emploi habile du *« Ce »*. L'auteur fait mine d'évoquer quelque chose de déjà connu ; il peut ainsi faire naître immédiatement une atmosphère en incitant le lecteur à se la remémorer.

Les mots *« assis sous un portail »* font du narrateur un témoin discret, placé en retrait d'un tableau qui, par contraste, se trouve encore magnifié. On notera que ces mots, placés entre deux virgules au sein d'une longue phrase, traduisent ainsi l'idée de pause, d'arrêt que le mot *« assis »* indique.

Ce travail dans le crépuscule est ressenti par le poète comme « admirable », ainsi que nous l'indique le premier mot. Le travail et le jour finissent tous deux *(« reste de jour »* correspond à *« dernière heure »)*, composant un tableau dont la sérénité est traduite par le doux balancement des vers 3-4, des vers dont aucun mot ne compte plus de deux syllabes, qu'aucun arrêt ne vient rompre et que rythment les sonorités sourdes des «r»:

> **« Ce reste de jour dont s'éclaire
> La dernière heure du travail. »**

Notons pourtant que, même si le poète admire l'union du crépuscule et du travail, c'est tout de même ce dernier qui est mis en valeur. En effet le vers 3 contient un verbe à la forme active, *« s'éclaire »*, qui donne ainsi le rôle de sujet à cette *« dernière heure »* de labeur. De plus, c'est sur le mot *« travail »* que s'achève la strophe, ce qui permet la transition avec la suite tout en laissant ce mot particulièrement présent dans l'esprit du lecteur.

« Dans les terres, de nuit baignées, »

Ce vers nous indique l'endroit où s'effectue le travail en question. Mais il nous donne cette précision sur le ton calme et solennel adopté depuis le début du poème.

L'expression *« les terres »* suggère une idée d'ampleur ou de vaste superficie, encore accentuée par le mot *« Dans »* qui indique la profondeur ou l'étendue. Le décor acquiert ainsi une certaine majesté. Cet effet se renforce avec l'évocation de la nuit, grâce à l'inversion *« de nuit baignées »*. Cette nuit « baigne » les terres comme un liquide, elle est presque palpable, ce qui nous fait bien voir la tombée du jour et la montée de l'obscurité au crépuscule. Nous sommes dans le moment présent: tandis que le narrateur nous parle, la nuit envahit effectivement le paysage. Enfin le mot *« baignées »* a une prononciation assez douce qui, terminant le vers, maintient l'effet de tranquillité reposante créé par la première strophe.

**« Je contemple, ému, les haillons
D'un vieillard »**

« Je contemple » occupe dans cette strophe la place exacte qu'occupait dans la première les mots *« J'admire »*. C'est la seconde intervention directe du narrateur. Elle manifeste une

évolution de son attitude : l'admiration, attitude passive, s'est muée en contemplation, état dans lequel la réflexion, l'esprit interviennent davantage.

Le mot *« ému »* vient préciser encore l'état d'esprit du poète. Apposé à la proposition précédente, il crée une sorte d'arrêt ou de déséquilibre au milieu du vers, faisant ainsi sentir dans le rythme même du texte l'émotion qu'il affirme.

« les haillons / D'un vieillard » provoque une légère surprise. D'une part, ces mots éclairent l'adjectif *« ému »* : on comprend que cette émotion doit être une sorte de sympathie ou de compassion charitable pour ce vieillard, sans doute misérable, effectuant un dur travail. Mais d'autre part le mot *« contemple »* suggère l'idée d'un spectacle noble ou édifiant, présentant une certaine grandeur. Or tel n'est pas a priori le cas du spectacle offert par ce *« vieillard »* en *« haillons »*.

Notons que Hugo est parfaitement maître de cet effet de surprise, qu'il accentue par le rejet du mot *« vieillard »* en tête du vers 7.

« qui jette à poignées
La moisson future aux sillons. »

Après nous avoir indiqué, dans les vers 3 à 5, le cadre de sa contemplation, le narrateur nous décrit maintenant le personnage sur lequel son attention s'est concentrée.

En fait, cette description vient éclairer le mot *« ému »* et expliquer la contemplation évoquée au vers 6. Ce n'est pas le vieillard ou sa tenue qui émeuvent le poète, mais plutôt le contraste entre l'aspect de l'homme et le travail auquel il se livre.

La clé de ce contraste réside dans l'opposition discrète et pourtant très évocatrice des termes *« vieillard »* et *« moisson future »*. En parlant ici de *« moisson future »* pour désigner le grain, Hugo évoque d'emblée le résultat du travail. Il magnifie ainsi l'action du *« vieillard »*, d'autant que l'emploi de cette périphrase, comme au vers 3 le *« reste de jour »*, confère au propos une certaine grandeur.

Ce vieil homme misérable effectue un travail générateur de richesse et d'abondance (idées liées à l'évocation de la *« mois-*

son »), sans que cette richesse lui soit certaine (c'est la moisson *« future »*). Le contraste entre pauvreté et richesse *(« haillons »* et *« moisson »)* se double donc d'une opposition entre mort et vie *(« vieillard »* et *« future »)*. De cette double opposition naît un certain pathétique, qui explique la contemplation émue confessée au vers 6.

Notons que cette opposition est suggérée plutôt qu'explicitée. Elle se manifeste, outre le choix des termes, par un effet de construction, les termes opposés étant placés au début de deux vers successifs.

Notons aussi que l'action de l'homme est évoquée ici de façon simple : il *« jette à poignées »* le grain. Cette description sommaire emploie des termes techniques *(« à poignées »*, *« sillons »)* permettant de parfaire l'évocation d'une atmosphère rurale.

> *« Sa haute silhouette noire*
> *Domine les profonds labours. »*

Le début de cette troisième strophe introduit un changement dans la façon dont le poète considère le tableau qui s'offre à lui. En effet, le *« vieillard »* en *« haillons »* des vers 6-7 s'est mué en une figure imposante, une *« haute silhouette »* qui *« domine »* le décor. Le poète magnifie à présent le semeur qui se dresse sur l'étendue des champs, évoquée par l'expression *« profonds labours »*.

D'où vient ce changement de perception ? La réponse nous est fournie par l'adjectif *« noire »* : nous sommes passés graduellement du crépuscule à la nuit et l'aspect du semeur s'est estompé. Il ne reste plus de visible que sa *« silhouette »*. Mais en même temps le pathétique du spectacle a introduit une idée nouvelle de grandeur morale. Celle-ci se traduit par des termes évoquant l'ampleur : *« haute »*, *« Domine »*, *« profonds »*, qui confèrent au personnage une certaine majesté.

L'ampleur et la majesté sont accentuées par le rythme des vers. Le vers 9 est scandé par les « te », créant un effet de balancement lent et solennel, tout en mettant en relief le mot *« silhouette »* :

« Sa haute silhouette noire »

tandis qu'au vers 10, les sonorités de l'expression *« profonds labours »* donnent à la fin de la phrase une résonance ample, particulièrement heureuse.

« On sent à quel point il doit croire
A la fuite utile des jours. »

Cette phrase confirme et achève le changement de perspective amorcé dans les deux vers précédents.

Le poète abandonne le « Je » pour une affirmation d'une portée plus universelle : *« On sent »*. L'emploi du pronom indéfini renforce cette affirmation, que l'utilisation du « Je » affaiblirait en lui donnant le statut d'une simple impression personnelle. L'expression *« à quel point »* joue elle aussi un rôle de renforcement, ainsi que le verbe *« doit »*. L'ensemble du vers 11 donne ainsi une impression de confiance, de certitude, de foi inébranlable. Cette impression se trouve encore accentuée par le rythme du vers, composé exclusivement de monosyllabes dont la succession résonne comme un martèlement (pour conserver cet effet sonore nous conseillons, à la lecture, de ne pas faire la liaison entre *« sent »* et *« à »*).

Le vers 12 est remarquable par la rencontre des deux mots *« fuite utile »*. C'est d'abord une expression recherchée, d'une solennité bien dans le ton du poème. Mais surtout, comme nous l'avons déjà indiqué au chapitre précédent, cette expression constitue une sorte d'oxymore. Par l'opposition mort/vie qu'elle induit, elle donne en quelque sorte la clé de la vision hugolienne.

Notons que ces mots *« fuite utile »*, qui du fait de la liaison constituent une sorte de bloc, sont bien mis en valeur par leur place centrale dans le vers et par le fait qu'ils soient flanqués de deux monosyllabes :

« A la // fuite utile // des jours. »

  1 1   4   1   1

La strophe tout entière, placée au centre du poème, en constitue le pivot. Dans les vers 9-10, l'homme en *« haillons »* est devenu une *« haute silhouette »* dominant physiquement les champs. Dans les vers 11-12, le *« vieillard »* domine ou dépasse en quelque sorte la mort qui l'attend, par sa foi inébranlable dans l'utilité du temps qui s'écoule. Ainsi, les quatre vers de cette strophe affirment la supériorité, la majesté du semeur que les vers 6-7 nous montraient plutôt pitoyable. On voit que le réalisme du début laisse place à un registre plus symbolique.

Enfin les vers 11-12 permettent une transition logique. Le narrateur affirme que *« on sent »* la foi du vieillard, sans préciser à quoi cette sensation est due. Mais comme nous savons que le poète *« contemple »* (vers 6) le tableau, il est probable que cette impression vient de l'attitude, du comportement du semeur. Nous attendons donc plus ou moins des précisions sur ce comportement.

« **Il marche dans la plaine immense,**
  Va, vient, lance la graine au loin,
  Rouvre sa main, et recommence, »

En trois vers, le poète nous décrit le geste du semeur, suggérant par le rythme et le vocabulaire son caractère répétitif. Rappelons que, la nuit étant tombée, il n'aperçoit plus qu'une *« silhouette »* (vers 9) dont seuls les gestes sont visibles. Cette description est donc logique ; et les vers précédents nous l'avaient fait attendre.

Mais cette description, à première vue objective et réaliste, contient plusieurs éléments destinés à magnifier le semeur. C'est d'abord cette *« plaine immense »* du vers 13, qui reprend et élargit les *« profonds labours »* de la troisième strophe. C'est le verbe *« lance »* du vers 14, qui précise le *« jette »* employé dans la seconde strophe en lui ajoutant une idée de volonté, de but. C'est, dans le même vers, l'expression *« au loin »*, qui renchérit sur la *« plaine immense »* et amplifie le mouvement de lancer. C'est enfin et surtout le caractère répétitif du geste, une répétition non pas subie mais voulue, pleine de décision.

Ce sentiment de décision est obtenu par une succession de verbes d'action à la fois simples et forts : *« marche »*, *« Va, vient, lance »*, *« Rouvre »*. En particulier, au vers 14, la succession de trois verbes (dont deux monosyllabiques) produit un remarquable effet de dynamisme.

Notons aussi la précision de l'observation : le poète décrit d'abord la phase finale du mouvement *(« lance la graine »)* puis son début *(« Rouvre la main »)*. En effet la technique, pour semer, consiste à laisser échapper le grain de son poing à demi fermé, puis à ouvrir la main pour puiser dans le sac. En choisissant de décrire l'enchaînement fin-début du mouvement, Hugo insiste sur sa répétition, qu'il fait également sentir par la succession des « re » :

> « **R**ouvre sa main, et **r**ecommence, »

Dynamisme, décision, opiniâtreté, telles sont les caractéristiques de ce geste qui fait « sentir » au témoin la foi du semeur en l'avenir.

« Et je médite, obscur témoin, »

Ce vers introduit une opposition entre le *« Il »* du vers 13 et le *« je »*. Cette opposition, créée par le *« Et »* qui a la valeur d'un « tandis que », magnifie encore le semeur.

Contre une description précise, en trois vers, du travail du semeur, le poète se contente pour lui d'un mot : il *« médite »*. Cet effet de contraste est encore renforcé par l'expression *« obscur témoin »* : obscur peut-être à cause de la nuit, mais aussi, mais surtout obscur au sens moral… Le mot *« témoin »* insiste sur le fait que, par opposition encore, le semeur agit. Le poète se sent tout petit devant ce qu'il voit ; ou plutôt il se fait petit pour rendre le semeur plus grand. Il s'exclut du tableau, s'efface derrière la grandeur du spectacle qui se déroule sous ses yeux ; et tout dans le vers contribue à cet effet.

Par ailleurs, nous avons déjà souligné l'évolution psychologique indiquée par le *« je médite »* venant après *« J'admire »* et *« Je contemple »*. Depuis la troisième strophe, une vision symbolique double la vision réaliste : le narrateur a cessé de « contempler » pour « méditer ». Ce verbe prépare donc en quelque sorte l'allégorie de la dernière strophe.

« **Pendant que, déployant ses voiles,
L'ombre, où se mêle une rumeur,** »

Le poète réintroduit ici un élément qu'il avait abandonné depuis le vers 5 : la nuit, *« L'ombre »*. Mais il ne s'agit plus de la nuit « réaliste » de la seconde strophe : cette nuit-là est magnifiée, idéalisée comme va l'être le semeur lui-même. Hugo la personnifie et use d'une métaphore, l'unique véritable métaphore du poème : la nuit « déploie ses voiles » comme le ferait une déesse antique. Ce verbe « déployer », qui évoque un mouvement large, semble accompagner celui de l'homme qui *« lance la graine au loin »* (vers 14). Le rythme du vers, qui monte sur *« Pendant que »* et redescend sur *« déployant ses voiles »*, contribue à cet effet de lenteur majestueuse. La personnification de la nuit crée ainsi un climat grandiose et montre que l'on est bien passé dans le registre allégorique.

L'évocation de la *« rumeur »* permet d'ajouter une notation auditive à un poème qui, jusqu'alors, est resté exclusivement visuel. Cette *« rumeur »* se marie bien avec *« l'ombre »* : les deux mots sont également vagues et, pourrait-on dire, « enveloppants ». La rumeur est un murmure confus, une sorte de fond sonore fait du bruit des travaux agricoles qui s'achèvent... Son origine et sa nature restent imprécises (*« une »* rumeur) et, se mêlant à l'ombre, elle s'étend partout.

Du point de vue de la construction, il faut noter que les expressions apposées *(« déployant ses voiles »* et *« où se mêle une rumeur »)* ont pour effet d'allonger, d'amplifier le mouvement de la phrase. Tout dans cette strophe vise à l'ampleur, à l'élargissement.

« **Semble élargir jusqu'aux étoiles
Le geste auguste du semeur.** »

Nous arrivons ici au sommet du poème, à ces derniers vers que tout le texte a eu pour fonction de préparer.

Le vers 19 prolonge l'image introduite en début de strophe : la nuit « déployait », ici elle « élargit ». Nous sommes toujours dans le vocabulaire de l'ampleur, du mouvement large et étendu. Toutefois Hugo ajoute le mot *« Semble »*. Ce mot a une double fonction : d'une part il tempère le rapport entre l'ombre et le geste, corrigeant ce que l'image peut avoir d'excessif ; d'autre part, et surtout, il montre que le narrateur n'est plus très sûr de ce qu'il voit, et nous décrit une vision intérieure autant qu'un spectacle extérieur.

L'expression *« jusqu'aux étoiles »* précise cette vision. Le geste ressort sur le ciel éclairé de telle façon que l'homme paraît semer les étoiles. Nous sommes en pleine allégorie, sans pourtant que la description, grâce au *« semble »* du vers 19, cesse tout à fait d'être réaliste. De plus cette évocation des étoiles donne à l'ensemble du tableau une majesté particulière, en même temps qu'elle introduit une notion d'infini, d'éternité.

Le dernier vers vient résumer l'ensemble du poème avec cet adjectif, *« auguste »*, qui contient toutes les notions d'admiration et de vénération qu'a fait naître la magnification progressive du semeur. Notons que Hugo emploie ici, pour la première fois, ce mot de *« semeur »*. Ce mot final, tout simple, acquiert par sa position dans la phrase et par tout ce qui précède, une résonance et une densité remarquables. Il est devenu synonyme de grandeur, de noblesse.

Cette résonance est également obtenue par le contraste des sons dans le dernier vers : aux deux « st » durs qui le rythment s'oppose le « r » final, doux et prolongé.

« Le gest**e augu**st**e du semeu**r**. »**

Pour conclure, il faut souligner la qualité de construction de ce poème, dans lequel Hugo réussit à faire naître la solennité en n'employant pourtant que des mots simples.

VERS LE COMMENTAIRE COMPOSÉ

A partir des différentes remarques faites au cours de cette lecture, nous allons pouvoir maintenant dégager quelques axes d'explication.

Trois points paraissent mériter d'être mis en avant : l'effet de transfiguration du semeur sous les yeux du poète, le mécanisme par lequel Hugo passe graduellement du décor au geste, et la signification de ce geste « symbolique ».

Dans l'organisation du plan, il paraît préférable de commencer par évoquer le mécanisme de construction. Celui-ci est en effet l'élément le plus apparent du texte. Ainsi, notre commentaire fera apparaître des aspects de moins en moins « évidents », donnant ainsi au lecteur (et au correcteur) le sentiment d'aller de plus en plus loin dans l'étude de l'œuvre. Nous proposons donc le plan suivant :

— PREMIÈRE PARTIE : DU DÉCOR AU GESTE

Cette partie montrera le mouvement du texte qui, strophe après strophe, isole graduellement le geste du semeur :
Décor > *« vieillard »* > *« silhouette »* > description du geste > vision finale

On montrera aussi comment les indications sur la lumière accompagnent et justifient ce mouvement :
« reste de jour » > *« de nuit baignées »* > *« noire »* > *« ombre »*/*« étoiles »*

En transition, on fera remarquer le ton solennel de certaines formules (*« moment crépusculaire »*, inversion du vers 5, *« moisson future »*...). Victor Hugo, par ce ton, ménage un effet. Mais lequel ?

— SECONDE PARTIE : L'EFFET DE TRANSFIGURATION

Dans cette partie, on s'attachera à mettre en évidence les termes qui magnifient le personnage à mesure que son aspect disparaît dans l'obscurité :
« haillons »/*« vieillard »* > *« haute »*/*« domine »* > vers 13 > vers 20
et que le décor s'amplifie lui aussi graduellement :
« terres » > *« profonds labours »* > *« plaine immense »* > *jusqu'aux étoiles »*

En transition, on montrera que cet effet traduit chez le poète un changement d'état d'esprit (de l'admiration du vers 2 à la méditation du vers 16) et un passage graduel du réalisme à l'allégorie. Le semeur prend valeur de symbole. Mais symbole de quoi ?

— TROISIÈME PARTIE : LE SEMEUR NOURRICIER

Il va s'agir dans cette dernière partie d'élucider les raisons pour lesquelles le poète voit de la grandeur dans le geste du paysan. Le commentaire portera alors sur les éléments qui traduisent la double opposition pauvreté/richesse et mort/vie :

- « *vieillard* » et « *moisson future* » dans la seconde strophe,
- « *fuite utile des jours* » au vers 12.
- image finale des étoiles.

On pourra, dans cette partie, s'appuyer sur d'autres textes de Victor Hugo comme « Le Mendiant » ou « Booz endormi », que nous avons déjà signalés.

EN CONCLUSION, on pourra évoquer l'imagination visionnaire de Victor Hugo et sa capacité à percevoir l'aspect invisible des choses, dont ce poème d'apparence simple est une magnifique illustration.

ŒUVRES VOISINES

L'effet de transfiguration à l'œuvre dans ce poème se retrouve, ainsi que nous l'avons signalé, dans « Le Mendiant » (au livre cinquième des *Contemplations*), poème dont voici la fin :

> « Le vieillard grelottait de froid ; il me parlait,
> Et je lui répondais, pensif et sans l'entendre.
> — Vos habits sont mouillés, dis-je, il faut les étendre
> Devant la cheminée. — Il s'approcha du feu.
> Son manteau, tout mangé des vers, et jadis bleu,
> Étalé largement sur la chaude fournaise,
> Piqué de mille trous par la lueur de braise,
> Couvrait l'âtre, et semblait un ciel noir étoilé.
> Et, pendant qu'il séchait ce haillon désolé
> D'où ruisselait la pluie et l'eau des fondrières,
> Je songeais que cet homme était plein de prières,
> Et je regardais, sourd à ce que nous disions,
> Sa bure où je voyais des constellations. »

Ce poème est daté de 1845, soit plus de dix ans avant la parution des *Chansons des Rues et des Bois*, dont beaucoup de textes ont été écrits vers 1859. Pourtant, on y trouve de nombreux aspects communs avec le texte étudié.

Outre le mouvement général de transfiguration de la réalité, on notera par exemple l'aspect essentiellement visuel du texte (cf. *« sourd à ce que nous disions »*) et l'intervention de la pensée, le *« Je songeais »* rappelant le *« Je médite »* de notre vers 16. De même, l'image finale des *« constellations »*, dans la double dimension d'infini et de divinité, correspond aux *« étoiles »* de notre vers 19. Enfin on notera comment, dans les deux poèmes, Victor Hugo réussit à créer un effet de grandeur en conservant une étonnante simplicité de vocabulaire.

Sur l'évocation des étoiles comme symbole d'infini lié à la notion de postérité, rappelons une fois encore les derniers vers de « Booz endormi » dans *La Légende des Siècles*.

Dans un registre moins solennel, mentionnons aussi une image semblable à celle du vers 19 chez Jacques Brel, dans la chanson intitulé *Amsterdam*. A la fin de cette œuvre, Brel décrit la façon dont les marins vaguement ivres, dans une posture pleine de fierté hautaine :

> **« Se plantent, le nez au ciel,**
> **Se mouchent dans les étoiles. »**

Sur la signification symbolique du semeur, on pourra évoquer *Le Semeur*, tableau du peintre français Jean-François Millet (1814-1875). Cette œuvre, réalisée vers 1850, magnifie le travail du paysan et fit à l'époque grande impression sur le public. C'est l'un des tableaux les plus connus de Millet, avec *L'Angélus* et *Les Glaneuses* ; il est possible que Hugo en ait eu connaissance.

Dans le même esprit, on pourra également citer *La Semeuse*, célèbre gravure allégorique de Roty (1846-1911) montrant la République semant la prospérité. Cette gravure apparaît sur certaines pièces de 1 FF.

Par ailleurs, on pourra rapprocher le thème évoqué ici par Victor Hugo de celui traité, de façon bien différente, par La Fontaine dans sa fable intitulée « Le Vieillard et les trois jeunes hommes », qui montre un vieil homme plantant un arbre avec le souci d'en faire profiter ceux qui viendront après lui.

2

« JEUNES GENS, PRENEZ GARDE... »

1 Jeunes gens, prenez garde aux choses que vous dites.
Tout peut sortir d'un mot qu'en passant vous perdîtes.
Tout, la haine et le deuil ! — Et ne m'objectez pas
Que vos amis sont sûrs et que vous parlez bas... -
Écoutez bien ceci :

5   Tête-à-tête, en pantoufle,
Portes closes, chez vous, sans un témoin qui souffle,
Vous dites à l'oreille au plus mystérieux
De vos amis de cœur, ou, si vous l'aimez mieux,
Vous murmurez tout seul, croyant presque vous taire,
10 Dans le fond d'une cave à trente pieds sous terre,
Un mot désagréable à quelque individu ;
Ce mot que vous croyez qu'on n'a pas entendu,
Que vous disiez si bas dans un lieu sourd et sombre,
Court à peine lâché, part, bondit, sort de l'ombre !
15 Tenez, il est dehors ! Il connaît son chemin.
Il marche, il a deux pieds, un bâton à la main,
De bons souliers ferrés, un passeport en règle ;
— Au besoin, il prendrait des ailes comme l'aigle ! —
Il vous échappe, il fuit, rien ne l'arrêtera.
20 Il suit le quai, franchit la place, et cætera,
Passe l'eau sans bateau dans la saison des crues,

Et va, tout à travers un dédale de rues,
Droit chez l'individu dont vous avez parlé.
Il sait le numéro, l'étage ; il a la clé,
25 Il monte l'escalier, ouvre la porte, passe,
Entre, arrive, et, railleur, regardant l'homme en face,
Dit : — Me voilà ! je sors de la bouche d'un tel. —

Et c'est fait. Vous avez un ennemi mortel.

CONDITIONS DE PUBLICATION

Ce poème est extrait de *Toute la Lyre*, recueil publié en 1888, trois ans après la mort de Victor Hugo. La lyre, petite harpe à sept cordes, est l'instrument traditionnellement attribué à la muse de la poésie.

Ce recueil posthume est composé de textes écrits pour la plupart pendant l'exil anglo-normand. Il est divisé en huit parties, correspondant à sept « cordes », c'est-à-dire sept sources d'inspiration (que l'on peut identifier comme l'Humanité, la Nature, la Sagesse, l'Art, le Poète, l'Amour et la Fantaisie), plus une « corde d'airain » correspondant à des poèmes sur la guerre et les questions sociales. Le poème que nous étudions est extrait de la troisième partie.

Lorsqu'il écrit ce texte, Victor Hugo a environ soixante ans, âge qui lui donne quelque droit à faire valoir son expérience. Il composera d'ailleurs sur ce thème plusieurs poèmes (non publiés de son vivant), prodiguant aux « jeunes gens », sur un ton tour à tour grave, enflammé, ironique ou complice, des conseils sur la façon de mener leur vie.

« Jeunes gens, prenez garde... » / 279

POUR MIEUX COMPRENDRE

Les **trente pieds,** au vers 10, désignent une profondeur d'environ dix mètres. Bien qu'abandonné officiellement en 1795 avec l'instauration du système métrique, le pied (0,33 m) resta d'usage courant en France jusqu'au début du XXᵉ siècle.

Et cætera (vers 20) correspond à l'écriture complète de la locution habituellement notée « etc. »

La **saison des crues,** au vers 21, désigne l'époque où les rivières et les fleuves, grossis par les pluies ou la fonte des neiges, sont particulièrement difficiles à franchir.

Le mot **dédale** (vers 22) désigne un circuit compliqué, dans lequel on se perd. Il vient du nom de l'architecte et ingénieur Dédale, personnage de la mythologie grecque qui aurait construit le Labyrinthe.

MOUVEMENT DU TEXTE

Du point de vue de la construction, ce poème fonctionne par un effet de juxtaposition : l'ensemble des vingt-sept premiers vers prend son sens par le vingt-huitième, dont l'effet se trouve renforcé par un procédé typographique. Il s'agit d'une structure assez fréquente chez Victor Hugo, et dont on trouvera un autre exemple dans ce livre avec le poème *« Sonnez, sonnez toujours... »*.

Le thème apparent du poème est un conseil, un avis donné par le « sage » Victor Hugo à des « jeunes gens ». Conseil de morale sociale et de prudence : il ne faut jamais dire du mal de qui que ce soit, car une médisance finit toujours par venir aux oreilles de la personne concernée, faisant ainsi naître une hostilité redoutable.

Pour illustrer son propos avec un maximum de vigueur, le

poète a recours à la personnification d'un *« mot désagréable »*. Ce procédé lui fournit le prétexte d'une description vive et animée, étonnant morceau de fantaisie lyrique s'étendant sur la moitié du poème.

L'importance accordée à cet exercice de style est d'ailleurs telle qu'on peut se demander s'il ne constitue pas le thème central du poème. D'autant qu'un conseil de prudence est plutôt inattendu, venant d'un homme qui, comme Hugo, ne fit jamais mystère de ses opinions et s'illustra même, avec *Napoléon le Petit* et *Les Châtiments*, dans la littérature polémique.

Le texte est écrit en alexandrins, vers solennel qui se prêterait bien à des conseils de sagesse. Nous n'en admirerons que davantage la virtuosité de Hugo, qui réussit avec ces alexandrins à peindre un tableau d'une extraordinaire vivacité. On peut citer à ce propos le jugement de l'écrivain Barbey d'Aurevilly, pourtant adversaire déclaré du poète : *« M. Victor Hugo est le génie de l'arabesque poétique. Il fait de son vers ce qui lui plaît. Il en joue comme [...] j'ai vu jouer du tambour de basque à une bohémienne... »*

Le poème, dont le but avoué est de convaincre un auditoire, est structuré suivant les règles classiques de la rhétorique. Débutant par une apostrophe, il annonce immédiatement sa «morale» (vers 1-3). Cette première partie du discours, appelée **exorde**, est destinée à rendre le public attentif.

Les deux vers suivants constituent une transition, permettant d'amener la seconde partie, appelée **exposition** ou **narration**. Celle-ci est elle-même partagée en deux temps. Le premier (vers 5-13) propose les conditions extrêmes d'une confidence imaginaire, le second (vers 14-27) décrit la course irrésistible du mot personnifié.

Enfin le dernier vers, mis en relief par un saut de ligne, vient conclure l'exposé et ainsi confirmer l'avertissement donné en introduction en s'achevant sur un mot lourd de menaces...

Sur la structure du discours

La rhétorique, au sens premier du terme, est la technique de l'art oratoire; c'est-à-dire l'ensemble des procédés permettant de rendre un discours convaincant. Elle a connu son apogée à Athènes, au IVe siècle avant J.-C., avec des auteurs comme Gorgias, Isocrate et surtout Aristote, qui a tenté de la codifier dans un traité célèbre.

La rhétorique propose un plan-type du discours efficace, qui se structure en cinq parties :

— l'**exorde,** destiné à rendre l'auditoire attentif et à se garantir sa sympathie ;

— la **narration,** exposé «objectif» des faits concernant la cause à défendre ;

— la **confirmation,** qui apporte les preuves à l'appui de la thèse défendue et réfute, le cas échéant, les preuves de l'adversaire ;

— la **digression,** destinée à ménager dans le discours une pause, un moment de détente ;

— la **péroraison,** qui conclut le discours, le plus souvent en résumant l'argumentation ou en cherchant à émouvoir l'auditoire.

Bien entendu, ce «plan-type» n'a rien d'obligatoire. Les grands orateurs sont les premiers à le transgresser, en fonction de leurs arguments et de la composition de l'auditoire.

Dans le cas du poème que nous étudions, on peut noter l'absence apparente de digression et de péroraison. Mais en réalité, la fonction de la digression est remplie par l'aspect vivant, animé de la description (vers 15-27). Quant au rôle de la péroraison, il est joué par la rupture de rythme introduite dans le dernier vers, qui crée l'émotion et laisse le lecteur ou l'auditeur tirer ses propres conclusions.

ÉTUDE SUIVIE

Ayant identifié les grandes articulations du poème, nous nous proposons d'en faire une étude rapide afin de dégager les principaux thèmes, ce qui nous permettra de rédiger un commentaire composé de l'œuvre.

Première partie : vers 1-3

Le premier vers sonne comme une morale, un avertissement prononcé avec une certaine solennité. On remarque en particulier l'apostrophe *« Jeunes gens »*. Celle-ci suggère que celui qui parle n'est plus lui-même un jeune homme, et indique de sa part une certaine implication.

Cette impression se confirme avec les deux vers suivants. Ils précisent l'avertissement, en lui donnant un caractère dramatique qu'accentuent la répétition du mot *« Tout »*, la force des termes employés *(« la haine et le deuil »)* et le point d'exclamation ponctuant l'affirmation.

On remarque aussi l'opposition entre l'importance du risque couru *(« Tout peut sortir »)* et les mots évoquant l'imprudente négligence de la jeunesse *(« en passant »*, «perdre »)*. Quand on est jeune, semble dire Hugo, on peut perdre un mot comme on perd un mouchoir...

Il s'agit donc d'un conseil d'autant plus important que ses destinataires sont insouciants.

Transition : vers 3-5

A cette insouciance, Hugo répond d'avance : *« Et ne m'objectez pas [...] »* On reconnaît ici une figure de style consistant à faire mine de devancer un argument. Cette figure, appelée **prolepse**, permet de diriger l'auditoire dans le sens voulu tout en paraissant établir avec lui une certaine connivence.

Cette connivence est également manifestée par la présence directe de l'auteur dans la formule *« ne m'objectez pas »*. Elle est encore accrue par la répétition des *« vos »* et des *« vous »*, qui semble prendre en compte l'intérêt de l'auditeur ; et par la formule *« Écoutez bien ceci »*, qui introduit un ton de confidence.

Ayant ainsi ménagé la transition avec son conseil magistral, Hugo peut introduire la description qui illustrera son propos. On note l'effet typographique : une ligne sautée souligne le changement de registre.

Une confidence imaginaire : vers 5-11

Cette partie frappe par son caractère exagéré. Victor Hugo, pour donner toute sa force à la démonstration, accumule les hyperboles et les superlatifs : *« sans un témoin »*, *« au plus mystérieux »*, *« croyant presque vous taire »*, *« trente pieds »*... On note aussi la fréquence des termes suggérant le secret et le chuchotement : *« Portes closes »*, *« souffle »*, *« à l'oreille »*, *« mystérieux »* (mis ici pour « discret »), *« murmurez »*, *« taire »*. L'objectif est bien sûr de souligner la dissimulation extrême dont fait l'objet le *« mot désagréable »*.

Soulignons aussi la succession rapide des expressions placées entre virgules (vers 5-6) qui traduisent, par leur rythme et l'absence de tout mot de liaison, l'accumulation des précautions prises.

A remarquer, la concession apparente manifestée, au vers 8, par l'expression *« si vous l'aimez mieux »*. Il s'agit là encore d'un artifice de style, comparable à la prolepse du vers 3 et remplissant une fonction similaire. Hugo, faisant mine de corriger son propos pour prendre en compte une objection, renforce ainsi à la fois sa démonstration et sa connivence avec l'auditoire. Cette figure de style, en rhétorique, est appelée **épanorthose**.

Le passage est ainsi constitué de deux sous-parties (confidence à un ami, propos tenu seul dans une cave) correspondant aux deux « objections » du vers 4.

Enfin, on note le caractère relativement anodin des termes employés au vers 11. *« Un mot »* semble peu de chose, *« désa-*

gréable » n'est pas très fort et ne mérite guère de provoquer la haine, *« à quelque individu »* est une expression neutre qui semble désigner tout le monde et personne... Il n'en faut vraiment pas beaucoup pour s'attirer *« la haine et le deuil »*.

Transition : vers 12-14

Ces trois vers ont pour fonction d'amorcer la personnification du *« mot désagréable »*. Le vers 12, caractérisé par la répétition du pronom relatif *« que »*, permet d'insister sur *« Ce mot »*; tout en introduisant un doute par l'emploi du terme *« vous croyez »*. Quant au vers 14, ponctué par un point d'exclamation, il annonce déjà la course irrésistible qui va suivre.

Remarquons en passant, au vers 13, un trait d'humour hugolien. Le mot *« bas »* peut se prendre au sens figuré (comme dans l'expression « à voix basse ») mais aussi au sens propre : n'oublions pas que le mot a été prononcé *« à trente pieds sous terre »*.

Notons que les verbes d'action employés dans ce vers, bien que dynamiques et évocateurs, peuvent néanmoins se rapporter à la parole. On dit couramment qu'un bruit *« court »*, qu'un mot est *« lâché »*, qu'un cri *« part »* ou *« sort »*. Seul le terme « bondir » n'appartient pas à ce registre. Le vers 14 est donc bien, dans ce poème, la frontière entre la description « réaliste » et la personnification.

La course du mot : vers 15-27

Le début du vers 15 annonce un changement de ton, une dynamique nouvelle. *« Tenez, il est dehors ! »*, s'écrie vivement Hugo comme si l'évasion se réalisait sous ses yeux.

La personnification du mot, amorcée au vers 14, est complétée avec l'expression *« Il connaît son chemin »*. Le mot est maintenant un voyageur, dont Hugo nous décrit d'abord l'équipement auquel rien ne manque (vers 16-17). Les vers 19-20,

rythmés par des verbes d'action *(« échappe », « fuit », « suit »,*
« franchit »...), évoquent à merveille un éloignement rapide,
jusqu'au *« et cætera »* qui semble montrer qu'on a perdu de vue
le fuyard.

Les vers 20-24 introduisent un élément de magie : l'évadé
« passe l'eau sans bateau », se rit des *« crues »* et des *« déda-*
les ». Il connaît sa destination avec une certitude surnaturelle,
que souligne le rejet des mots *« Droit chez »* au vers 23. Ce
n'est plus un voyageur humain, mais une sorte de lutin maléfique.

Cet élément surnaturel était d'ailleurs déjà annoncé au vers
18, vers dont la fonction est d'indiquer la méchanceté, la détermination du mot à s'échapper.

On retrouve aux vers 25-26 une succession de verbes
d'action : *« monte », « ouvre », « passe », « entre »*... L'effet de
vitesse qu'ils créent est encore intensifié par une construction
habile : alors que les deux premiers verbes sont alourdis par des
compléments *(« monte l'escalier »)*, les trois derniers sont
seuls. Le mouvement de succession semble ainsi s'accélérer.
Les rejets des verbes *« Entre »* et *« Dit »* contribuent également
à cet effet.

Enfin, les vers 26-27 traduisent l'aspect *« désagréable »* du
mot par une attitude insolente, tandis que sa délation *(« je sors*
de la bouche d'un tel ») achève d'en faire un « mot traître ».

Les deux impressions dominantes de cette partie sont donc
l'irrésistible rapidité du mot et sa volonté de nuire. Hugo a
réussi, par un art consommé du rythme, à nous faire vivre sa
description (ce type de description vivante et évocatrice
s'appelle en rhétorique une **hypotypose**).

Le rejet

En versification, on appelle *« rejet »* ou *« enjambement »* le fait de ne pas arrêter une phrase à la fin d'un vers, mais de l'achever par un mot ou deux au début du vers suivant. Un exemple fameux de rejet est ce vers de Victor Hugo dans les premiers mots de *Hernani*, vers qui scandalisa les spectateurs épris de classicisme :

> « Serait-ce déjà lui ? C'est bien à l'escalier
> Dérobé. Vite, ouvrons. »

Le rejet est en général d'autant plus fort que le mot rejeté est bref, sans que cela constitue pourtant une règle. Il est d'autant mieux perçu que le mot rejeté est indispensable à la compréhension ou à la correction de la phrase. Il permet de mettre un mot en relief, de lui donner une intensité particulière.

On peut ainsi créer un effet de surprise, ou insister sur une idée importante. Ainsi, dans « Le Dormeur du val », de Rimbaud :

> « Un soldat jeune, bouche ouverte, tête nue,
> Et la nuque baignant dans le frais cresson bleu,
> Dort ; »

Mais le rejet, par la cassure qu'il introduit naturellement dans la phrase, permet aussi de créer une impression de mouvement. Par exemple, le début de *« Demain, dès l'aube... »* de Hugo :

> « Demain, dès l'aube, à l'heure où blanchit la campagne,
> Je partirai. »

Les deux effets, mise en relief du mot et mouvement, peuvent d'ailleurs se combiner. Par exemple, dans son poème intitulé « Les Aveugles », Baudelaire emploie un rejet pour souligner le mot « ciel », qui prendra plus loin une signification spirituelle ; mais ce rejet traduit aussi le mouvement de menton des aveugles, qui marchent la tête relevée :

> « Leurs yeux, d'où la divine étincelle est partie,
> Comme s'ils regardaient au loin, restent levés
> Au ciel, »

« Jeunes gens, prenez garde... » / 287

La chute : vers 28

A la fin de sa description, Hugo ménage une pause, matérialisée par un saut de ligne. Il semble ainsi surprendre le temps, laisser s'écouler quelques instants qui donnent plus de poids à ce qui va suivre.

« Et c'est fait. » Par contraste avec la longueur et le rythme rapide du passage précédent, ces mots simples prennent une gravité particulière. C'est un effet de rupture, fréquent chez Victor Hugo. De plus, l'expression *« c'est fait »* indique un accomplissement, un travail fini sur lequel il n'y a pas à revenir. Elle suggère donc une impression d'irréparable, qui fait résonner ce dernier vers de façon dramatique.

La fin du vers confirme cette impression. Le *« Vous avez »* permet de réellement impliquer l'auditeur, de rappeler qu'il est le premier concerné et que c'est lui qui subira les conséquences ; les mots *« ennemi mortel »* terminent le poème sur une tonalité menaçante, faisant ainsi écho à *« la haine »* et au *« deuil »* annoncés au vers 3.

VERS LE COMMENTAIRE COMPOSÉ

A partir des matériaux accumulés lors de l'analyse et de l'étude suivie, nous pouvons maintenant préparer notre commentaire. Le « découpage » auquel nous avons procédé doit céder la place à une organisation par centres d'intérêt.

Il nous faut donc, dans un premier temps, recenser les centres d'intérêt en question.

L'un d'eux sera, évidemment, l'étude du procédé de personnification du *« mot désagréable »*. Ce choix est justifié par l'importance de ce procédé dans le texte.

Mais ce procédé est lui-même, si l'on en croit le texte, au service d'une volonté de convaincre. Hugo s'implique dans ce qu'il dit, comme le montrent ses exagérations et la connivence

288 / *Derniers recueils*

qu'il établit avec son lecteur. Cette volonté de convaincre peut donc constituer un second point à commenter.

On s'aperçoit alors que cette volonté gouverne en fait toute la structure du texte, structure «rhétorique» au sens classique du terme. Il paraît alors utile de commenter cette structure, caractérisée par l'écho entre les vers 3 et 28 *(«deuil» - «mortel»)*.

L'ordre du commentaire se déduit de cette réflexion. Il semble logique de commencer par ce qui apparaît dès le début de la lecture, l'implication personnelle de l'auteur. De cette implication découle la structure du poème, organisé pour emporter la conviction. Enfin, la personnification du *«mot»* constitue une modalité particulière de cette structure, méritant un commentaire particulier.

Le plan du commentaire serait alors le suivant :
— L'IMPLICATION DE L'AUTEUR.
— UNE DÉMONSTRATION PAR L'ILLUSTRATION.
— UNE PAROLE QUI S'ÉCHAPPE.

Bien entendu, ces titres n'apparaîtront pas dans notre commentaire ; ils sont là pour permettre de mieux visualiser le plan adopté et l'articulation du commentaire rédigé.

Par ailleurs, on ne trouvera pas exploités dans ce commentaire tous les points que nous avons pu relever au cours de notre analyse. On ne peut pas tout dire dans un commentaire composé : tout en essayant d'être complet, il faut accepter de se borner aux points qui viennent à l'appui de la démonstration, ou qui servent réellement l'exposé. En revanche, il faut insister sur la convergence des procédés destinés à produire un effet.

COMMENTAIRE RÉDIGÉ

Ce poème en alexandrins extrait de *Toute la Lyre*, recueil posthume de Victor Hugo, avertit les jeunes gens d'éviter avec soin toute médisance, sous peine de s'attirer les plus terribles haines. L'importance vitale du conseil se traduit par l'insistance particulière du ton, et surtout par une illustration frappante de la façon dont un mot de dénigrement revient en peu de temps à celui qu'elle concerne. L'auteur, soucieux d'emporter l'adhésion des jeunes gens auxquels il s'adresse, compose ainsi une exhortation à la prudence, prétexte à tracer le tableau saisissant d'une parole qui s'échappe.

Dès les premiers vers, on est frappé par le ton pressant sur lequel Victor Hugo s'adresse aux *« Jeunes gens »*. Il s'agit pour lui de donner un conseil, un avis nettement formulé au début du texte : *« prenez garde aux choses que vous dites. »* Or, tel quel, cet avis peut sembler une banalité, un lieu commun. Aussi Victor Hugo renchérit-il immédiatement, en précisant le risque encouru. L'apostrophe, les termes dramatiques, l'exagération présente dans la formule *« Tout peut sortir d'un mot »*... tout cela montre à quel point le poète a conscience d'évoquer une question grave.

C'est sans doute la gravité de la question qui lui fait choisir de s'adresser directement aux jeunes gens. Car la morale sociale, les conseils sur la vie en communauté et la façon de réussir, sont en général le domaine réservé de la fable ou de la maxime. Qu'on songe par exemple aux leçons données par La Fontaine dans des textes comme « Le Loup et l'agneau » ou « Les Animaux malades de la peste »... Rien de tel ici, où Hugo manifeste sa présence dès le troisième vers avec un *« ne m'objectez pas »* plein d'expérience et de compréhension. Les verbes à l'impératif et les prises à partie de l'interlocuteur, qui se succèdent dans le texte *(« prenez garde », « vous perdîtes », « vos amis », « vous parlez », « Écoutez bien », « Vous murmurez »...)*, suggèrent eux aussi très fortement la présence du poète. Nous ne sommes pas dans la fable, mais dans le discours direct : un discours à caractère de sermon, ou plutôt d'avertissement.

L'implication de l'auteur, sa volonté de convaincre se manifestent par la forme exclamative de certaines expressions (vers 3, 14, 15 ou 18), qui traduisent la véhémence du ton. Elles apparaissent également dans les concessions que Hugo paraît faire aux objections de son auditoire *(« ou, si vous l'aimez mieux »*, au vers 8), et dans la façon insistante dont il introduit son récit (*« Écoutez bien ceci »*, au vers 5).

Enfin elles se révèlent dans les exagérations auxquelles recourt Victor Hugo pour renforcer son propos : *« la haine et le deuil »*, déjà soulignés, mais aussi le luxe de précautions qu'il accumule comme à plaisir pour en démontrer l'inutilité (vers 5 à 8), les *« trente pieds sous terre »*, et la description endiablée qui compose la dernière partie du poème. Exagération aussi, peut-être, cet *« ennemi mortel »* qui frappe l'imagination, le poème s'achevant ainsi sur un ton lourd de menaces informulées.

Par cette véhémence, ce ton pressant, cette volonté de convaincre, Hugo donne le sentiment de répondre à une urgence. Car il sait la jeunesse insouciante, capable de « perdre un mot en passant » (cf. le second vers) sans y attacher d'importance. Parlant avec l'expérience que lui confère un âge avancé, il s'empresse donc d'avertir ses jeunes lecteurs avant que ceux-ci n'aient commis une imprudence fatale.

Mais Victor Hugo ne serait pas l'un des maîtres de la langue française s'il se contentait, pour convaincre son public, d'un ton pressant et alarmé. Une analyse détaillée de l'œuvre nous montre qu'elle est en réalité structurée, de façon très précise, pour guider le lecteur et emporter sa conviction.

La première partie du poème, depuis l'apostrophe *« Jeunes gens »* jusqu'à l'invitation *« Écoutez bien ceci »*, met en place une démonstration. Attirant d'emblée l'attention du lecteur ou de l'auditeur, elle annonce la thèse à démontrer (le danger représenté par un mot médisant), et devance une objection imaginaire (*« ne m'objectez pas [...] »*). Cette objection, qu'il se fait lui-même au quatrième vers, le poète va avoir beau jeu de la réfuter... Ce faisant, il entraîne le lecteur dans sa propre logique et interdit toute autre objection que celle qu'il a lui-même énoncée.

Ayant ainsi attiré l'attention et la réflexion du lecteur dans la direction qui lui convient, Hugo peut commencer sa démonstration. Pour marquer ce début, il prend un ton de confidence (*« Écoutez bien ceci »*) et, par l'interruption de la ligne au milieu du vers, fait sentir fortement un changement de registre.

Poète avant tout, Victor Hugo sait en effet que pour convaincre il vaut mieux frapper l'imagination que s'adresser à la raison. Aussi choisit-il de tracer un tableau, le plus frappant possible, de la façon dont un mot s'échappe malgré toutes les précautions prises.

Reprenant la structure de l'objection qu'il a lui-même formulée au vers 4, il décrit successivement une confidence à un ami discret (ce qui correspond à « *vos amis sont sûrs* ») puis un mot prononcé dans un lieu dissimulé (correspondant à « *vous parlez bas* »). Ce faisant, Victor Hugo accumule comme à plaisir les précautions : « *Tête-à-tête* », « *Portes closes* », « *à l'oreille* », « *Dans le fond d'une cave* »... On croirait un prestidigitateur entassant cordes et chaînes sur la malle dont il va faire disparaître l'occupant. Peut-être le poète met-il d'ailleurs une certaine malice dans cette description, comme le suggère l'image de la cave « *à trente pieds sous terre* » qui semble traduire au sens propre l'expression « parler bas ».

Vient ensuite la description du mot, de la parole imprudente qui « *s'échappe* » et « *court* » dénoncer son auteur. Utilisant toutes les ressources du rythme et de la versification, Victor Hugo dessine là un tableau extraordinaire de vivacité et de réalisme, dans lequel la fantaisie reste pourtant toujours présente, grâce à un souci presque caricatural de la précision (cf. les vers 16-17 ou le vers 24). On voit littéralement le « *mot désagréable* », sorte de lutin maléfique animé d'une vie propre, courir jusqu'aux oreilles de celui qu'il concerne. Pris par le mouvement, le lecteur abandonne alors tout esprit critique et se laisse emporter par l'éloquence hugolienne.

Car en fait, cet argument ne tient que par sa force suggestive : il n'a guère de valeur « raisonnable ». Tout l'art de Victor Hugo (et nous y reviendrons) tend ici à rendre son propos indiscutable en en faisant une histoire palpitante. Procédé captieux, sans doute, mais remarquablement efficace ; d'autant que Hugo n'oublie pas, par les « *vous* » qui scandent sa description, de maintenir l'implication de l'auditeur ou du lecteur.

Dans ces conditions, le derniers vers acquiert une force remarquable. Le « *Et c'est fait* », dont la brièveté contraste fortement avec la description longue et précipitée qui précède, introduit une impression de fatalité, d'irrémédiable. Le constat final, fait sur un ton objectif (« *Vous avez* »), semble prendre acte d'un fait indiscutable. Les mots *« ennemi mortel »*, faisant écho à l'expression *« la haine et le deuil »* du vers 3, apparaissent ainsi comme le résultat inéluctable d'un processus parfaitement logique. La thèse soutenue aux vers 2-3 est démontrée…

Or cette logique n'est qu'apparente et Hugo n'a rien démontré du tout. Même si l'on admet qu'une médisance puisse se propager à toute vitesse (ce que le poète se contente d'illustrer, de façon magistrale), cela ne prouve pas qu'une médisance suffit à créer un *« ennemi mortel »*. L'individu pourrait aussi bien en rire, ou chercher le dialogue… Et pourtant, à la fin du poème, nous sommes d'accord avec Hugo ; il faut une analyse attentive pour découvrir les failles de son discours.

Par un jeu habile de fausses objections, de concessions apparentes et de descriptions prenantes, Victor Hugo réussit donc à nous faire admettre son point de vue avec une apparence de logique rigoureuse. On peut admirer là une maîtrise parfaite de la rhétorique, art de persuader par le discours.

Le premier rôle, dans l'argumentation de Victor Hugo, revient donc à la description qu'il fait, à partir du vers 12, de « l'évasion » d'un mot désagréable. C'est cette description qui, en frappant l'imagination du lecteur, l'amène à partager le point de vue du poète. Aussi est-elle un passage privilégié du texte, celui dans lequel se déploie le savoir-faire de l'auteur. L'impression de vie et de vitesse que procure cette description repose d'une part sur la personnification du mot, que Victor Hugo dote d'une existence et d'une volonté propres afin de mieux en marquer l'indépendance : et d'autre part sur le jeu parfaitement maîtrisé des rythmes et des constructions.

Le début de la personnification est marqué par le vers 14. Hugo y use en effet de termes qui, tout en décrivant la « fuite » du mot, peuvent s'entendre au propre comme au figuré : « courir », « lâcher », « partir », « sortir » peuvent couramment s'appliquer à la parole, qu'elle soit rumeur, cri ou répartie spirituelle. A ces verbes ambigus se mêle le terme « bondir », qui appartient à un registre différent dans la mesure où il ne s'emploie pas habituellement pour parler d'un mot. Le lecteur est ainsi préparé à l'image, pourtant surprenante, du vers 15 :

« Il connaît son chemin ». Dès lors, le *« mot désagréable »* se mue en voyageur de grandes routes, mêlant les attributs humains *(« deux pieds »*, *« à la main »)* et un équipement que Hugo nous détaille avec une certaine jubilation *(« un bâton »*, *« De bons souliers ferrés »*, *« un passeport »)*...

Au portrait physique s'ajoute une qualité morale : la détermination. Le mot est résolu à faire son chemin : *« Au besoin*, dit Hugo, *il prendrait des ailes »*. Très vite d'ailleurs, sous l'effet de cette détermination, des prodiges s'accomplissent. Le mot devient une sorte de magicien qui *« Passe l'eau sans bateau »* et se rit des obstacles, *« crues »* ou *« dédale »*... Enfin, l'aspect malfaisant de ce *« mot désagréable »* transparaît dans le comportement à la fois insolent et dénonciateur que décrivent les vers 26 et 27.

Par la magie du vocabulaire, Victor Hugo change ainsi une abstraction en un personnage de chair et d'os qu'il parvient même à doter d'une psychologie sommaire. Il lui reste à animer sa création. Pour cela, le poète procède à une accélération graduelle du rythme de son texte, accélération qui soutient une progression dans l'espace.

En effet, les indications fournies par l'auteur : *« le quai »*, *« Passe l'eau »*, *« un dédale de rues »*, *« monte l'escalier »*... permettent bien de suivre l'itinéraire du mot fuyard. Ces indications se précisent d'ailleurs à mesure que le but se rapproche, le vague *« et cœtera »* du vers 20 cédant la place à *« un dédale de rues »* à peine plus explicite (vers 23), avant d'en arriver à des éléments *(« le numéro »*, *« l'étage »*, *« l'escalier »*, *« la porte »)* clairement déterminés par un article défini.

Parallèlement à cette progression, le rythme se fait de plus en plus rapide. Les vers 12-13, alourdis par la répétition du pronom relatif *« que »*, sont suivis d'un vers haché par une succession de verbes brefs : *« Court »*, *« part »*, *« bondit »*, *« sort »*, que vient conclure une exclamation *(« Tenez, il est dehors ! »)* sonnant comme un véritable cri d'alarme.

Après cette première alerte, Victor Hugo ménage une pause en retrouvant, pour décrire l'équipement du mot voyageur, un rythme plus serein. Le vers 16, composé de trois segments de longueur progressive (deux, quatre et six syllabes), marque ce retour au calme confirmé par la structure du vers 17 en deux hémistiches classiques. Les vers 19 et 20, caractérisés par des verbes d'action, maintiennent pourtant un certain dynamisme. Dans le même but, les vers 19 à 27 commencent tous (à l'exception du vers 23) par des verbes, la plupart de deux syllabes : *« Il vous échappe »*, *« Il suit »*, *« Passe »*, *« Et va »*, *« Il sait »*...

Enfin les vers 25-26, qui marquent l'arrivée du *« mot »* à sa destination, manifestent une véritable frénésie : pas moins de cinq verbes d'action en quinze syllabes *(« Il monte l'escalier, ouvre la porte, passe / Entre, arrive »)*, avec un rythme de plus en plus bref : six syllabes, puis cinq, puis une ou deux... Dernier procédé, le rejet du verbe *« Dit »* au début du vers 27 parfait l'impression de dynamisme indomptable qui naît de tout le passage.

Jouant à la fois sur les mots et sur les rythmes, Victor Hugo compose donc un récit remarquable par sa vivacité, véritable poème dans le poème. Avec une certaine malice, l'auteur semble avoir pris au mot l'expression traditionnelle « laisser échapper une parole imprudente », en nous faisant assister ici à une véritable évasion.

L'étude de ce poème révèle donc comment l'art lyrique et le savoir-faire rhétorique de Victor Hugo lui permettent de faire adhérer son public aux avertissements et aux avis qu'il donne. Si l'implication du poète dans son propos se traduit par une amicale brusquerie, le texte n'en est pas moins bâti et orchestré avec un sens très sûr de l'effet à produire. C'est pourquoi cette petite œuvre, loin de nous montrer Victor Hugo comme un pénible donneur de leçon, confirme qu'il reste quel que soit le genre, un maître de la langue.

ŒUVRES VOISINES

Comme nous le disions en introduction, Victor Hugo s'est montré dans sa vieillesse fort prodigue de conseils aux jeunes gens, sur des tons d'ailleurs très divers.

Dans un registre différent, voici une exhortation farouche à profiter de la vie, tirée de *Océan*, un autre recueil posthume. On remarquera que cette exaltation de la « folie juvénile » est en contradiction parfaite avec les conseils de prudence prodigués par Hugo dans le texte que nous avons étudié...

> « O jeunes gens ! Élus ! Fleurs du monde vivant,
> Maîtres du mois d'avril et du soleil levant,
> N'écoutez pas ces gens qui disent : « Soyez sages ! »
> La sagesse est de fuir tous ces mornes visages.
> Soyez jeunes, gais, vifs, amoureux, soyez fous !
> O doux amis, vivez, aimez ! Défiez-vous
> De tous ces conseillers douceâtres et sinistres.
> Vous avez l'air joyeux, ce qui déplaît aux cuistres,
> Des cheveux en forêt, noirs, profonds, abondants,
> Le teint frais, le pied sûr, l'œil clair, toutes vos dents ;
> Eux, ridés, épuisés, flétris, édentés, chauves,
> Hideux ; l'envie en deuil clignote en leurs yeux fauves.
> Oh ! comme je les hais, ces solennels grigous !
> Ils composent, avec leur fiel et leurs dégoûts,
> Une sagesse pleine et d'ennui et de jeûnes,
> Et, faite pour les vieux, osent l'offrir aux jeunes ! »

Par ailleurs, Victor Hugo évoque dans *« Jeunes gens, prenez garde... »* le vieux thème du secret qui s'échappe. Sur ce thème, on peut rappeler l'histoire des oreilles du roi Midas.

Personnage de la tradition grecque, Midas était roi de Phrygie et vivait au VIIIe siècle avant J.-C. C'est lui qui avait reçu des dieux le don de changer en or tout ce qu'il touchait, et faillit en mourir de faim et de soif...

Ayant été offensé par Midas, le dieu Apollon lui fait pousser comme punition des oreilles d'âne. Le roi, tout honteux, dissimule ce ridicule sous sa couronne et sa chevelure ; mais il ne peut empêcher son barbier de découvrir la vérité. Il lui fait alors jurer le secret, le menaçant des pires tortures s'il parle.

Le barbier tient parole ; mais un jour, n'en pouvant plus,

il creuse un trou dans le sol, confie le secret au trou, et le rebouche. Bientôt, des roseaux poussent à l'endroit où le trou avait été creusé. Et lorsque le vent fait bruire ces roseaux, on les entend répéter : « Midas, le roi Midas, a des oreilles d'âne. »

Enfin, on trouve un très bel exemple de personnification de la parole sous la plume de Beaumarchais, au second acte du *Barbier de Séville*. Le fourbe Bazile, spécialiste en ruses et canailleries diverses, fait l'éloge de la calomnie comme moyen efficace de se débarrasser d'un adversaire, et en décrit le cheminement :

> **« D'abord un léger bruit, rasant le sol comme une hirondelle avant l'orage, *pianissimo* murmure et file, et sème en courant le trait empoisonné. Telle bouche le recueille, et *piano*, *piano*, vous le glisse en l'oreille adroitement. Le mal est fait ; il germe, il rampe, il chemine, et *rinforzando* de bouche en bouche il va le diable ; puis tout à coup, ne sais comment, vous voyez calomnie se dresser, siffler, s'enfler, grandir à vue d'œil. Elle s'élance, étend son vol, tourbillonne, enveloppe, arrache, entraîne, éclate et tonne, et devient, grâce au ciel, un cri général, un *crescendo* public, un *chorus* universel de haine et de proscription. »**

De ce court passage scandé par des termes musicaux, le compositeur italien Rossini (1792-1868) tirera « L'Air de la calomnie », l'un des morceaux les plus célèbres de son opéra *Le Barbier de Séville*.

3
« GÉOMÉTRIE ! ALGÈBRE !... »

[...]
1 Géométrie! algèbre! arithmétique! zone
Où l'invisible plan coupe le vague cône,
Où l'asymptote cherche, où l'hyperbole fuit!
Cristallisation des prismes de la nuit;
5 Mer dont le polyèdre est l'affreux madrépore;
Nuée où l'univers en calculs s'évapore,
Où le fluide vaste et sombre épars dans tout
N'est plus qu'une hypothèse, et tremble, et se dissout;
Nuit faite d'un amas de sombres évidences,
10 Où les forces, les gaz, confuses abondances,
Les éléments grondants que l'épouvante suit,
Perdent leur noir vertige et leur flamme et leur bruit;
Caverne où le tonnerre entre sans qu'on l'entende,
Où toute lampe fait l'obscurité plus grande,
15 Où l'unité de l'être apparaît mise à nu!
Stalactites du chiffre au fond de l'inconnu!
Cryptes de la science!

                On ne sait quoi d'atone
Et d'informe, qui vit, qui creuse et qui tâtonne!
Vision de l'abstrait que l'œil ne saurait voir!
20 Est-ce un firmament blême? est-ce un océan noir?

En dehors des objets sur qui le jour se lève,
En dehors des vivants du sang ou de la sève,
En dehors de tout être errant, pensant, aimant,
Et de toute parole et de tout mouvement,
25 Dans l'étendue où rien ne palpite et ne vibre,
Espèce de squelette obscur de l'équilibre,
L'énorme mécanique idéale construit
Ses figures qui font de l'ombre sur la nuit.
Là, pèse un crépuscule affreux, inexorable.
30 Au fond, presque indistincts, l'absolu, l'innombrable,
L'inconnu, rocs hideux que rongent les varechs
D'A plus B ténébreux mêlés d'X et d'Y grecs ;
Sommes, solutions, calculs où l'on voit pendre
L'addition qui rampe, informe scolopendre !
[...]

CONDITIONS DE PUBLICATION

Pour clore cet ensemble de poèmes commentés, nous avons choisi un extrait d'un long texte dans lequel l'éloquence hugolienne se déploie au service d'une vision proprement fantastique. Il s'agit d'un texte tiré du recueil *Toute la Lyre*, d'où est également tiré le poème précédent, et s'ouvrant par ces mots : « *Le calcul, c'est l'abîme...* »

Nous ne connaissons pas la date de composition de ce poème. Toutefois, la nature des préoccupations qui s'y expriment et la maîtrise du style semblent indiquer une œuvre de la maturité de Hugo, sans doute dans les années 1845-1850.

Entre quatorze et dix-sept ans, Victor Hugo et ses frères s'étaient consumés dans une triste pension. L'ambiance et les cours, en particulier ceux de mathématiques, n'y avaient rien de poétique et devaient laisser au jeune homme un souvenir sinistre. On en trouve un écho dans cette pièce inachevée des *Contemplations*, sans doute écrite vers 1840 :

> « Faites donc des sonnets et des mathématiques !
> Oh ! la géométrie ! affreux réfrigérant !
> Comme l'aile du vers au triangle se prend !
> Comme le pauvre essor du poète s'apaise
> Devant le polyèdre et meurt dans le trapèze ! »

Dans ce morceau, les mathématiques sont considérées comme anti-poétiques, tristes et desséchantes. Le texte que nous allons étudier va plus loin encore, puisqu'il dénonce dans ces mêmes mathématiques l'absence de cette sensibilité qui, aux yeux de Hugo, fait le meilleur de l'homme.

POUR MIEUX COMPRENDRE

La **géométrie**, l'**algèbre** et l'**arithmétique** (vers 1) sont trois domaines des mathématiques. La première étudie les propriétés des droites, des plans et des volumes dans l'espace. La seconde étudie les règles opératoires et les structures des ensembles. La troisième traite des nombres et de leurs propriétés.

Une **asymptote** (vers 3) est une courbe se rapprochant indéfiniment d'une autre sans jamais la rejoindre.

Le mot **hyperbole** (vers 3) désigne, en mathématiques, une courbe particulière dont les extrémités sont situées à l'infini.

Les **prismes** (vers 4) sont des volumes définis par deux figures géométriques égales et parallèles.

Les **polyèdres** (vers 5) sont des volumes anguleux présentant un nombre variable de faces.

Le **madrépore** (vers 5) est un genre d'animalcule à squelette calcaire vivant dans les mers chaudes et responsable, par exemple, des formations coralliennes.

Le **fluide** évoqué au vers 7, appelé aussi « éther », désigne une substance hypothétique dont on pensait, à la fin du XIXe siècle, qu'elle remplissait les espaces interstellaires et permettait la propagation de forces comme la gravitation.

Les **stalactites** (vers 16) sont les concrétions calcaires qui pendent au plafond des grottes.

Atone (vers 17) signifie « sans force, sans expression ». Ici, le mot est employé pour évoquer quelque chose de mou, sans énergie.

Inexorable (vers 29) signifie « qu'on ne peut fléchir » ou « sur quoi on ne peut plus revenir ». Dans le texte, cet adjectif est employé comme synonyme de cruel, implacable...

Le mot **varechs** (vers 31) se prononce « va-rek ». Il désigne les algues et les débris végétaux que la mer rejette sur le rivage ou que l'on trouve accrochés aux rochers des côtes.

Scolopendre (vers 34) est le nom zoologique du mille-pattes.

IDÉE GÉNÉRALE

Rappelons d'abord que, du point de vue méthodologique, il serait erroné de prétendre étudier le « mouvement » de ce texte, puisqu'il s'agit d'un extrait et non d'une œuvre intégrale.

Dans ce passage, Victor Hugo décrit avec une éloquence véhémente le monde des mathématiques, qu'il considère avec un mélange d'horreur et de vague dégoût. Pour nous faire partager cette répulsion, le poète utilise une **métaphore filée**. Les mathématiques, en effet, sont comparées à une grotte ténébreuse, dans laquelle on avance à tâtons et où rampent de répugnants insectes.

Cette comparaison prend toute sa force grâce au ton avec lequel Victor Hugo l'exprime. L'évocation se fait sous forme d'**apostrophe**, comme si le poète s'adressait directement aux entités qu'il décrit. Ce ton enflammé se double d'une **accumulation**, les images se succédant dans un véritable torrent d'éloquence qui emporte le lecteur et le laisse comme hébété, dérouté par la puissance du verbe hugolien.

Ainsi le texte peut être séparé en deux parties : d'abord une accumulation d'images (vers 1-12) puis, à partir de la comparaison mathématiques/caverne, une métaphore filée (vers 13-34) se développant par l'évocation de l'obscurité, du relief de la grotte et des bestioles qui l'habitent.

LA NÉGATION DU RÉEL

Avant tout, il faut se demander ce que Victor Hugo reproche au juste aux mathématiques... Le déferlement des mots, en effet, empêche un peu de saisir ce dont il est question. Pourquoi le poète semble-t-il considérer le calcul avec autant de répulsion ?

La réponse à cette question nous est fournie au vers 6. Avec les mathématiques, nous dit Hugo, l'univers *« s'évapore »*. Ce qui est en accusation, ce n'est donc pas la discipline mathématique, mais l'abstraction qu'elle exige.

Les mathématiques sont une discipline purement intellectuelle. C'est-à-dire que les conceptions et les entités mathématiques ne reposent sur aucune base réelle. Si elles peuvent avoir leur origine dans le monde réel, les mathématiques s'en échappent très vite pour ne plus s'intéresser qu'à des concepts : nombre entier, droite, point, ensemble... n'ont pas d'existence concrète.

De même les phénomènes physiques, lorsqu'ils sont traduits en formules et en équations, perdent leur réalité pour devenir des abstractions théoriques. C'est ainsi que, par exemple, la physique enseignée dans les classes de lycée *« néglige les forces de frottement »* ou fait appel à des fils *« inélastiques et de masse supposée nulle »*... Or, dans la réalité, les forces de frottement s'exercent toujours et les fils de masse nulle n'existent pas. Dans le raisonnement physique et surtout mathématique, le réel se trouve évacué au profit d'une théorie pure et abstraite, qui ne rend pourtant compte qu'imparfaitement de ce qui se passe vraiment.

C'est exactement ce que Victor Hugo dénonce lorsqu'il écrit que *« l'univers en calculs s'évapore »*. Il reproche aux mathématiques d'oublier — voire de mépriser — la réalité pour lui préférer des constructions abstraites. Ainsi le *« fluide »* du vers 7, réalité aux yeux du poète, *« se dissout »* avec le calcul et *« N'est plus qu'une hypothèse »*. Ainsi les phénomènes naturels, *« forces »* et *« gaz »*, perdent *« leur flamme et leur bruit »* (vers 10-12) tandis que le *« tonnerre »* est réduit à l'état d'abstraction silencieuse (vers 13). Le calcul nie en quelque sorte la réalité du monde et de la vie.

Ce reproche, développé sur plusieurs vers, se résume finalement, au vers 18, en une formule simple et paradoxale : *« Vision de l'abstrait que l'œil ne saurait voir »*. Les idées, les entités mathématiques n'ont aucun équivalent dans la réalité palpable et visible. Une « vue de l'esprit » invisible à l'œil, déconnectée du réel... Voilà sans doute l'une des choses les plus choquantes pour le « voyant » et sensible Hugo.

Les vers 21-25 viennent d'ailleurs réaffirmer et préciser cette accusation d'irréalité, en une **gradation** révélatrice que vient mettre en relief le **parallélisme** des vers 21-23.

Les mathématiques sont d'abord jugées étrangères au monde terrestre *« sur qui le jour se lève »*. Elles n'ont pas d'existence concrète. Puis Hugo précise sa pensée en évoquant le monde vivant, qu'il soit végétal ou animal, par la **synecdoque** *« du sang ou de la sève »*. Plus encore qu'au monde, les mathématiques sont étrangères à la vie... Enfin, de la vie, on passe à la sensibilité et à l'émotion avec le vers 23, qui introduit les êtres *« errant, pensant, aimant »*. L'accusation se fait ainsi de plus en plus précise et de plus en plus grave : les mathématiques, pour le poète, sont extérieures au monde des sentiments et particulièrement à celui de l'amour.

Au passage, on pourrait s'étonner devant l'affirmation que les mathématiques, discipline intellectuelle par essence, sont *« En dehors de tout être [...] pensant [...] »*. C'est que, ici, le mot « pensée » ne désigne pas les opérations intellectuelles mais plutôt la conscience dans sa composante affective. La succession *« errant, pensant, aimant »* est elle-même une gradation, qui nous fait passer de la vie aux sentiments pour culminer avec celui que Hugo considère comme le plus fort, le plus important d'entre eux.

Après le sommet que représentent ces « êtres aimant », nous redescendons dans le domaine silencieux et figé de l'abstraction mathématique. Le vers 24, en effet, évoque d'abord l'absence *« de toute parole »* (ce qui suggère que l'on quitte le domaine humain) puis *« de tout mouvement »* (ce qui nous fait quitter le domaine de la vie). Le vers 25 achève d'installer l'immobilité, en niant tout mouvement aussi discret soit-il : *« rien ne palpite et ne vibre »*. L'emploi des termes *« tout »* et *« rien »*, joint à celui de répétitions et de parallélismes (vers 24), crée l'impression d'un silence et d'un vide absolus, universels.

Le vocabulaire employé aux vers 25-27 renforce encore cette impression en lui ajoutant des connotations macabres : le *« squelette »* du vers 25 baigne dans un *« crépuscule affreux »* qui évoque le royaume de la Mort, dont on ne peut s'échapper (cf. *« inexorable »* au vers 29) et qui inspire la peur.

Enfin l'expression *« mécanique idéale »* (vers 27) revient préciser le point de vue du poète. La mécanique est la partie de la physique qui traite de l'effet des forces sur les corps ; le mot « idéal » est ici synonyme de « abstrait, conceptuel ». L'expression choisie par Hugo dans ce vers répète donc l'accusation suivant laquelle la théorie physique nie la réalité vivante au profit d'un intellectualisme froid : elle n'est qu'un *« squelette »* dont le milieu naturel est l'obscurité (vers 26-28).

Ainsi, Victor Hugo dénonce l'abstraction nécessaire aux mathématiques comme un manque de sensibilité et d'humanité. Cette abstraction, pour lui, est voisine de la mort. C'est sans doute pourquoi les images d'obscurité et de grotte lui viennent tout naturellement à l'esprit.

LA MÉTAPHORE DE LA GROTTE

Dans de nombreuses traditions, la grotte ou la caverne est à la fois le symbole de la mort et de la renaissance. Elle évoque la mort, en tant que tombeau ou lieu d'emprisonnement ; elle évoque la renaissance, lorsqu'elle symbolise le ventre maternel d'où l'individu sort pour une seconde naissance. Ainsi, le mythe de la caverne dans *La République* de Platon ou l'histoire biblique de Joseph jeté dans une citerne souterraine (*Genèse*, 37 - 26) sont des exemples de renaissance symbolique.

Chez Victor Hugo, ces thèmes de la grotte et de l'homme enterré vivant sont assez fréquents. On peut citer par exemple le sort de Caïn dans « La Conscience » *(La Légende des Siècles)*, mais aussi Torquemada condamné à la même peine, au début de la pièce qui porte son nom, la mort de Gilliat se laissant noyer par la marée dans un trou de rocher *(Les Travailleurs de la mer)* ou celle de Quasimodo, enterré vivant volontaire à la fin de *Notre-Dame de Paris*... Dans le texte que nous étudions, l'image de la grotte évoque à la fois l'obscurité effrayante et le grouillement d'entités vaguement monstrueuses.

L'idée d'obscurité est présente dès le début de l'extrait proposé. La plupart des termes employés dans les vers 1-12 renvoient en effet à la cécité et à la pénombre : *« invisible »*, *« vague »*, *« cherche »*, *« Nuit »*, *« sombres »*, *« se dissout »*, *« confuses »*, *« noir »*...

Hugo ne recule pas devant le paradoxe : une « évidence » est quelque chose qui s'impose d'emblée à l'esprit, sans nécessiter de démonstration. C'est une vérité « claire et nette ». La formule *« sombres évidences »* (vers 9) constitue ainsi un **oxymore**, qui renforce par son caractère frappant la véhémence de l'apostrophe hugolienne.

Il faut d'ailleurs souligner la remarquable pertinence des métaphores employées par Hugo. Une asymptote est une courbe qui se rapproche à l'infini d'une autre sans qu'il n'y ait jamais contact entre elles ; une hyperbole est une courbe dont les branches se prolongent à l'infini. Il est donc juste et évocateur d'affirmer que la première *« cherche »* le contact, ou que la seconde *« fuit »* à perte de vue. Personnifiant ainsi les entités mathématiques, le poète donne l'image d'un univers inquiétant, dont les habitants vivraient dans la nuit et la crainte.

Le vers 13 explicite la comparaison entre le monde du calcul et une *« Caverne »*. Cette comparaison se développe et s'enrichit ensuite, avec le mot *« Cryptes »* (vers 17) et surtout avec l'évocation de l'intérieur de la caverne.

Ce sont d'abord, bien sûr, *« l'obscurité »* (vers 14) et *« l'inconnu »* (vers 16), manifestés par des hésitations, des imprécisions voulues : « *On ne sait quoi* » (vers 17), « *Espèce de* » (vers 26), « *presque indistincts* » (vers 30)... et un doute que traduit, au vers 20, la forme interrogative, comme si le visiteur, égaré ou aveuglé, n'était pas trop sûr de la nature de ce qu'il contemple.

C'est ensuite le relief et la structure d'une grotte, suggérés par des termes précis (« *Stalactites* » au vers 16, « *rocs* » et « *varechs* » au vers 31) ou par des expressions évoquant un grand espace : « *l'étendue* » (vers 25), « *au fond* » (vers 16 et 30).

Il faut s'arrêter ici sur la formule du vers 14 : « *Où toute lampe fait l'obscurité plus grande* ». Tous ceux qui ont visité de très grandes grottes connaissent cette impression : on est dans le noir et, lorsqu'on croit éclairer l'intérieur de la caverne, on n'en éclaire en fait qu'une petite portion tandis que le reste demeure obscur. Ainsi, l'obscurité semble reculer tout en prenant une dimension accrue.

Victor Hugo nous propose donc ici une notation très juste. Mais en même temps, il fait une comparaison particulièrement heureuse. Car en mathématique comme en physique, toute découverte fait naître de nouvelles questions, jusqu'alors insoupçonnées.

Le philosophe et mathématicien Blaise Pascal (1623-1662) décrivait la science comme une sphère dont l'intérieur représente le connu et l'extérieur l'inconnu : lorsque la sphère augmente, le nombre des points de contact avec l'inconnu augmente lui aussi... Plus on découvre de choses, plus on accroît le champ des questions à résoudre et des recherches à mener. Hugo traduit bien cette idée, dans le langage poétique, en écrivant que toute nouvelle lampe allumée augmente la dimension de l'obscurité.

Après l'obscurité et le relief de la caverne, le poète évoque le monde des insectes ou des bêtes, vaguement répugnantes, qui hantent cette caverne.

Le grouillement de ces animaux est rendu par des verbes au fort pouvoir évocateur : « *vit* », « *creuse* », « *tâtonne* » (vers 18) font penser à une fourmilière ou à une termitière : « *pendre* » et « *rampe* » (vers 33-34) nous montrent plutôt une sorte de mille-pattes ou de lézard, ce que vient préciser au vers 34 le mot *« scolopendre »*.

On notera d'ailleurs la subtile gradation de la description : d'une imprécision totale au vers 17 (*« On ne sait quoi »*), on passe à une perception hésitante *(« Espèce de »*, au vers 26) pour aboutir, au vers 34, à un terme précis (*« scolopendre »*) que tempère pourtant l'adjectif *« informe »*. On dirait que, dans cette caverne, les yeux s'accoutument à l'obscurité, permettant peu à peu de mieux distinguer le décor qui entoure le visiteur.

A noter également l'usage particulièrement heureux de la **diérèse** dans les deux derniers vers. Pour respecter la structure de l'alexandrin, le lecteur doit prononcer les mots *« solutions »* et *« addition »* en séparant nettement les syllabes finales (soluti-ons, additi-on). Il en résulte une impression d'effort, de résistance, comme si les solutions et l'addition évoquées étaient des entités gluantes, que l'on a du mal à décoller du mur où elles s'accrochent...

L'image d'une grotte se double d'ailleurs de celle d'un tombeau. En effet la *« Caverne »* obscure (vers 13) est aussi une « crypte » (vers 17), c'est-à-dire un souterrain servant habituellement de sépulture. Et cette crypte où règne la mort (vers 25) contient un *« squelette »* (vers 26). On retrouve bien là une image familière à Victor Hugo, pour qui le monde souterrain est le plus souvent associé à la mort.

Notons, une nouvelle fois, la remarquable pertinence des métaphores hugoliennes. En mécanique, il est fait grand usage de schémas dans lesquels traits et flèches symbolisent les forces s'exerçant dans un système. Or, un tel schéma peut effectivement évoquer le dessin d'un squelette ; et de surcroît, il révèle la façon dont les forces en action s'annulent pour arriver à l'équilibre. C'est donc bien la structure intime de l'équilibre, son *« squelette »*, qui se trouve représentée. Hugo peut ainsi écrire assez justement que la *« mécanique idéale »* (c'est-à-dire abstraite) travaille sur le *« squelette [...] de l'équilibre »*.

Dans le même esprit, l'image des *« A plus B... »* (vers 32) est très évocatrice. Les lettres de l'alphabet sont employées dans les équations algébriques pour symboliser des coefficients (on utilise alors les premières lettres de l'alphabet) ou des valeurs inconnues (on emploie alors plutôt les dernières). Par exemple,

« *Géométrie ! algèbre !...* » / 307

en géométrie, l'équation générale d'une courbe conique s'écrit sous la forme :

$$aX^2 + bY^2 + cX + dY + e = 0$$

tandis qu'en physique, la somme d'une série dite « de Fourier » est représentée par l'expression :

$$\frac{1}{2\pi} \int_{-\pi}^{+\pi} \frac{\sin \frac{2n+1}{2}(x-t)}{\sin \frac{x-t}{2}} f(t)\, dt$$

Une équation peut ainsi être vue comme une succession déroutante de lettres sans signification ; ou comme un grouillement hirsute de signes typographiques... D'où la comparaison que fait Hugo avec les varechs, ces entrelacs d'algues qui jonchent les plages.

On notera d'ailleurs que le poète a lui-même voulu rendre cette impression par un procédé typographique, en employant des majuscules pour les lettres en question.

Ainsi, tout au long du texte, la métaphore se poursuit sur différents modes. Les mathématiques sont une caverne peuplée d'insectes répugnants, ou un tombeau réservé aux squelettes ; en tout cas un endroit dans lequel ne règnent que l'obscurité et l'horreur... Mais chaque fois, pour filer cette métaphore, Hugo emploie des images d'une exactitude ou d'une pertinence particulièrement remarquables.

ACCUMULATION, VOCABULAIRE ET RYTHME

Pour créer un sentiment d'obscurité et de crainte, Hugo emploie le procédé de l'**accumulation**, jouant à la fois sur le vocabulaire, sur les sonorités et sur le rythme des vers.

Le vocabulaire

On a déjà souligné l'emploi répété de termes, renvoyant aux notions de nuit et de peur. Ce sont, pour la première, des mots comme *« invisible »*, *« nuit »*, *« confuses »*, *« noir »*, *« obscurité »*, *« sombres »*, *« indistincts »*... et pour la seconde des mots comme *« fuit »*, *« affreux »*, *« tremble »*, *« épouvante »*, *« hideux »*... Ces termes, présents tout au long du texte, entretiennent un climat angoissant et confus qu'accentue l'accumulation des images.

Dans ce passage, en effet, Victor Hugo donne libre cours à sa passion des mots. Il fait se succéder des termes et des comparaisons dont la signification est assez proche, mais dont le nombre crée véritablement une impression de confusion. C'est un déferlement verbal, un torrent de termes plus ou moins compréhensibles, qui emporte le lecteur sans lui laisser véritablement le temps de la réflexion.

Les vers 5-17 sont très caractéristiques de cette démarche : ils sont faits d'une suite de comparaisons dont la signification est globalement la même : *« zone où [...] Où [...] Où [...] / Cristallisation [...] / Mer / Nuée [...] / Nuit [...] / Caverne où [...] Où [...] Où [...] / Stalactites / Cryptes »*. C'est typiquement la technique de l'accumulation, technique hugolienne par excellence (voir la partie intitulée « Le style de Victor Hugo »). Chaque image vient renchérir sur la précédente, tandis que les sonorités et la complexité du vocabulaire employé renforcent l'idée que les mathématiques sont un monde obscur et inquiétant.

Le texte se caractérise en effet par l'emploi de termes techniques. *« Asymptote »*, *« hyperbole »*, *« polyèdre »* et bien d'autres mots utilisés dans les premiers vers appartiennent aux langages des mathématiques ou de la physique. Victor Hugo montre ainsi qu'il connaît réellement le sujet qu'il traite. Mais, plus profondément, il crée ainsi un sentiment d'obscurité et de malaise.

La signification des mots qu'il emploie est en effet ignorée ou, en tout cas, mal connue par le lecteur moyen. Or ces mots, dans les premiers vers, se succèdent à cadence accélérée. Le lecteur est alors saisi, perdu dans un déferlement de termes rébarbatifs dont il retire une impression de complexité et de confusion. Hugo parvient ainsi à créer véritablement, dans l'esprit du lecteur, l'obscurité qu'il évoquera ensuite. C'est pourquoi il utilise des mots savants, même en dehors du registre scientifique : *« madrépore »*, *« Stalactites »*, *« scolopendre »*...

Dans le même souci de complexité, Hugo semble privilégier à dessein les mots longs de quatre à cinq syllabes : *« Cristallisation »*, *« stalactite »*, *« épouvante »*, *« crépuscule »*, *« inexorable »*, ... En trente-quatre vers, on relève vingt-trois mots de quatre syllabes ou plus, avec une fréquence toute particulière dans la première partie du texte (quinze en dix-sept vers). Les phrases se trouvent ainsi allongées, alourdies, compliquées, contribuant à produire la même impression de confusion.

Les sonorités

C'est toujours dans le même but que Hugo, dans ce texte, utilise de nombreuses **diérèses**. On en trouve au vers 4 (cristallisati-on), au vers 5 (poly-èdre), au vers 7 (flu-ide), au vers 19 (visi-on), et enfin aux vers 32 et 34, déjà commentés au paragraphe précédent.

La prononciation de la diérèse augmente le nombre de syllabes du mot, tout en le faisant ressortir. C'est le cas, par exemple, des mots *« polyèdre »* (vers 5) ou *« solution »* (vers 33), qui passent ainsi de trois à quatre syllabes. L'effet obtenu est chaque fois le même : un ralentissement, un allongement de la phrase produisant une impression d'effort, de difficulté... On a le sentiment qu'il est pénible de se mouvoir dans ce monde des mathématiques décrit par le poète ; on ressent vraiment le malaise que fait naître le séjour dans cette « crypte » sans lumière et sans vie.

Il faut aussi s'arrêter quelques instants sur les sonorités des mots employés par Victor Hugo. En particulier, on doit souligner dans la première partie (vers 1-17) l'emploi de mots en « r » qui, par leurs accents gutturaux, contribuent à l'effet d'hostilité et de malaise recherché par l'auteur.

Les mots techniques, un peu rébarbatifs, choisis par Hugo comportent des « r », le plus souvent associés à d'autres consonnes. Il en résulte des sonorités dures, comme dans *« Géométrie »*, *« algèbre »*, *« Cristallisation »*, *« prismes »*, *« polyèdre »*, *« madrépore »*... Mais le même effet est obtenu par l'association, la succession de mots en « r » au sein d'un même vers, comme par exemple dans le vers 12 :

> « Perdent leur noir vertige et leur flamme et leur bruit ; »

ou dans les vers 27-28 :

> « L'énorme mécanique idéale construit
> Ses figures qui font de l'ombre sur la nuit. »

Bien entendu, l'emploi de ces sonorités est parfaitement maîtrisé. Ainsi, le vers 7 :

> « Où le fluide vaste et sombre épars dans tout »

débute de façon douce par une diérèse (« flu-ide ») qui fait presque sentir l'écoulement régulier d'un liquide ou d'un gaz, et se poursuit avec la succession dure de deux sons en « r » *(« sombre épars »)* ; les sons en « s » *(« vaste et sombre »)* ayant permis la transition entre la douceur du fluide et la dureté du chaos...

De même, dans certains cas, Hugo accentue encore l'effet créé par les sons en « r » en les associant à d'autres sons durs ou sifflants. Ainsi, l'alliance de « r » et de « f » dans le vers 28 :

> « Ses figures qui font de l'ombre sur la nuit. »

crée une impression de succession, d'empilement qui traduit bien l'idée de construction; tandis que dans le vers 31 :

> «**r**o**c**s hideux **qu**e **r**ongent les va**r**e**ch**s»

les allitérations en «r» et «k» évoquent remarquablement le bruit des rochers rongés, brisés par quelque monstre.

Tous ces effets sonores ayant été voulus par l'auteur, il faudra veiller à bien les faire ressortir à la lecture du texte.

Le rythme

Enfin, l'effet général de confusion et d'obscurité voulu par l'auteur se traduit dans le rythme même de ses vers.

Pour sa description épique du monde effrayant des chiffres, Hugo choisit tout naturellement l'alexandrin. Mais, loin d'en faire un usage classique, il tronçonne véritablement son vers, le cassant en trois ou quatre segments :

> «Géométrie! // algèbre! // arithmétique! // zone
> [...]
> Où le fluide // vaste // et sombre // épars dans tout
> [...]
> Perdent leur noir vertige // et leur flamme // et leur bruit;
> [...]
> Et d'informe, // qui vit, // qui creuse // et qui tâtonne!
> [...]
> Au fond, // presque indistincts, // l'absolu, // l'innombrable,»

Cette façon de désarticuler l'alexandrin produit à la lecture une impression d'accumulation, de déferlement ininterrompu. Le verbe hugolien prend ainsi des allures de torrents, chaque mot ou groupe verbal venant s'ajouter au précédent et emportant le lecteur ou l'auditeur dans un vertige d'images.

En même temps, les vers se suivent avec des rythmes différents. C'est ainsi qu'au début du texte un alexandrin 4-2-5-3 (vers 1) est suivi de deux alexandrins 6-6 puis d'un alexandrin 6-3-3 :

> «Géométrie ! // algèbre ! // arithmétique ! // zone
> Où l'invisible plan // coupe le vague cône,
> Où l'asymptote cherche, // où l'hyperbole fuit !
> Cristallisation // des prismes // de la nuit ; »

Cette discontinuité dans la structure des vers est présente tout au long du texte (vers 16-18, 26-28 ou 33-35). Elle entretient un sentiment de confusion, de complexité, parfaitement cohérent avec le thème général de l'œuvre.

VERS LE COMMENTAIRE COMPOSÉ

Le commentaire composé de ce texte aura soin de rappeler qu'il s'agit d'un extrait. Il faudra donc éviter toute affirmation ou prise de position qui pourraient être contredites par un passage dont vous ne disposeriez pas, et se borner à des commentaires concernant le texte qui vous est proposé.

Le texte étudié est un morceau très représentatif du style hugolien : le procédé dominant, l'accumulation, est le prétexte pour le poète à une véritable débauche lyrique.

Nous proposons d'axer le commentaire sur la façon dont Victor Hugo dénonce l'aspect inhumain des mathématiques tout en créant, par différents procédés de style, une impression de confusion et de malaise. D'où le plan suivant :

— LE CALCUL, MONDE INHUMAIN.
— LES MÉTAPHORES DE LA NUIT.
— UN UNIVERS DE CONFUSION.

L'INTRODUCTION situera le poème dans l'œuvre de Hugo et le présentera comme bien représentatif du style hugolien tel qu'on le connaît le plus souvent : puissance verbale et lyrisme visionnaire. Elle en résumera le thème (dénonciation du côté inhumain des mathématiques) et annoncera le plan.

— PREMIÈRE PARTIE : LE CALCUL, MONDE INHUMAIN

L'objet de cette partie est de préciser le thème central du poème, en montrant comment cette accusation se déploie tout au long du texte. On en trouvera de nombreux éléments dans notre analyse, au paragraphe intitulé « La Négation du réel ».

Dans un premier temps, il faudra expliciter les griefs que Victor Hugo exprime contre calcul et mathématiques : abstraction, absence de sentiment et de vie. Pour cela, on s'attachera à souligner les formules par lesquelles le poète oppose monde vivant et univers mathématique : vers 6-8, 10-12, anaphore et gradation des vers 21-24...

Dans un second temps, on soulignera la façon dont le vocabulaire employé par Hugo vient ajouter à ces dénonciations une dimension d'angoisse *(« affreux », « tremble », « épouvante »...)* et introduit graduellement une idée de mort *(« Cryptes », « rien ne palpite », « squelette »...)*. La transition sera fournie en rappelant que, chez Victor Hugo, la mort va souvent de pair avec la nuit.

— SECONDE PARTIE : LES MÉTAPHORES DE LA NUIT

Cette seconde partie montrera comment Hugo développe dans son texte des métaphores fédérées par la notion d'obscurité, métaphores remarquables pour leur pertinence et leur pouvoir d'évocation.

On soulignera d'abord la structure du texte, dans lequel l'image de la caverne semble s'annoncer peu à peu, pour s'installer définitivement dans les dernières lignes de l'extrait à commenter. Le vocabulaire des vers 1-12 se caractérise par la fréquence des termes comme *« nuit », « sombre », « noir »*... composant un univers dans lequel rien ne se distingue qu'à demi. Puis, dans les vers 13-34, la métaphore mathématiques/caverne est graduellement filée par l'emploi de termes techniques *(« stalactites », « varechs »)*, l'évocation de l'espace et enfin celle des bêtes vivant dans la grotte.

Il faudra ensuite revenir sur les métaphores rencontrées au long du texte, en soulignant la façon dont elles renforcent l'idée d'obscurité tout en s'appliquant très bien à l'univers mathématique et scientifique : vers 3, 9, 31 et surtout 14. Les éléments nécessaires à cette seconde partie sont donnés dans notre analyse au paragraphe « La métaphore de la caverne ».

— TROISIÈME PARTIE : UN UNIVERS DE CONFUSION

Dans cette dernière partie, on montrera comment les divers éléments du poème concourent à créer un sentiment de confusion.

Dans un premier temps, il faudra insister sur l'emploi de termes renvoyant à l'incertitude *(« cherche », « s'évapore », « N'est plus que », « On ne sait quoi », « Espèce de »...).* Puis on montrera comment une accumulation de mots longs et obscurs, encore allongés par de fréquentes diérèses, contribue à cette confusion. Enfin, on soulignera les sonorités gutturales dues pour l'essentiel aux allitérations en « r ».

A chaque fois, il faudra prendre soin d'expliquer comment le procédé signalé contribue à créer un effet. Victor Hugo veut prouver que les mathématiques sont un univers de confusion et d'horreur ; il écrit donc de façon à faire naître chez son lecteur un tel état d'esprit.

EN CONCLUSION, on aura le choix entre deux approches. Soit se contenter d'une fin fermée, qui récapitulera les principaux points du commentaire en soulignant la maîtrise verbale de Victor Hugo. Soit ouvrir sur une question, par exemple en rappelant que ce poème s'insère dans un débat plus large, celui des mérites comparés de la passion (poétique) et de la raison (mathématique).

ŒUVRES VOISINES

Victor Hugo, dans ce texte, prend nettement parti contre les mathématiques et l'abstraction « inhumaine ». Il se montre ainsi le précurseur de certains auteurs contemporains. Ainsi Jacques Prévert (1900 - 1977) qui, dans un texte célèbre intitulé « Page d'écriture », affirme la primauté de la vie et de la spontanéité contre l'esprit de géométrie :

« [...]
**Deux et deux quatre
quatre et quatre huit
huit et huit font seize.
Mais voilà l'oiseau-lyre
qui passe dans le ciel
l'enfant le voit
l'enfant l'entend
l'enfant l'appelle :
Sauve-moi
joue avec moi
oiseau !
Alors l'oiseau descend
et joue avec l'enfant
[...] »**

On peut aussi évoquer le narrateur du *Petit Prince* d'Antoine de Saint-Exupéry (1900 - 1944) qui, au début du livre, parle avec un peu de mansuétude des « grandes personnes » qui ne comprennent que le langage des chiffres, avant de rappeler que : *« On ne voit bien qu'avec le cœur, l'essentiel est invisible pour les yeux. »*

Bien entendu, ces rapprochements ne valent que pour les idées exprimées. En ce qui concerne le style, Victor Hugo reste inégalé...

INDEX DES PROCÉDÉS DE STYLE

Accentuation, p. 70.
Accumulation, p. 37.
Allégorie, p. 192.
Anacoluthe, p. 243.
Anaphore, p. 36.
Antithèse, p. 31.
Apologue, p. 192.
Apostrophe, p. 240.
Chiasme, p. 153.
Connotations, p. 128.
Diérèse, p. 197.
Discours (structure du), p. 281.
Effet de rupture, p. 38.
Élargissement, p. 241.
Épanorthose, p. 283.
Épitrope, p. 226.
Expolition, p. 225.
Fable, p. 192.
Gradation, p. 35.
Harmonie imitative, p. 246.
Hypallage, p. 224.
Hyperbole, p. 34.
Hypotypose, p. 285.
Inversion, p. 195.
Métaphore, p. 34 - p. 223.
Mythe, p. 192.
Oxymore, p. 263.
Parabole, p. 192.
Parallélisme, p. 36.
Personnification, p. 134.
Prolepse, p. 282.
Rejet, p. 286.
Répétition, p. 35.
Structure du discours, p. 281.
Symbole, p. 192.
Synecdoque, p. 238.
Transfiguration, p. 32.
Zeugme, p. 130.

La série TEXTES EXPLIQUÉS
dirigée par Paul Désalmand

12 Poèmes de Baudelaire analysés et commentés (MS 1204)

12 Poèmes de Rimbaud analysés et commentés (MS 1207)

12 Poèmes de Verlaine analysés et commentés (MS 1208)

Étude de *Huis clos*, Sartre (n° 8055)

Étude de *Germinal*, Zola (N° 8057)

Étude de *Madame Bovary*, Flaubert (n° 8037)

Étude de *Dom Juan*, Molière (n° 8038)

Étude de *La Peau de chagrin*, Balzac (n° 8056)

IMPRESSION : BUSSIÈRE S.A., SAINT-AMAND (CHER). — N° 2031
D. L. AOÛT 1994/0099/267
ISBN 2-501-01997-0
Imprimé en France